大英帝國的經驗

喪失美洲，帝國的認同危機與社會蛻變

大英帝国という経験

井野瀨久美惠（甲南大學教授）———著

大英帝國的中樞
——聯合王國與愛爾蘭

一四九七年，隨著卡博特「發現」紐芬蘭島，英格蘭開始將它的目光投向擁有無限可能的大海彼端。以一六〇七年對北美大陸的殖民為劃時代開端，大英帝國從一個小小的島國開始擴張；另一方面，自一八〇一年被合併以前便一直處於英國「殖民狀態」下的愛爾蘭，也和大英帝國一同譜寫歷史，直到一九四九年脫離大英國協為止。

- ● 本書中所提到的主要城市
- ● 本書中出現的其他城市和村鎮，以及其他城市
- ※ 地形、國界線、國名、都市皆為現今名稱

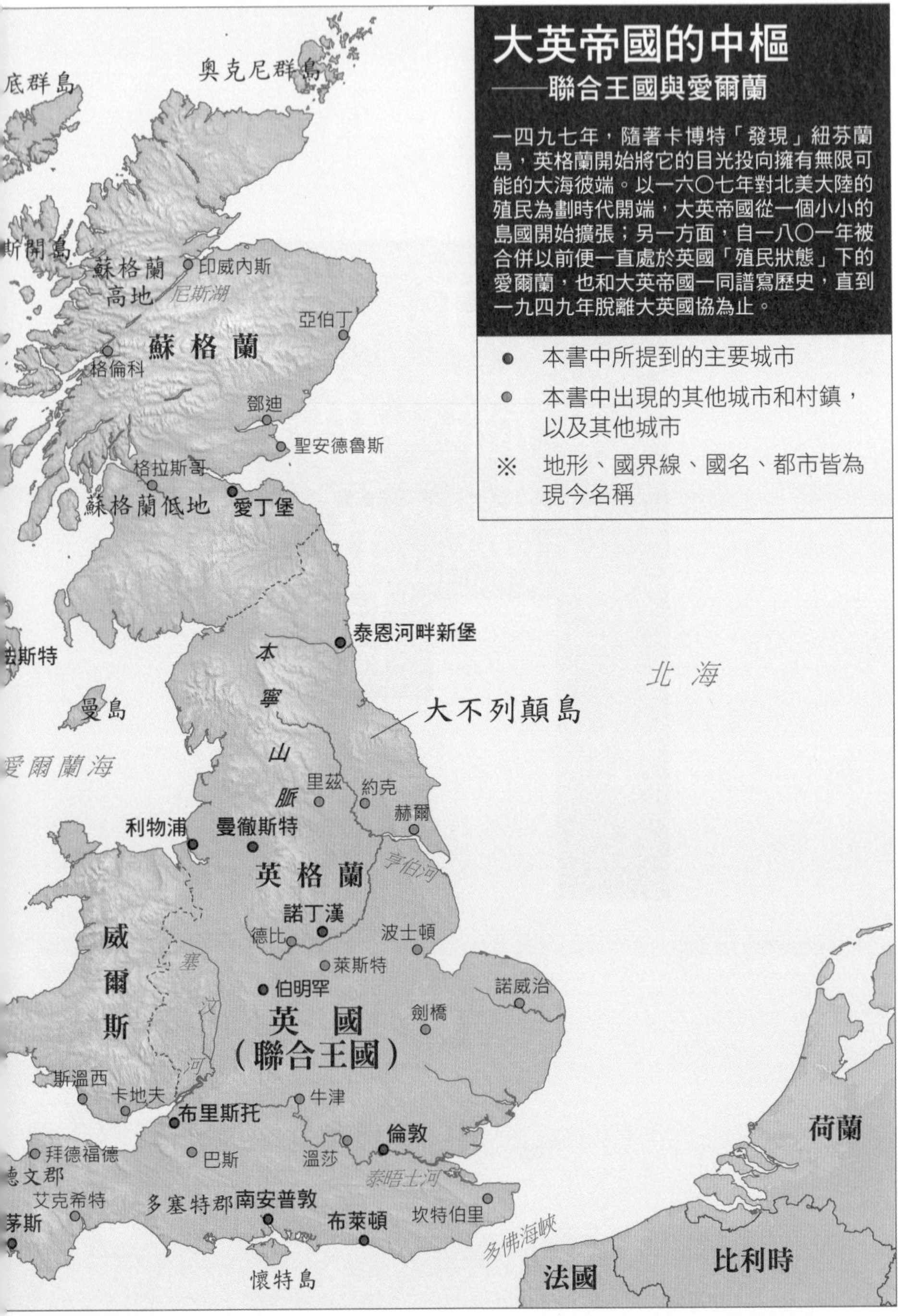

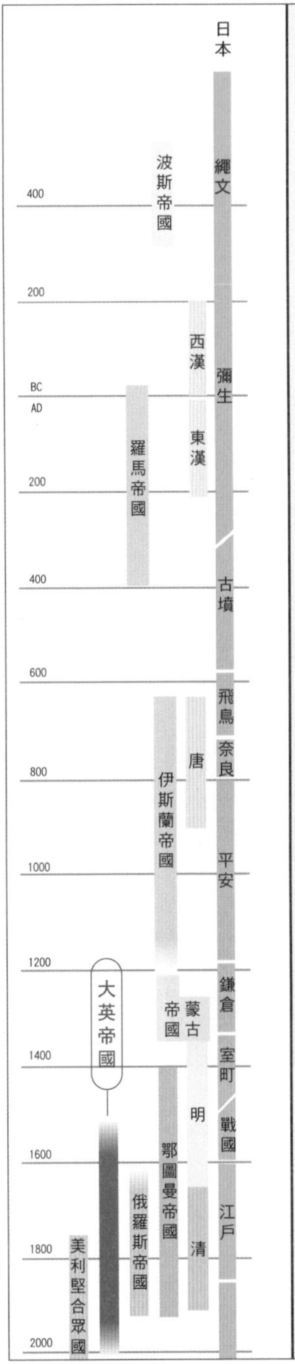
日本
繩文
彌生
古墳
飛鳥
奈良
平安
鎌倉
室町
戰國
江戶
400
200
BC
AD
200
400
600
800
1000
1200
1400
1600
1800
2000
波斯帝國
西漢
東漢
羅馬帝國
唐
伊斯蘭帝國
蒙古帝國
明
清
鄂圖曼帝國
俄羅斯帝國
大英帝國
美利堅合眾國

外赫
南猶斯特
巴拉島
大西洋
愛爾蘭島
倫敦德
北愛
斯立果
厄斯特省
康諾特省
德羅赫達
哥爾威
阿倫群島
愛爾蘭
博因河
都柏林
利默里克
倫斯特省
芒斯特省
科克
聖喬治海
凱爾特海

目錄

序言

《雷利的少年時代》（Boyhood of Raleigh）

約翰．艾佛雷特．米萊（John Everett Millais）所繪。畫中男子的指尖方向說明了他正在對男孩們講述的內容，應該是關於大海的另一側、遙遠的新大陸；而兩名男孩專注聆聽著男子描述所見所聞的神情，鮮明地傳達出他們強烈的好奇心。

◎一幅畫

一八七〇年，維多利亞時代的代表畫家約翰・艾佛雷特・米萊（John Everett Millais）發表了一幅畫作，以英格蘭西部多塞特郡的海灣為背景，描繪了三位人物。（見前頁）

畫中，男子遙指大海，正對兩個男孩述說著什麼。雖然看不見男子的臉孔，但是從他帽子底下露出的深色頭髮、曬成古銅色的肌膚、未經修整的鬍鬚、強壯的手臂和裸足，以及那一身算不上稱頭的衣物，可以輕易地推測出男子應該是一名水手或是漁夫。他的指尖說明了他正在對男孩們講述的內容，應該是關於大海的另一側、遙遠的新大陸——也就是被稱為西班牙大陸（The Spanish Main）[1]的西班牙領地上的事物吧。兩名男孩專注聆聽著男子描述所見所聞的神情，鮮明地傳達出他們強烈的好奇心。

兩名男孩的年紀，大約七、八歲。從他們身上穿著的華麗服飾，可以看出兩人出身富裕人家，很可能是地方上的名望人士或是地主鄉紳的孩子。而從裝飾在他們頸部的襞襟，也可以得知畫中描繪的時代背景是十六、十七世紀左右。

畫家目光所投注的焦點，並非是位於畫作中央的黑衣男孩，而是左側一名身穿深苔蘚綠中摻雜著金絲線的天鵝絨衣物、雙手抱膝、目不轉睛地盯著男子的男孩。從這名男孩的表情被描繪得更明亮、更鮮明，可以清楚證明這一點。男孩的眼神，著實令人印象深刻。

男孩之後的事蹟，迄今仍然廣為英國人所熟知。

長大之後的男孩，透過家族中的親戚關係，進入了當時的君主——伊莉莎白一世（Elizabeth I，在位期間為一五五八年至一六〇三年）的宮廷；他與眾多的對手競逐女王的寵愛，並於一五八〇年代在英格蘭嶄露頭角。當時在遠東的島國——日本，正是織田信長、豐臣秀吉和德川家康等人爭逐著天下的時期。另一邊，這座孤懸在西北歐一隅的小島國，雖然與歐陸相比為時較晚，但也在此時迎接了燦爛的文藝復興；而奉國王為最高領袖的英國國教會（新教），也依然與國內的天主教勢力持續處於對立狀態。在德文郡這個位於英格蘭西部的「鄉下地方」長大的男孩，年過三十之後，不但擅長社交舞與詩歌，並且逐步地邁向軍人以及朝臣的道路。

那個時代，在世界史上被稱之為大航海時代，是歐洲逐漸向外擴張的時代。這個西方的島國，也為了替陷入停滯狀態的經濟尋找出路，而將目光投向遙遠的大海彼方；為了找尋通往新大陸的航路，持續不斷地在失敗中展開新的嘗試。在當時所考慮的路線中，有從北海前往俄羅斯的東北航路、經由大西洋通過北極海的西北航路，和數條通往富裕東方的路線等；不過與男孩同鄉的地理學者理查·哈魯特（Richard Hakluyt），獻給了他一本《西方殖民論》（*Discourse of Western Planting*, 1548），書中論述了北美殖民的可能性。他立刻向女王提出建言，並且自行出資實踐殖民地開拓計劃，於兩年後，將故鄉德文郡的人們遷移至大西洋的彼方。為了對「嫁給國家」的獨身女王表達敬意，他將這塊被期待成為英格蘭人新社會的殖民地命名為「維吉尼亞」（Virginia）。

一五八八年，這個殖民計劃因為遭遇到西班牙無敵艦隊的來襲而中挫。在那之後，他為尋求打倒當時的世界帝國西班牙的可能性，追尋著黃金鄉（El Dorado）的傳說，深入了西班牙位於南美洲北部的領地蓋亞那內陸，結果未能發現黃金。一六〇三年，他被來自蘇格蘭的新任英王詹姆士一世（James I，同時已是蘇格蘭國王詹姆士六世〔James VI〕）關入倫敦塔的監獄。一六一六年，他再度對蓋亞那的黃金鄉之夢投下了賭注，還是以失敗告終。在他返國時因大逆不道之罪而遭到逮捕，不久便魂斷倫敦塔。

畫家米萊將這幅畫作的標題命名為《雷利的少年時代》（*The Boyhood of Raleigh*），而這一位在英國近代史上深深地刻鏤下自己的名字的人，便是沃爾特·雷利爵士（Sir Walter Raleigh，一五五二年—一六一八年）。在那幅畫中，男孩專注的目光所投射的遠方，是北美的維吉尼亞嗎？還是傳說中的黃金之鄉蓋亞那呢？

◎維多利亞時代人們的想像力

一八四八年，米萊與一群以美術改革運動為目標的年輕人，共同發起成立了前拉斐爾派

（Pre-Raphaelites）。他在一八五二年於皇家藝術研究院（Royal Academy of Arts）所展出的畫作《歐菲莉亞》（*Ophelia*）在日本也頗為人知，他的作品大大地刺激了夏目漱石、尾崎紅葉等明治時代文人的想像力。美術評論家約翰・羅斯金（John Ruskin）對前拉斐爾派的思想產生了深遠的影響，但米萊卻與羅斯金的妻子陷入愛河並且結婚，因而與羅斯金斷絕了往來，同時與其他夥伴之間的關係也出現裂痕。接著，他在跨入藝術殿堂、成為英國皇家藝術學院的準會員之際，正式與前拉斐爾派訣別；此後他的畫風轉變，成為擅長以文藝復興時代或大航海時代的歐洲為創作主題的歷史畫家之一，而《雷利的少年時代》則可謂是其中的代表作。

觸發米萊想像、創造出這幅畫作的靈感來源，是當時牛津大學的教授J・A・弗勞德（James Anthony Froude）在《西敏公報》（*The Westminster Gazette*）上所發表的一篇歷史隨筆——〈英格蘭所遺忘的先賢們〉（*England's Forgotten Worthies*, 1852）。這篇隨筆，是針對當時重版的伊莉莎白一世時代三冊航海記所寫的書評，歌頌了這個島國在十六世紀後半西班牙帝國全盛時期，持續不斷的種種挫折與再接再厲的奮鬥。弗勞德於文中除了提及以海盜聞名的約翰・霍金斯（John Hawkins）的南海航行（一五九三年），以及多起於同時期進行的發現西北航路的探險行動之外，他還提到了另一部著作，那就是沃爾特・雷利爵士的《發現地大物博的美麗帝國——蓋亞那》（*The discovery of the large, rich, and beautiful Empire of Guiana*, 1596）。這本書是經過羅伯特・尚伯克爵士（Sir Robert Hermann

Schomburgk）重新編輯的作品，書中夾雜著他個人於一八四〇年代在皇家地理學會（Royal Geographical Society）的援助之下，深入蓋亞那內陸探險的親身體驗。因此，假若米萊的創作是受到了這篇隨筆的刺激，那麼畫中少年雷利的眼神所投射的方向，便是蓋亞那。雷利那趟與突破西班牙帝國後方的戰略緊緊相繫的黃金鄉之旅，和最終以「失落的殖民地」留在人們記憶中的北美殖民地建設，兩者都蘊含著開拓島國未來的宏偉夢想。在隨筆中，弗勞德還引用了雷利的一段話：「控制了海洋的人，就控制了貿易；控制了世界貿易的人，便控制了世界的財富，因而最終也就控制了世界本身。」

控制了海洋的人，便控制了世界。也許正是這句話，激發了畫家米萊的想像力，並將之注入少年雷利的目光中。這幅畫展示在位於倫敦市中心皮卡迪利街上的美術館，博得了相當高的人氣。一八七〇年，大英帝國的版圖仍在擴張中，而人們在少年雷利專注的眼神裡，看見了「大英帝國的開始」。

◎大英帝國史的輪廓

從十六世紀後半在美洲殖民地踏出第一步的雷利時代，到十九世紀後半米萊描繪《雷利的少年時代》之際，兩者在時間上存在著三百多年的遙遠距離。在這段漫長的時光中，不論是位於帝國中心的英國這個國家的樣貌，或是這個島國在西歐、甚至在全世界所被賦予的地理重要性，以及人們對生活的感覺、價值觀和對海外擴張的想法，都有了極大的變化。為了呼應這些變化，大英帝國一次又一次地改變了帝國的外在形式和內在結構；可以說正是因為這種與時俱變的靈活彈性，讓大英帝國的命脈得以綿延不絕。

以往，對於大英帝國的歷史思考和敘述，是以美洲殖民地的獨立事件作為分水嶺——從英國的角度來說則是喪失了美洲殖民地——截然地劃分為兩個階段。然而，所謂的「兩個帝國」在時代上也有所重疊，因此不可能單純地一分為二。不過，之所以依然拘泥於「兩個帝國」的概念，是因為直至一七八三年正式承認美國獨立為止的（即是所謂的）第一次帝國，和於十九世紀初期、最遲也在一八三〇年代，歷經重組、逐漸顯露形貌的第二次帝國[2]，兩者不論是地理或民族特質、統治手法和施行的各種制度、以及看待殖民地社會及其人們的目光等，都已有了很大的不同。帝國這個空間的樣貌，可說是已經完全改變了。簡單地描繪大英帝國的空間輪廓，應該會呈現出如下的樣貌：

第一次帝國，若從《雷利的少年時代》中水手遙指的大西洋彼方著眼的話，指的是十八世紀初期的景象。此時，北美的十三處殖民地和位在加勒比海上的英屬西印度群島，與英格蘭、威爾斯、蘇格蘭以及愛爾蘭的一部分所組成的聯合王國，共同形成了「大英帝國」。在大西洋之上，透過連結歐洲、非洲、南北美洲等三個大陸的貿易網絡，構築起了環大西洋經濟圈，而大英帝國的第一次帝國此時便是大西洋的主人。在規定只有擁有英格蘭船籍的船隻方可進行交易的《航海法》（The Navigation Acts）和皇家海軍守護之下的第一次帝國，同時也是新教的帝國。

此外，在畫中水手所指的相反方向，亦存在著與中國、印度等國家之間的貿易關係。同時期向東發展的歐洲各國競爭激烈，為了脫穎而出，第一次帝國將自身和東方國家的貿易權，託付給一六〇〇年依據伊莉莎白一世核發的特許狀設立的英國東印度公司（East India Company），進行獨家壟斷經營。然而，因為東印度公司所從事的貿易內容，是以輸入香料、絲綢、茶葉和陶器等高級奢侈品為中心，但當時的英國幾乎沒有可以拿來交換的產品，因此進出口交易嚴重失衡。就這個層面而言，大英帝國第一次帝國的重心，可以說是幾乎完全落在大西洋世界。

與此相對地，於十九世紀初期展現出輪廓的第二次帝國，不僅僅是領土大幅擴張，在帝國內部東方和西方所涵蓋的範疇，以及兩者間的平衡狀態，也發生了巨大的改變。帝國在西方失去了美洲殖民地，且因蔗糖貿易的衰退，西印度群島在帝國內部所扮演的重要性也大幅降低。第二次帝國的重心，被放置在東方，也就是印度。在普拉西戰役（Battle of Plassey，一七五七年）到印度大叛亂（Indian Rebellion，又稱印度兵變〔Sepoy Mutiny〕，一八五七年至一八五九年）的百年之間，印度與英國的關係產生了極大的變化。東印度公司的獨占壟斷貿易廢止（一八一三年）之後，英國政府正式介入印度統治，終於在一八七七年透過維多利亞女王（Queen Victoria）的「印度女皇宣言」（Proclamation of Queen Victoria as Empress of India），強調大英帝國為位居世界之冠的大帝國。帝國緊接著更進一步，將亞洲、非洲和大洋洲等地區納入版圖當中，並在十九世紀末到二十世紀初迎來全盛期。浮現在我們腦海中的「大英帝國」，便是這個時期的帝國。

廢止東印度公司的獨占壟斷貿易，說明了重新編組後的第二次帝國經濟，是奠基在自由貿易之上。在一八四九年廢止《航海法》，並於十九世紀後半達到全盛、大幅擴張領土的大英帝國是「自由貿易的帝國」。此外，在帝國重組的過程中，英國、或者說聯合王國在歐洲的立場和在世界所占據的位置，也漸漸地出現了巨大變化。

◎喪失美洲

關於第一次帝國和第二次帝國之間的差異最發人興味的地方，或許是在英國人對於「自己是誰」的認同變得截然不同這點上。

第二次帝國，因為領土和地理的擴張，已經不可能再像以大西洋為中心的第一次帝國一樣，繼續稱之為「新教的帝國」。於是取而代之的，便是前文提及的「自由貿易的帝國」，

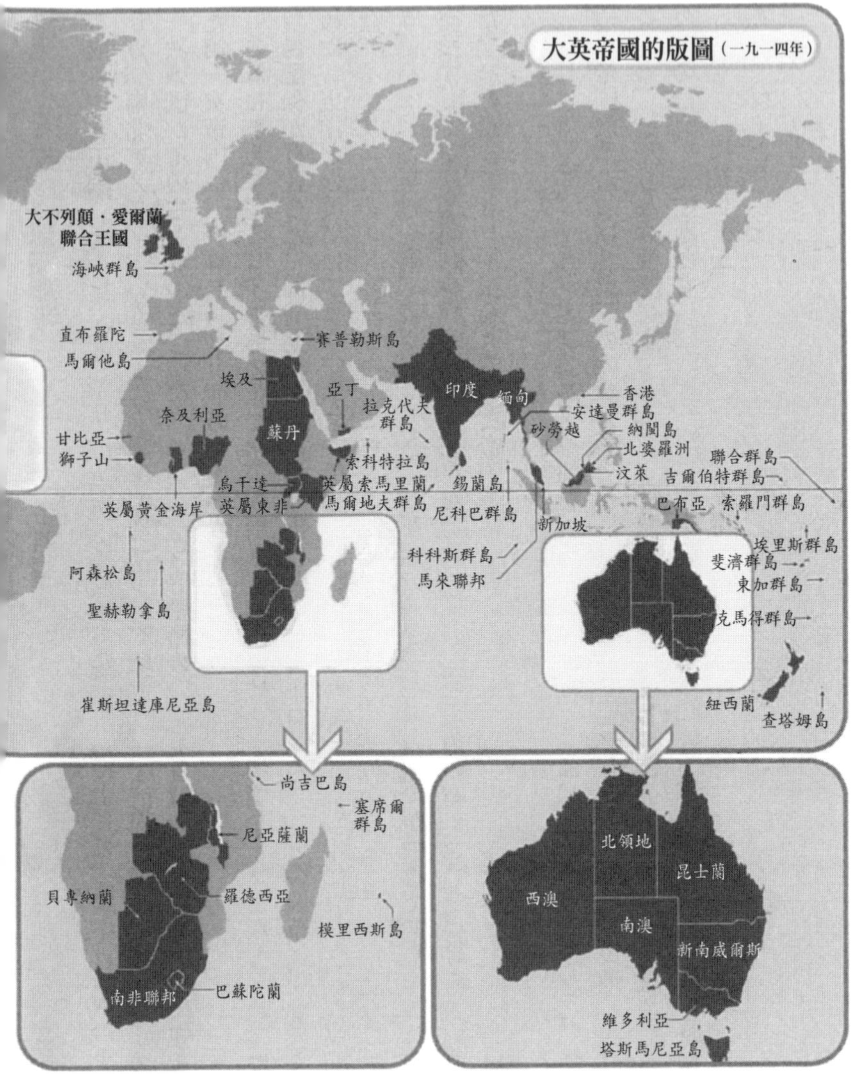
大不列顛・愛爾蘭
聯合王國
海峽群島
直布羅陀
馬爾他島
賽普勒斯島
埃及
亞丁
拉克代夫
群島
印度
緬甸
香港
安達曼群島
砂勞越
納閩島
北婆羅洲
汶萊
聯合群島
吉爾伯特群島
奈及利亞
甘比亞
獅子山
蘇丹
索科特拉島
烏干達
英屬索馬里蘭
錫蘭島
英屬黃金海岸
英屬東非
馬爾地夫群島
尼科巴群島
新加坡
巴布亞
索羅門群島
埃里斯群島
斐濟群島
東加群島
克馬得群島
阿森松島
聖赫勒拿島
科科斯群島
馬來聯邦
崔斯坦達庫尼亞島
紐西蘭
查塔姆島
尚吉巴島
塞席爾
群島
尼亞薩蘭
貝專納蘭
羅德西亞
模里西斯島
南非聯邦
巴蘇陀蘭
北領地
昆士蘭
西澳
南澳
新南威爾斯
維多利亞
塔斯馬尼亞島
大英帝國的版圖（一九一四年）

以及解救陷於水深火熱中的奴隸與原住民的「慈善的博愛主義帝國」。在大英帝國內部，於一八〇七年廢止奴隸貿易、一八三三年廢止奴隸制度，這兩項重要法案的通過被視為是劃時代之舉；不過事實上，英國在不久之前還是奴隸貿易的主角，若將兩者擺在一起思考的話，大英帝國的這個「變身」，著實令人難以理解。

一般認為，要解開大英帝國徹底改變的內幕，關鍵就在於美國獨立、亦即在喪失美洲殖民地過程中所造成的衝擊。本書首先便想從這個觀點切入，重新審視喪失美洲這個「大英帝國的經驗」。在被稱為「美國獨立革命」的這一連串過程，也就是從結束七年戰爭後簽訂的一七六三年《巴黎條約》，到正式承認美國獨立的一七八三年《巴黎條約》——橫隔在兩個《巴黎條約》之間的二十年間，英國到底喪失了什麼？而為了奪回喪失之物，英國又做了什麼？

在思考這些問題時所浮現出來的一個事實，就是我們稱之為「英國」的聯合王國，也是

大英帝國的版圖（一九一四年）

在大英帝國重組的過程中創造出來的。那麼，聯合王國和大英帝國之間到底有什麼樣的關聯？本書將從解開這謎團而拉開序幕。順道一提，在本書中關於英格蘭和蘇格蘭在一七〇七年合併成立聯合王國之前的敘述，主要使用英格蘭這個名稱，而非英國一詞。

此外，有一點想要事先補充說明，那就是大英帝國這個概念，除了殖民地的實際情況和統治現狀之外，也存在著認知、想像和意象的問題。仔細想想，要將領土廣袤遍及七大海、五大陸的帝國整體樣貌收束在一個範疇之中，應該是不太可能的事情。不過也正因為如此，英國社會中到處存在著令人意識、記憶、想像起帝國這個空間的事物，例如將英國的領土塗上紅色的地圖、《雷利的少年時代》之類的畫作，或者是香菸、咖啡、茶和蔗糖等大幅改變了英國人的生活習慣的非歐洲產品的包裝。那些包裝上面描繪著色彩鮮明的插畫，總是會誘發人們對於商品產地的想像。此外，在植物園、動物園、博物館、劇院或演藝劇場、和博覽會之中，也有「帝國」的存在。而這一切全部都是屬於英國社會和英國人的「帝國經驗」。

1 此指南美洲北部加勒比海沿岸一帶，尤其指巴拿馬海峽至奧利諾科河（Orinoco river）間的區域。
2 編按：此處的「第一次」和「第二次」帝國，乃是原作者用以區分「兩個帝國」的專用名詞，故此予以保留。

第一章
喪失美洲

波士頓茶黨事件

喪失美洲與《羅馬帝國衰亡史》

◎吉朋的《羅馬帝國衰亡史》

在大西洋彼方的美洲殖民地通過獨立宣言（一七七六年）半年前左右，愛德華・吉朋（Edward Gibbon）的《羅馬帝國衰亡史》（*The History of the Decline and Fall of the Roman Empire*）出版了第一卷，銷售盛況遠遠超乎作者預期。初版第一刷在數日內便銷售一空，旋即增印的第二刷也立刻售罄。五年後，《羅馬帝國衰亡史》繼續出版了第二卷、第三卷，最後的第六卷上市，是在第一卷發行過後十二年的一七八八年五月。英國簽訂承認美國獨立的《巴黎條約》是在一七八三年，故此吉朋執筆撰寫這部與《美國獨立宣言》同時問世的鉅著所耗費的時光，可謂完整涵蓋了美國獨立戰爭的過程，換言之即是與大英第一次帝國瓦解的過程同時並進。

愛德華・吉朋的這部《羅馬帝國衰亡史》，記述了自西元一八〇年哲學家皇帝馬可・奧理略（Marcus

撰寫《羅馬帝國衰亡史》的吉朋

Aurelius）去世，到一四五三年拜占庭帝國（東羅馬）滅亡為止，北起西伯利亞平原、南至尼羅河、東與中國邊境相接、西至赫丘力士之柱（Pillars of Hercules，矗立於直布羅陀海峽兩側）的龐大帝國羅馬的衰退歷程。這部被歌頌為「十八世紀英國史著最高傑作」的鉅著，可說極其暢銷。作者吉朋對於這部著作「不只是出現在家家戶戶的餐桌上，甚至還被放置在幾乎所有梳妝台上」的情況，也難掩訝異之情。然而這部著作受歡迎的盛況，並未在這個時代就畫下休止符。十九世紀中葉重新編排的簡要版《給學子們的吉朋》（*The student's Gibbon*），在牛津大學等英美大學長達五十年以上不斷地再版重印。到了二十世紀初期，確實也曾出現《羅馬帝國衰亡史》已經過時的見解；儘管如此，這部著作卻依然相當受到英國的政治家、財經人士和知識分子們的喜愛。溫斯頓．邱吉爾（Winston Churchill）回想起自己在印度任職的年輕歲月時就曾提到過，當時希望多增加一點學識涵養，而抱著這部著作飢渴地閱讀。

說《羅馬帝國衰亡史》是吉朋在大英第一次帝國解體過程中所撰寫的著作，或許有些過於誇大；不過，從他過世後，與他的遺稿集同時出版的《自傳》（*Memoirs of My Life and Writings*）中，可以得知這部著作誕生的本身，確實是與英國喪失美洲的歷程緊緊相扣的。

在吉朋的《自傳》中明確記載著，他構想到「羅馬帝國衰退」這個寫作主題，是在七年戰爭（一七五六年至一七六三年）結束的隔年，也就是一七六四年的十月十五日，當時他正旅居義大利。這一年，英國政府通過了所謂的《糖稅法》（Sugar Act），即是對透過英國母國輸入美洲殖民地的外國商品增加關稅的美洲稅收法令）。之後，直至美國獨立戰爭爆發為止，英國斷斷續續頒布了許多諸如此類的課稅法案。吉朋開始動筆撰寫《羅馬帝國衰亡史》，是在約莫十年後的一七七三年二月，而在提到美國獨立革命之際，便不能不提及的波士頓茶黨事件，則是發生在大約十個月後。在那之後，英國和美洲殖民地的關係急速惡化，而吉朋則在這段

1782 年，簽署和平條約的代表

左起為約翰·傑伊（John Jay）、約翰·亞當斯（John Adams）、班傑明·富蘭克林（Benjamin Franklin）、亨利·勞倫斯（Henry Laurens）、坦普爾·富蘭克林（William Temple Franklin）。由於英方代表拒絕入畫，故而畫作終未能完成。繪者：班傑明·韋斯特（Benjamin West），1783 年，美國特拉華州博物館所藏。

期間持續地進行寫作，並且與《美國獨立宣言》同步推出了著作的第一卷。

吉朋名符其實是在「美國獨立革命」的過程中，描寫著羅馬帝國衰退的歷史。在這層意涵上，這部著作與同時進行中的「大英第一次帝國衰亡史」有著完美的連動。實際上，也有許多試圖將這兩個帝國的衰退重疊在一起的逸聞。如政治家羅伯特．沃波爾（Robert Walpole）的三子、以哥德式小說《奧特蘭托堡》（*The Castle of Otranto*）而廣為人知的霍勒斯．沃波爾（Horace Walpole），他在一七八二年四月二十五日撰寫的信件中，就曾經介紹過班傑明．富蘭克林所說的一句名言，那句話是：「請提供吉朋撰寫大英帝國衰亡史的材料吧！」

◎國會議員吉朋

事實上，在「大英第一次帝國衰亡史」持續發展的這個時期，特別是獨立戰爭期間，吉朋本人正在距離帝國掌舵者極近的地方，觀看整起事件的發展。一七七四年九月，吉朋在國會大選中當選為國會議員，而一七七五年四月於北美萊辛頓（Lexington）和康科德（Concord）爆發的獨立戰爭，因為英軍於一七八一年十月在約克鎮（Yorktown）敗北而宣告結束；在這段期間，吉朋因身為首相腓特烈．諾斯（Frederick North，吉朋口中的「精通論戰的高手」）所率領的執政黨——托利黨（Tories）的一員，而獲得了「傾聽以雄辯和理性所展開的攻擊與防衛，並親眼目睹當代權威人士的人格、見解和熱情」的經驗。吉朋在自傳中寫到：

> 在瑟洛威風凜凜的睿智判斷、或是韋德伯恩巧妙雄辯的擁護之下，首相有時也會短暫地打起瞌睡。議場的反對黨席位，則傳來如巴瑞激昂的辯論、鄧寧縝密的法律論述、柏克誇大的哲學式理想主義、福克斯激烈的爭辯等，強力並熱烈地支持著反對意見。（中略）雙方爭論的主題，是大不列顛和美洲，應該要合併還是分離。在議會擔任議員的八次會期，是我成為歷史學家最重要的、最根本的養分，也是思索、分辨、判斷政治能力的場域。

文中所提到的大法官愛德華・瑟洛（Edward Thurlow）、對於殖民地人民採取武力抗爭的波士頓茶黨事件怒火中燒，而主張對美洲採取更強硬姿態的亞歷山大・韋德伯恩（Alexander Wedderburn）、稱美洲殖民地的人們為「自由之子」（Sons of Liberty），支持他們的主張並且代為申辯，因而被殖民地人民視為英雄的英國軍人艾薩克・巴瑞（Isaac Barré）、大力疾呼「此刻正應當削減持續擴張的國王權力」的約翰・鄧寧（John

Dunning）、否定執政黨所有美洲課稅法案的輝格黨（Whig）政治家艾德蒙・柏克（Edmund Burke）和查爾斯・詹姆士・福克斯（Charles James Fox）——每一位都是在美國獨立戰爭期間的英國議會中頻繁發言的著名人士。吉朋便是一邊聽著他們的議論，一邊持續撰寫著《羅馬帝國衰亡史》。

結束第一任國會任期的吉朋，在一七八一年三月相繼發行了《羅馬帝國衰亡史》第二卷和第三卷；這兩卷和第一卷一樣，也相當地暢銷。之後，吉朋接受了首相諾斯的推薦，於一七八一年的議會補選中再次成為國會議員。然而等待著他的卻是在同年十月的約克鎮戰役中，康沃利斯將軍（Charles Cornwallis）率領的英軍投降於華盛頓率領的美法聯軍，確定了英國的敗北，首相諾斯因此引咎辭職，而吉朋的議員生涯也隨之畫下句點。據說在議會當中一次都沒有發言過的吉朋，在英國喪失美洲之際，也只是默默投下了支持諾斯的一票。

之後，移居到瑞士洛桑的吉朋，之所以會推翻《羅馬帝國衰亡史》最初只打算寫到「西羅馬帝國滅亡為止」的構想，決定敘述到一四五三年東羅馬帝國滅亡為止，和他此時揮別政界有很大關係。在他寫於一七八二年三月一日、新增添的序文中也記載著，他之所以會著手撰寫《羅馬帝國衰亡史》的第四卷，是為了補足關於羅馬法的知識，以及「受到喪失官職的刺激」。

◎吉朋的七年戰爭經驗

吉朋為何不是在其他時期，而是在美洲尋求獨立與大英第一次帝國解體的過程中，持續寫作《羅馬帝國衰亡史》呢？在思考這個問題時，有一點變得很重要，就是那趟讓吉朋獲得寫作構想的羅馬之旅發生的時點。

吉朋的這趟義大利旅行，是他在一七六三年初便展開的環遊歐洲大陸之旅（即是為了完成紳士教育而進行的「壯遊」〔Great Tour〕）的部分行程，而他之所以能夠踏上這趟旅程，是因為七年戰爭的結束。在此之前的七年戰爭期間，吉朋和他父親共同響應為了防衛英國本土，而於一七六〇年五月發布的國民軍號召令，成為漢普郡（Hampshire）南方營的上尉（他的父親則是少校）；直到國民軍解散返鄉為止約莫兩年半的期間，他都隨同部隊在英格蘭的南部到處移動，花了許多時間參與戰鬥訓練。根據吉朋在《自傳》中的說法，在他們父子志願加入國民軍的前一年，因為法國艦隊帶來的威脅感逐漸高昇，所以英國上層階級與紳士們的愛國心也隨之高漲。整個十八世紀，歐洲斷斷續續爭戰不休，而英國派出參戰的人員主要是經過選拔的傭兵部隊；不過，根據吉朋的說法，在七年戰爭期間，議會內外皆可看見人們高揚的愛國情操，高聲吶喊著不應該仰賴傭兵，而是應該要「仿效希臘人和羅馬人的慣例，由每一位市民擔任士兵」，組成國民軍。

重要的是，英國在七年戰爭期間高漲起來的愛國意識，將羅馬共和國市民不委託傭兵、而是自行擔負起保衛帝國所需武裝與財力的責任感，當成是自己所應遵循的美德。「美德是共和政體的原則，且美德須仰賴共和國市民的追求」，這是啟蒙思想家孟德斯鳩的主張，而吉朋也是啟蒙時代的人。對吉朋而言，志願加入國民軍的兩年半，或許正可說是他追隨體驗「羅馬市民軍」的時光。而他萌生撰寫歷史著作的想法，也是在他接受國民軍訓練的這段期間。

吉朋因為自身的經驗，開始關注起歷史上的軍事遠征，而最初他所著眼的對象是沃爾特・雷利爵士。雖然當時已經有很多關於雷利的傳記，不過他認為當中或許還存有尚未被正確處理的資料。然而，在重讀資料不久之後，吉朋便領悟到他不可能再獲得任何關於雷利的新見解，並感到相當愕然。此時降臨在他身上的機會，便是因為加入國民軍而延遲的壯遊。然後，在羅馬的卡比托利歐山（Capitoline Hill），命運般的事件降臨……一七六四年十月十五日，當時正坐在方濟會教堂角落靜靜沉思的吉朋，忽然聽見了從卡比托利歐山上的朱比特神殿廢墟傳來的晚禱聲。宛如受到晚禱聲的催促般，吉朋最先想到的是要撰寫關於古羅馬城的故事，經他反覆思索後，決定將焦點鎖定在羅馬帝國的衰退上。

就在吉朋靈光乍現時，英國隨著七年戰爭的勝利，確立了在北美大陸的霸權。然而，喪失美洲的倒數計時也同步展開。

◎勝利的代價

大英第一次帝國的一大特徵，是一面糾葛於歐洲霸權的爭奪，一面展開帝國的建設。換言之，第一次帝國即是英國掌握歐洲霸權進程下的產物。特別是從光榮革命（Glorious Revolution）剛結束的一六八九年，到拿破崙戰爭結束後、締結《維也納條約》的一八一五年之間——也就是整個十八世紀的英國，與法國處於俗稱「第二次英法百年戰爭」、斷斷續續的對戰狀態，而這份緊張關係也密切影響到兩國的海外發展。

英國在七年戰爭中，戲劇化地贏得了前所未有的勝利。在《不列顛人（英國人）》（*Britons: Forging a Nation, 1707-1837*，日文版譯名為『イギリス国民の誕生』〔英國國民的誕生〕）一書中，歷史學家琳達・科利（Linda Colley）分析指出，正是因為這一場巨大的勝利，為英國帶來了新的不安。這究竟是怎麼一回事？

七年戰爭，亦即發生在美洲的「法國－印第安戰爭／英法北美戰爭」（French and Indian War），在這場戰爭中，英國派遣了多達兩萬人的大軍，與美洲殖民地的民兵合作，擊破了法國和印地安人共同組成的聯軍。因為戰爭的勝利，英國不但獲得了法國在美洲中部所持有的殖民地（密西西比河以東的路易斯安那地區），同時法國也將加拿大的魁北克地區割讓給英國，確立了英國在北美大陸的優勢地位。此外，英國更進一步地將法國人逐出印度、西非和西印度群島等許多地方，並且獲得西班牙所割讓的哈瓦那（Havana），英國的海外領土在一夕之間大幅擴張。英國在那一刻，應該也會忍不住想稱讚自己「幹得真好」吧！

不過，戰爭結束後，返鄉士兵的人數攀升到二十萬人，勝利的反作用力也隨之湧現。為了籌措戰爭經費，英國發行了龐大的國債，但這些國家借款究竟該如何償還才好？

說到底，英國在七年戰爭中所取得的勝利，既是皇家海軍的勝利，同時也是確保包含龐大的海陸軍運作費用在內、高額戰爭經費的財政能力的勝利。而英國之所以能夠成功籌措到如此龐大的戰爭經費，是仰賴於將

〈沃爾夫將軍之死〉（The Death of General Wolfe）
攻陷魁北克之際，擔任英軍指揮官的詹姆斯·沃爾夫（James Peter Wolfe）於戰鬥中負傷，在聽聞獲勝的戰報後氣絕身亡。〈沃爾夫將軍之死〉與〈納爾遜將軍之死〉（The Death of Horatio Nelson）兩幅畫作，在後來成為「英雄之死」的構圖原型。繪者：班傑明·韋斯特（Benjamin West），1770 年，加拿大國立美術館所藏。

十八世紀的英國轉變成「財政軍事國家」的財政革命。

除此之外，還有另一項籌措戰爭經費的手段，那就是對國民課稅。透過當時的諷刺畫，我們相當熟悉英國人為了高於法國兩倍的課稅而痛苦的模樣，而那些畫也同時說明了英國卓越的徵稅能力。不過，光是這樣也不可能籌措到延續超過一個世紀以上的戰爭經費。

因此，受到注目的便是發行長期國家債券的轉貸制度。英國在光榮革命後成為英格蘭國王的荷蘭貴族奧蘭治親王（Prince of Oranje-Nassau），也就是威廉三世（Willem III）的統治之下，向荷蘭學習了財政制度，接二連三施行了各項財政改革措施，如設立英格蘭銀行（Bank of England）和成立證券交易所等機構。英國政府所發行的國債，在議會保證將會償還本金與利息的前提之下，提升了國際信用度，因此能在當時的世界金融中心荷蘭成功動員到大量的資金。因為有這些資金作為戰爭經費以及充實皇家海軍和陸軍之用，讓英國得以在對法戰爭中取得勝利，並且迅速攀上了歐洲霸主的地位。

不過，到了七年戰爭尾聲，英國的負債已經超過一億三千萬英鎊，大約是十八世紀初的十倍，也是當時國家歲入的近兩倍，因此是一筆相當沉重的財政負擔。雖然英國政府抱持著可能會導致國債信用下跌的心理準備調降了利息的利率，但也不過是杯水車薪。為了確保國債的利率，在這一百多年間，英國國民負擔的稅賦膨脹了將近二十倍。轉變成為財政軍事國家的英國，成了歐洲有史以來課稅最重的國家。

最初，徵稅的重心主要是針對土地，不過在七年戰爭之後，重心則轉移到加諸在商品和服務上的間接稅，而課稅的種類也逐漸地增加（英國引進所得稅法是在十八世紀末）。蔗糖、茶葉、鹽、煤、蠟燭、磚塊、木材、肥皂、啤酒、葡萄酒、香菸，或是從報紙之類的日常用品到窗戶、甚至於僕人，都成了課稅的對象。在英國國內當然也充滿了對於政府的不滿。

◎政治語言化的「腐敗」

然而英國國內對於政府的不滿，並不只是針對沉重的稅賦而已。軍事財政改革，帶來了公職人員、金融業者和御用商人之間的勾結；一七六三年，在締結結束七年戰爭的《巴黎條約》後，國王喬治三世（George III）的寵臣比特伯爵（3rd

戮力改革的小威廉・皮特

在詹姆斯・吉爾雷的諷刺漫畫「償還國債的新方法」裡面，喬治三世和夏洛特皇后用國庫的錢償還王室債務，而小皮特還遞上一個錢袋。

Earl of Bute）所領導的政權瓦解，那些人稱「國王之友」的比特親信腐敗的作為，陸陸續續暴露在陽光下。在這樣的情勢下，「腐敗（Corruption）」一詞成為政治語言，且大為流行。雖然期待政治、行政、財政改革的聲浪逐漸高漲，不過，「改革」在任何一個時代都不可能順利推進。一七六四年，英國議會為了消解龐大的借款，頒布了《糖稅法》，希望美洲殖民地也能負擔起部分的款項，而吉朋也是在這一年萌生了以羅馬帝國衰退為主題的寫作構想。美德的擁有必須仰仗於共和國的市民，不過共和國本身卻極容易腐敗。對於羅馬從共和國過渡到帝國的命運，吉朋以「美德」和政治語言「腐敗」，展開了敘述。透過這樣的方式，他將自身所處的時代，納入對久遠之前羅馬帝國衰亡的歷史講述中。

曾經是「英國人」的美國人

◎喪失美洲，是十八世紀英國史的例外？

誠如前文所述，自一六八八年光榮革命，到一八一五年在維也納會議上對拿破崙戰爭的處置達成決議為止，英國與法國之間處於斷斷續續的戰鬥狀態。正如先前提到的《不列顛人

（英國人）》一書所言，在這場所謂的「第二次英法百年戰爭」中，這個島國誕生了嶄新的「英國人（British）」國民意識，並且逐漸地成長。這本書在二十世紀末的認同論戰中不斷被引用，書中敘述到，以天主教、法國為「他者」而塑造出來的嶄新自我意象——新教的「英國人」，成功隱蔽、或至少讓人忘記了蘇格蘭人、英格蘭人、威爾斯人的內部差異，從而創造出某種整體感。也就是說，在一七〇七年因為英格蘭和蘇格蘭合併而成立的聯合王國（大不列顛〔Great Britain〕），是透過第二次英法百年戰爭的經驗，淬煉出了「英國人」這樣一種認同。

試圖透過合併或連結的觀點，來理解塑造出「英國人」這種連帶認同感的十八世紀，這樣的思考方式也展現在對環大西洋世界、亦即成形於大西洋的經濟圈的理解上。在大西洋海域，逐漸發展出連結歐洲、非洲、南北美洲等三個大陸的三角貿易，當英國在十八世紀初期成為其中主角時，由英格蘭、威爾斯、蘇格蘭、以及愛爾蘭的一部分所構成的聯合王國，再加上北美十三殖民地和西印度群島，共同展現出第一次大英帝國的樣貌。換言之，大英帝國正是在島國內外都獲得確認的統合（連結）基礎之上，更進一步深化的集大成。

也正因為如此，試圖將十八世紀的英國描述成一個「逐漸統一的時代」的歷史學家們，對於發生在一七七六年的事件，也就不免感到困惑。也有不少人認為《美國獨立宣言》，亦即美洲殖民地意圖脫離大英帝國，在聯合王國試圖立足歐洲大陸、放眼大海彼岸以尋求未來的這段歷史中，只是一樁「例外」事件。事實上，大多數歷史學家都將美國獨立定位為只是英國史上一段不具重要意義的插曲，或者只是暫時的衰退。

支持這類解釋的，是美國獨立之後的幾個情況。

第一是，英國從美洲殖民地脫離的「暫時性帝國衰退」中恢復，並沒有花上太長的時間。在一八一五年維也納會議結束了法國大革命和其後的拿破崙戰爭所帶來的紛擾，讓歐洲重返安定之後，從英國遷居到美洲的移民活動才正式地大規模展開；直至十九世紀末為止，英國的海外移民約莫有七成（十九世紀中葉之前則是將近九成），都是以美國為目標。故此，分析者認為，在這段期間，敗北於美洲殖民地的第一次帝國解體的記憶，很快地就為人們所淡忘了。

第二是，失去美洲殖民地的這個事實，並不足以動搖英國在七年戰爭結束之際便已清楚確立的歐洲霸權。英國伴隨著勝利所確立的海上霸權，即便在美國獨立之後，也仍在皇家海軍的守護之下繼續維持；而且美國獨立戰爭，也沒有妨礙英國以工業革命而聞名的經濟發展。最重要的一點是，大英帝國並沒有因為失去美洲殖民地而滅亡。

那麼，美洲殖民地的獨立，真的只是英國史上的一段例外插曲，對於英國人完全沒有任何經驗上的意義嗎？

事實上並非如此。在本書的〈序言〉中所記載的事實——喪失美洲殖民地後的大英帝國

（即是所謂的第二次帝國），形塑出了與第一次帝國全然迥異的空間特質——便足以充分說明這一點。第二次帝國，是在地理版圖擴張所帶來的民族與文化多樣化，以及帝國統治形式的複雜化等情況下，伴隨著英國人在面對此等擴張之際所產生的意識變革而形成。從保護貿易轉向自由貿易、從奴隸的主人變身為解放奴隸的救世主——如果考慮到大英帝國在歷經喪失美洲殖民地後旋即展開的帝國重組，並於一八三〇年代展現出全新輪廓的實際情況，便可推測出美國獨立對英國而言，是一起相當重大的事件。然而，英國到底因為這起事件失去了什麼？

◎「無代表，不納稅」

在歐洲霸權之爭塵埃落定後不久，堆積如山的龐大借款，再加上因七年戰爭急速擴張的領土所需的防衛和營運支出，讓在這場戰役中贏得戲劇化勝利的英國，很快便從勝利的喜悅之中清醒過來。而且領土擴張的範圍不只是在北美大陸和加勒比海地區，還包括了印度和非洲；領土擴張後的遼闊與差異，令英國政府感到相當不安。若借用琳達．科利的比喻，那就是英國相當擔心，「會不會像《伊索寓言》中為了和公牛一較高下而肚皮破裂的青蛙一樣，過度膨脹了呢？」

這份不安和緊張，讓英國政府的帝國政策產生了巨大的轉變。英國政府一改以往對於美洲殖民地的「有益的忽視」（Salutary Neglect），對施行實質課稅不再採取觀望的態度，不但想回收已經支出的戰爭費用，甚至希望美洲殖民地也能夠負擔一部分當地的經營與防衛費用。以一七六四年的美洲稅收法令，即通稱的《糖稅法》為開端，英國政府幾乎年年發布命令要求美洲殖民地納稅。對於英國政府的政策轉換，美洲殖民地的不滿與反抗逐漸累積，最終發展成武力衝突，也就是所謂的獨立戰爭。——雖然史書通常如此說明美國邁向獨立之路的原因，不過事情並沒有這麼單純。

的確，對於英國議會所提出的課稅要求，北美十三殖民地產生了激烈抵抗，他們的口號是：「無代表，不納稅」。

例如，在一七六五年三月所頒布的《印花稅法》（Stamp Act），要求殖民地所有的法律文件、證書、買賣契約書、報紙、宣傳手冊和紙牌等，都有義務必須要貼上政府所發行的印花稅票，這對日常生活所造成的影響遠遠超過《糖稅法》，而且還令人擔憂可能會對言論自由造成侵犯，因此從法案還在立法的階段，美洲各地就陸續發起反對運動。在維吉尼亞殖民地議會中，根據新上任的議員派屈克·亨利（Patrick Henry）的提案，確認了以下的事項：美洲殖民地的人民應享有英國人受到認可的所有權利，是故英國人的基本權利「無代表，不納稅」，自也適用於美洲殖民地的人民。因此，議會只有在有維吉尼亞殖民地人民自己選出的代表參與的情況下，才能對他們課稅。一七六五年十月，九個殖民地的代表聚集在紐約，共同決議反對印花稅法之際，也確認了「無代表，不納稅」的原則。

美洲殖民地的反抗舉動，讓英國議會頗感意外，並在隔年年初，重新審議《印花稅法》。這時，反對黨輝格黨的黨魁老皮特（William Pitt, 'The Elder' 1st Earl of Chatham），發言支持美洲殖民地的主張。他說，美洲殖民地的人們，和母國的人民同樣都是英國人，因此不應該被自己沒有選出代表參與的議會要求課稅。老皮特的這番演說為撤消《印花稅法》鋪了路，結果同年三月，英國政府迫不得已，撤消了《印花稅法》。然而不可忽視的是，因為英國方面也明白問題的根本所在，所以政府還是發表了宣言，再次重申英國議會對美洲殖民地擁有課稅權。

話雖如此，但是美洲殖民地對於課稅的不滿，並不等於想要脫離大英帝國。「無代表，不納稅」的口號所象徵的美洲殖民地對英國議會立法權的反抗，雖然激發了殖民地之間的連帶感，但還不到誘發殖民地與英國之間產生武力衝突、甚至爭取獨立的層次。不要忘記，從一七六五年頒布《印花稅法》，到一七七五年英美兩軍實際發生衝突、進入對戰狀態，中間相距整整十年的時間。若將這段時間納入考量的話，武裝衝突根本就不是美國獨立，亦即導致第一次帝國解體的問題核心。

那麼問題的核心在哪裡？

◎十三殖民地的發展

為了掌握問題的核心，首先必須簡單回顧一下美洲殖民地的歷史。沃爾特・雷利爵士的羅阿諾克島（Roanoke Island，現今隸屬於北卡羅萊納州）殖民計劃，以「失落的殖民地」告終之後，英國前往美洲新大陸發展殖民的行動便中斷了一段時間，而重新展開殖民的，是來自蘇格蘭斯圖亞特王朝（House of Stuart）的國王詹姆士一世。美洲殖民地的原型，便是在斯圖亞特王朝統治的時期奠定基礎。

當時所採取的殖民手法，是募集有意參與殖民事業的人士，共同出資成立私人公司，以獲取國王頒發的特許狀。殖民事業的主體大多數都是這類的公司，不過除此之外，還有土地在形式上為國王所有的皇家殖民地，和國王賜予貴族和有功人士土地的領主殖民地等形式。美洲殖民地的發展，即是以這三種形式為中心，時而帶著宗教色彩，又呼應英國國內的政治情勢，逐步建構起來。從美洲殖民地行政區域的命名，便可見到十七世紀英國的幾個重大政治事件的發展：內戰（即是所謂的清教徒革命〔The Puritan Revolution〕，一六四二年至一六四九年）、王政復辟（The Restoration，一六六〇年）與光榮革命（一六八八年至一六八九年）。從這層意義上來看，美洲殖民地的歷史，其實就是一部英國史。

在大西洋沿岸逐漸形成的十三處殖民地，直至七年戰爭結束的十八世紀中葉為止，除了

■南部殖民地■

①**維吉尼亞殖民地**（Colony of Virginia）　獲得國王詹姆士一世特許的維吉尼亞公司派出的移民，於一六〇七年建造出了最初的殖民據點——詹姆士鎮。約翰・羅爾夫（John Rolfe）與原住民之女寶嘉康蒂（Pocahontas）之間的戀愛故事相當有名。第一個殖民地議會也是在此地成立（一六一九年），並於一六二四年成為皇家殖民地。

②**馬里蘭省殖民地**（Province of Maryland）　是巴爾的摩男爵（George Calvert, 1st Baron Baltimore）為了保護天主教徒而跟國王提出申請的領主殖民地，於一六三四年開始殖民。此殖民地之名是根據國王查理一世（Charles I）的王妃（Henrietta Maria，英文名字為 Mary）之名而命名的。

③**北卡羅萊納省殖民地**（Province of North Carolina）

④**南卡羅萊納省殖民地**（Province of South Carolina）　起源於一六六三年，國王賜予擁護王政復辟有功的八名貴族的土地。名稱源自查理一世的拉丁語讀音「Carolus」。十八世紀初期，在實際上分裂為南北兩地，之後分別成為皇家殖民地。

⑤**喬治亞省殖民地**（Province of Georgia）　一七三二年，為了救濟母國的貧民和負債者而開設的殖民地。命名的由來，源自國王喬治二世（George II）之名。

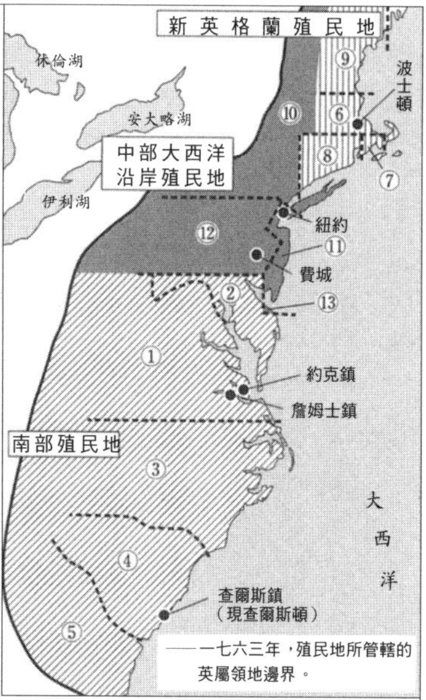

■新英格蘭殖民地■

⑥**麻薩諸塞灣省殖民地**（Province of Massachusetts Bay）　一六二〇年，為了尋求新天地而搭上五月花號（Mayflower）的清教徒們（朝聖者之父〔Pilgrim Fathers〕），建立了普利茅斯（Plymouth）殖民地。十年後，麻薩諸塞灣公司以波士頓為中心，建立了麻薩諸塞灣省殖民地，並在一六九一年合併了普利茅斯殖民地。此地以擁有強烈的自治意識而聞名。

⑦**羅德島殖民地**（Colony of Rhode Island and Providence Plantations）　因為反對維持英國國教會的麻薩諸塞灣省總議會而遭到驅逐的羅傑・威廉士（Roger Williams），於一九三六年設立了普洛威頓斯（Providence，神的攝理）殖民地；並於一九四四年合併了類似的殖民地，創立了羅德島殖民地。

⑧**康乃狄克殖民地**（Connecticut Colony）　一六三六年，清教徒湯瑪斯・胡克（Thomas Hooker）等人遷入開墾，於一九六二年獲得特許狀。

⑨**新罕布夏省殖民地**（Province of New Hampshire）　一群對於麻薩諸塞灣的現況感到不滿的人們移居至此地，並在十七世紀末，自麻薩諸塞灣省分離，成為皇家殖民地。

■中部大西洋沿岸殖民地■

⑩**紐約省殖民地**（Province of New York）　自荷蘭開始在此地殖民以來，便以具有豐富的民族多樣性為特徵。第二次英荷戰爭後，由新尼德蘭（New Netherland）更名為紐約。一六七四年，正式成為英國的領地，開始進入殖民。

⑪**紐澤西省殖民地**（Province of New Jersey）　一六六四年，在這塊查理二世（Charles II）渡讓給兩名朝臣的土地上，移入了許多出身自澤西島（Jersey）的人們。於一七〇二年成為皇家殖民地。

⑫**賓夕法尼亞省殖民地**（Province of Pennsylvania）　是「佩恩（Penn）的森林」的意思。查理二世為了抵償積欠朝臣威廉・佩恩（William Penn）之父的債款，而賜予了佩恩這塊土地的領主權；一六八一年，他開設這片殖民地作為貴格會（Quaker）教徒的避難所，保障了居民宗教信仰的自由，也廣泛地接納其他教派的移民遷入。

⑬**德拉瓦殖民地**（Delaware Colony）　經由英荷戰爭和談的結果，成為英國的領地。曾經暫時授予威廉・佩恩管理，不過在一七〇四年又脫離了佩恩的管轄。此處命名的由來，是源自第一任駐維吉尼亞殖民地的總督—德拉瓦爵士（Thomas West, 3rd Baron De La Warr）之名。

美洲殖民地（一七六三年）出自 Christopher Bayly(ed.), *Atlas of the British Empire*, 1898。

疆界紛爭之外，彼此之間幾乎是互不干涉、各自獨立地進行發展。美洲殖民地通常在地理上被劃分為南部、北部新英格蘭和中部等三個區域。關於直至七年戰爭結束為止的殖民地發展樣貌，請參見前頁圖表。

◎「有益的忽視」之帝國政策

經由美洲殖民地形成的方式和發展樣貌，可以再確認到一項事實，那就是不管基於特許狀的授予、土地的賞賜、或者是隨信仰而展開的自治組織，美洲殖民地終歸是屬於英國國王的領土（在與蘇格蘭合併之前，則是英格蘭國王）。也正因如此，所以當十七世紀中葉以後，國王與議會之間環繞著國王的權限與權力之爭持續對立，英國國內的政治體制也因內戰、王政復辟、光榮革命而發生改變之際，因應著局勢的變化，美洲殖民地也處於不穩的狀態；或是被取消既有的特許狀、或是被授予新的土地（或特許狀）、或是回復被剝奪的權利。美洲殖民地開始呈現某種程度的穩定，必須要等到經由光榮革命確立「國王君臨而不統治」原則的十七世紀末，至英格蘭與蘇格蘭合併成立聯合王國的十八世紀初期。

不過，在光榮革命到十八世紀中葉這段搖擺不安的時期中，殖民者們雖然受制於彼此之間的慣例和紀律的規範，卻不曾遭受來自英國國王和母國政府的剝削與壓迫。因為是國王的領土，所以國王會任命從母國派遣前來的總督；但是在大多數的情況下，各殖民地的自治都受到大幅度的認可，各地擁有獨立的議會作為立法機構，實質上的財政營運也都交由當地自行管理。換句話來說，各個殖民地之所以能夠如前文所見的那樣發展起來，是因為從移入定居的瞬間，殖民者們便在英國君主的寬容監督之下（雖然或許有某種程度上的差異），被允許獨立經營各自的殖民地。

確實，這時期的英國，是一個以發行國債來確保軍事費用的財政軍事國家，基本上除了在國內進行徵稅之外，也針對與殖民地之間的貿易進行課稅，以期回收國家的借款，並且在七年戰爭結束之前，就制定了許多妨礙殖民地產業發展的通商規則，如頒布禁止殖民地生產的羊毛和羊毛加工品任意輸出輸入的《羊毛法令》（Wool Act，一六九六年）、將在沒有英國議會許可下自行營運的殖民地企業視為違法的《泡沫法令》（Bubble Act，一七二〇年）、禁止於殖民地製造帽子的《帽子法令》（Hat Act，一七三二年）、禁止於殖民地建設煉鐵爐的《冶鐵法令》（Iron Act，一七五〇年）等都是。只是，這些法令大部分都未被實施，因為英國政府基本上對於殖民地仍然保持一貫不干涉的態度，大幅認可殖民地的自由裁量權。殖民地人民對此稱之為「有益的忽視」，大為歡迎。就英國方面而言，之所以如此，或許是意識到已經蔓延到北美大陸的對法戰爭，需要殖民地的協助；而美洲殖民地方面，也持續地感受到來自北方的天主教法國殖民地——魁北克的威脅。在《航海法》規範下的殖民地貿易活動，是在英國海軍的保護下進行的，換言之，殖民地並沒有自行負擔防衛的必要，這對美洲的經濟發展也有正面的作用。

於是就像這樣，在這種「有益的忽視」政策下，美洲殖民地的人民在十八世紀的世界，是一群「在非常安穩的統治之下，只須繳納少許的課稅，幾乎不受任何壓抑的人們」。在七年戰爭結束後的一七六三年，當時展開在他們前方的未來，看似充滿了玫瑰色彩。

◎英國化的殖民地生活

從十七世紀後半到十八世紀前半，這段美洲殖民地因為呼應英國國內政治變化而歷經重組的時期，在英國史上被稱為商業革命時代。不同於之前以歐洲大陸為貿易中心，在這段時期，大量的非歐洲產品，如咖啡和紅茶、香菸和棉花等流入英國，使得英國的貿易急速地非歐洲化。在十七世紀末的貿易統計數字上已經顯示出，英國貿易總出口量的百分之五十七（進口量則是百分之三十二）是以北美和西印度群島為對象；這個比率之後變得愈來愈高，以蔗糖和香菸等產品為中心，一年有超過一百萬噸的殖民地產物被運送到倫敦。即便是進入獨立戰爭爆發前夕的一七七〇年代，和美洲之間的貿易仍然占了英國貿易出口金額的百分之二十左右（進口金額則約為百分之三十）。研究英國經濟史的專家們，稱這個現象為英國貿易的「美洲化」。

伴隨著商業革命而來的，便是生活型態的急遽變化。因為殖民地產物的大量流入英國，國內的消費型態與人們的生活形式出現了巨大改變。最好的例子就是人們養成了飲用紅茶的新習慣。

透過大西洋經濟圈的傳播，同樣的情況也發生在美洲殖民地。英國的貨物在《航海法》保護下具有獨占性，使得美洲殖民地人民的日常生活，充斥著從英國輸入的製品。因此英國生活型態的改變，也越過大海傳到了美洲。對英國而言，美洲不只是香菸、棉花和靛藍等物品的產地，更是英國製品的一大消費市場。換句話說，英國貿易的「美洲化」，和美洲殖民地生活的「英國化」，兩者是表裡相應的關係。

美洲人所使用的亞麻和棉製衣物、鍋具和餐具等生活家庭用品，大多仰賴從英國輸入。充斥在美洲殖民地的英國輸入商品，不只是日常用品，還有繪畫和裝飾品。例如畫上英格蘭鄉村風景的裝飾盤、日曆、詩集和小說等，這些物品都會喚起殖民地人民對於祖國的思念。如果使用瑋緻活（Wedgwood）等英國製茶杯飲用紅茶的習慣，沒有滲透到美洲人的日常生活之中，那麼應該就不會有一七七三年制定《茶葉法》（Tea Act）針對茶葉課稅一事，而反對《茶葉法》的波士頓茶黨事件，也許就不會發生了。波士頓茶黨事件，也是一個顯示美洲殖民地人民「英國化」的好例子。

雖然拿破崙嘲諷英國是一個「小店主之國」（A Nation of Shopkeepers），不過在這個時代的環大西洋特質中，明顯有著流通並使用同樣物品的趨勢。就物質層面而言，美洲殖民地的人民是「英國人」，正因為如此，針對蔗糖和茶葉、以及英國製品所發起的拒買運動，便會成為反抗英國的象徵。

然而不只是在物質層面，甚至於在思想、思考方式和價值觀等，美洲殖民地的人民，都和同時代的英國人幾乎沒有太大的差異。最明顯的例子，或許就是在一七七六年七月四日所發表的《美國獨立宣言》。在獨立宣言的內容中，充滿了倡議「人人生而自由平等」的天賦人權、「國家的主權為人民所有，國家只不過是權力的受託者」的社會契約論、「國家的代表者若是違反了人民的信任與託付，侵害了人民的自然權利，那麼人民便擁有抵抗的權利」的革命權等概念，著實可謂是集英國智慧之大成。

◎殖民地人民是「英國人」嗎？

這些事實，道出了關於美國獨立革命的重要事實，那就是美洲殖民地的人們，並不否定母國英國的思考方式、思想和價值觀；相反地，他們不但接受英國的價值觀和思考方式，而且還相當支持。正因如此，他們才會認為自己也應該要享有「無代表，不納稅」等英國人所主張的各種權利。

此外，不可忽視的是，有許多的英國人也將美洲殖民地的人們當作大西洋彼方的「英國人」，並認同殖民地人民因此而產生的政治權利意識。強烈支持美國獨立主張的約翰・威爾克斯（John Wilkes）等人、英國團體「美洲之友」（The Friends of America），高聲地吶喊著：「（英格蘭東部的）林肯郡的波士頓居民，與新英格蘭的波士頓居民之間，並沒有任何差異……」

在這類認同擁護殖民地人民的主張背後，存在著對英國財政與軍事體系的不滿，以及對官商勾結的批判。換句話說，便是自七年戰爭結束後，到承認美國獨立的二十年間，大西洋兩側的英美人民，其實是一起批判著當時的英國政府。不過，課稅額度是美洲二十五倍的英國，因為沉重課稅所帶來的痛苦與反彈，肯定更為強烈。在美國獨立革命的時代，英國國內輿論對於政府課徵重稅的失政與失策，批評的聲浪日漸強烈。在這樣的背景之下，激進派分子異口同聲吶喊著當時的政治語言「腐敗」，並積極推動社會和政治上「徹底、根本的」改革運動。這些英國的政治激進派人士，相較於美洲殖民地的冷漠派，或許反而更理解殖民地人民所提出的「無代表，不納稅」的反抗訴求。

然而，在改革「腐敗」的手段上，英國人和美洲殖民地人民之間則有著根本上的差異。英國人始終企圖透過議會改革，來推動政治的民主化。英國的政治激進派，雖然認為由極少數特權階級壟斷選舉權是個問題，但完全不會去否定議會的權威。他們確信解決社會問題的關鍵，是掌握在議會的立法權之上。而且，只要守住經由光榮革命所確認的「君臨國會」原則，英國也不曾萌生出推翻國王的想法。在英國，反倒是因為議會與國王的關係從本質上產生了改變，讓兩者間的關係變得更為親密，才得以實現君主制的民主化。

與此相對地，美洲殖民地人民所採取的行動，則是同時否定了英國議會和國王的暴力革命。這項差異說明了什麼？

喪失美洲的教訓

◎愛自由的方式

一七七三年十二月十六日，在美洲殖民地的激進派據點——波士頓，山繆．亞當斯（Samuel Adams；獨立宣言的起草人之一，也是美國獨立後的第一任副總統約翰．亞當斯的堂兄）等約莫五十名殖民地人民，插上羽毛、在臉上彩繪，變裝成北美原住民莫霍克人（Mohawk），襲擊了三艘停泊在港中的東印度公司船隻，將三百四十二箱、重量總計多達一萬五千噸（總價超過一百萬美元以上）的茶葉丟入海中。這就是所謂的波士頓茶黨事件。

事件的主謀者，是一七六五年為了反對印花稅法而在波士頓集結成立的組織——「自由之子」（The Sons of Liberty）。每當英國議會在「無殖民地代表參與而通過課稅法案」之際，如《湯森稅法》（Townshend Acts，又稱稅收法〔Revenue Act〕）、《茶葉法》等，他們便會群起抵抗。「自由之子」的成員，除了山繆・亞當斯之外，還有派屈克・亨利、約翰・漢考克（John Hancock）、詹姆斯・奧茨（James Otis Jr.）等當時的政治運動人士。誠如前文已提及的，「自由之子」這個名稱，是因為親自到過美洲的英國軍人、國會議員——艾薩克・巴瑞，在重新審議《印花稅法》之際，率先稱殖民地人民為「自由之子」、支持他們的主張而來。

「自由之子」最早發起的行動，是模仿被指名負責在波士頓徵收印花稅的富裕商人安德魯・奧利佛（Andrew Oliver）的形象，製作成人偶，並且將人偶懸吊後斬首的活動。這種盛行在英國各地的民眾「喧鬧式制裁儀式」（Charivari），在波士頓也依然存在。人們群聚在人偶的周邊、高聲喧鬧的場面，宛如是一幅英國庶民眾生群像。民眾們在奧利佛所持有的建築物放火、對他的住所投擲石塊，但察覺到情勢不穩而移師到波士頓的英國軍隊，卻未能制止民眾的騷動。不過，這也許是因為英軍並沒有打算使用暴力制服「大海的另一邊的英國人」。[1]

因為這一場反對印花稅行動而引起世間注目的「自由之子」，之後持續以波士頓為核心，漸漸地擴展到全部的十三處殖民地。其大多數的成員，都是商人和小店主等中產階級人士。

雖說如此，但是在這個階段，「自由之子」並未否定對國王的效忠。他們的批判，是針對國王親信所導致的不公與腐敗，批判的內容並未觸及制度面上既有的結構框架，也就是英國的國家體制。再則，關於波士頓茶黨事件，美洲殖民地的人民之間也出現意見分歧。例如對東印度公司要求賠償損失一事，班傑明．富蘭克林表示即便是以他個人的財產，也願意賠償「不包含茶葉稅的茶葉貨款」（結果他並未賠償）。不只如此，我們還可以從趁著深夜喬裝成原住民和黑人的「白人所引發的事件」這一點，進一步地重新檢視波士頓茶黨事件。事件發生後不久，殖民地人民發表了獨立宣言，其中雖然高唱「人人生而自由平等」，但是卻將原住民和黑人的人權排除在外。考慮到這一點，若只是將波士頓茶黨事件視為「與英國統治的訣別」，就會迷失了事件的本質。

◎「我們都是英國人」？

艾德蒙．柏克在拜訪了旅居英國的班傑明．富蘭克林三天後，於一七七五年三月二十二日，以「與美洲和解」為標題，在議會發表了一場演說。他的演說維持著一貫將美洲殖民地人民視為「英國人」的論調。柏克尤其強調，美洲殖民地的人民是愛自由的人們，而且他們所愛的自由是「遵循著英國的思考方式、英國的原理」。柏克還說道：「英國自古以來追求自由的抗爭，也經常是環繞著課稅的問題。」他主張即便就是這一點，美洲殖民地的人民也是「英格蘭式自由」的忠實實踐者。柏克高聲地讚頌道：

> 我們擁有相同的名字、流著相同的血液、擁有共通的權益、在同一個帝國的保護之下所滋生的親密情感——這些連結，雖然輕盈地猶如空氣，卻也宛如鐵鍊般強而有力。

然而，果真如同柏克所說的，美洲殖民地的人民是「英格蘭式自由」的忠實實踐者嗎？將與美洲的和解視為追求「享有共同的自由」，會不會是柏克和認為美洲人民是「英國人」的英國單方面的誤解呢？巧合的是，就在柏克發表演說的隔日，一七七五年三月二十三日，「自由之子」的成員派屈克．亨利也在維吉尼亞殖民地議會上發表了一場演說；聽了他演說的內容，便會令人不得不浮起這個疑問。因為害怕遭到維吉尼亞總督的阻撓，這場議會不是在首都詹姆士鎮召開，而是在內陸的城鎮里奇蒙（Richmond）舉行。在議會中提議組成志願軍的派屈克．亨利，以「不自由，毋寧死」的名言結束了他的演說。而他的這句名言，在實質上也成了觸發獨立戰爭的導火線。

十年前的一七六五年五月，剛剛當選議員的年輕派屈克・亨利，曾經在維吉尼亞殖民地議會中針對反《印花稅法》展開論戰，當時他所提出的主張就已經幾乎要涉及關於王權的議論。他說，「身在三千公里外遙遠彼方的英國國王，是否有權利干涉殖民地的內政呢？凱撒有布魯圖（Brute），查理一世（Charles I）有奧立佛・克倫威爾（Oliver Cromwell），而……現在的國王喬治三世，應該可以從他們的例子當中學習到教訓。」

然而驅使派屈克・亨利吶喊著「不自由，毋寧死」的原因是什麼呢？視這句話為「為追求自由美洲而戰」象徵的美洲殖民地人民，果真是「英國人」嗎？

◎懷疑與冷漠的存在

確實，事態的發展愈來愈緊迫。就在波士頓茶黨事件隔年，英國以制裁為由，關閉了波士頓港、剝奪了麻薩諸塞灣省的自治權、徵用民宅作為士兵的宿舍，頒布了多項強硬的《強制法》（Coercive Acts），將波士頓置於軍政的管理下。對此，一七七四年九月，之前一向各自為政的十三處殖民地，除了喬治亞以外的代表聚集於費城，召開了第一次大陸會議，會議中拒絕了由英國議會投票通過、針對殖民地要求課稅的《不可容忍法案》（Intolerable

Acts）[2]。美洲在此明確拒絕了母國議會對於殖民地的立法權。

然而，「曾經高聲讚頌著帝國連結感的美洲人民，為何會意圖以暴力方式來切斷這份羈絆？」在思索這個疑問時，以下的事實是很重要的。那就是在長達二十年的獨立革命過程中，在美洲掀起輿論譁然的僅僅只有三次——《印花稅法案》（一七六五年）和《強制法》（一七七四年）通過時，以及開戰初期（一七七五年—一七七六年）；除此之外大半的期間，美洲的輿論對於獨立一事，要不是充滿懷疑，就是冷漠以待。

實際上，不管「不自由，毋寧死」這句名言受到多麼大的讚揚，追求獨立的殖民地人民卻只是少數。在派屈克・亨利發表演說的隔月，一七七五年四月，母國英國所派遣的軍隊和殖民地的民兵在萊辛頓、康科德爆發武力衝突，獨立戰爭就此展開。不過，在這個階段，人口數約莫兩百五十萬人的殖民地人民當中，以獨立為目標的愛國派（Patriots）大約只有八十萬人，而效忠於英國國王的保皇派（Loyalist）則大約是五分之一（頂多到四分之一）。其餘超過一百萬的人們都保持著中立的立場，換言之，即是心存懷疑或是抱持冷漠的態度。

美洲殖民地的人民直到最後一刻，都還對自帝國分離一事感到迷惑。事實上，他們多多少少，仍然保有「英國人」的意識。但是另一方面，他們確實開始有所「覺醒」了。

◎從誤解中覺醒

英國人始終試圖在議會改革的框架內，解決政治腐敗和沉重課稅的嚴峻現實。因為英國人的種種權利，是確立在經光榮革命所確認的「君臨國會」原則之上。故而，即便是吶喊著政治改革的必要性，但英國卻未曾採取像法國大革命那樣的手段，破壞以國王為中心的政治體制，將管理國家的主權移交到人民的手中。英國將國王的權限視為政治結構的一部分而加以維持，在促使國王與議會之間的關係民主化之餘，更重要的是透過議會的民主化來達成政治改革的目標。最初支持法國大革命的英國，在情勢發展到處決國王之際便立即轉而反對革命，也是因為同樣的理由。

英國的主權在於「國王與議會」，美洲殖民地也相當明白且認同這個原則；並且在此前提之下，主張此一主權形式所涵蓋的範圍並不包括美洲殖民地。

七年戰爭之後，英國為了維持帝國而屢屢要求課稅，這令美洲殖民地不由得重新思考，從前不甚意識到的與英國之間的關係。從而，他們也注意到，在大英第一次帝國的內部，美洲殖民地被定位在一種相當曖昧的狀態。也正因為如此，他們在仿效英國設置的殖民地議會中，獨自解釋自己在帝國中的定位，而他們所得到的結論則是，各自獨立發展起來的美洲殖民地和國王之間擁有對等的關係。或許就美洲殖民地的立場看來，在發展成戰爭局面之前的十年左右時間，是為了將這種對等關係正常化的交涉期。

在這份「關係」之中，並沒有允許議會介入的餘地。例如，約翰．亞當斯針對停止蘇格蘭議會的權限、並將之併入倫敦西敏議會（The Palace of Westerminster，即是英國議會的慣稱）的《聯合法》說，「其中完全未曾言及美洲殖民地的合併」，亦即表達了聯合王國與美洲殖民地截然不同的見解。

美洲殖民地的人民在「有益的忽視」之優越待遇下，各自發展出獨立的殖民地議會，凡事都遵從議會的決定來加以解決；對他們而言最重要的，是和自己土地的最終所有者英國國王之間的關係。在他們的理解當中，英國議會的權限，不應中央集權地強加在大西洋彼方的美洲殖民地之上；而實際上，也因為美洲殖民地未被置於英國議會的管理之下，所以對於美洲人民的課稅，才會只有英國人民的二十五分之一。在這層意義上，美洲人民絕非是「英國人」。

不過，英國政府的見解並不相同。或許正因如此，在撤銷《印花稅法》的時候，英國政府才會頒布《宣示法》（Declaratory Act）以確認英國議會的立法權。而且，英國政府還辯駁道：要明白，殖民地人民之所以能夠主張和「英國人」擁有相同權利，是因為殖民地議會是西敏議會的袖珍版的緣故，要理解到底是什麼保證了殖民地人民是「英國人」！然而除了如此反覆申論，英國還有何種反駁？「既然是英國人的話，就理當明白西敏議會的意義」——這種期待，始終遭到殖民地的背叛。每當課稅之際，殖民地便會一再地出現反抗。

這是因為美洲殖民地的人們，並非是在建立起國王和議會間民主化關係的同時，也確立了議會主權的「英國人」。

最先注意到此事的，是美洲殖民地的人們。明白了他們並非是「英國人」後，就放棄調整和英國國王之間的關係。一七七六年七月四日，他們發表了獨立宣言。在事態逐漸發展的過程中，令英國政府和議會確信大海彼方的人們並非「英國人」的關鍵，是宿敵法國的參戰。

◎法國參戰的衝擊

在採取武力抗爭的獨立革命中，美洲殖民地之所以能夠取得最後勝利，並非是因為美洲人民不屈不撓的精神，而是由於歐洲諸國的軍事介入。特別是法國在一七七八年二月的參戰，造成了劃時代的轉變。主要是因為這起事件，斬斷了透過新教信仰和價值觀所維繫的第一次帝國的羈絆。

十八世紀初期，因為英格蘭和蘇格蘭的合併而誕生的「英國人（British）」國家認同，透過「第二次英法百年戰爭」，在與天主教／法國互為競爭對手的關係狀態下鍛鍊、成長。在這種情況之下，新教的美洲居然會和法國結盟，此事對英國帶來了難以置信的衝擊。

緊接在法國之後，同為天主教的西班牙也站在美方那邊加入戰局時，英國或許多少會有些沮喪。不過隔年，同樣是新教國家，並在奧蘭治親王威廉就任英格蘭國王以來，就一直和英國維持著親密關係的荷蘭，竟然也支持美洲加入戰局時，英國所遭受到的衝擊更為巨大。美國獨立革命，名符其實地是一場大幅改變了歐洲的「天主教VS.新教」對立構圖的「革命」。

在這樣的局面下，一七八一年十月，查爾斯·康沃利斯所率領的英軍在約克鎮投降，實質上結束了戰爭。強硬派的首相諾斯引咎辭職獲准後，英國與美洲之間開始進行和談，最後在一七八三年九月，雙方簽署了《巴黎條約》，正式承認北美十三殖民地的獨立。英國就此失去了美洲。

◎喪失美洲的教訓

然而，喪失美洲並不意味就喪失了帝國。而且還不只如此，英國在伴隨著美國獨立的「一剎那的衰退」之後，又再度開始向大海的彼方擴張。更重要的是，英國國內的樣貌並未因為失去美洲而產生任何變化。不論是「君臨國會」的主權結構，或是聯合王國的政治體制，完全都沒有任何動搖。英國因為七年戰爭勝利而確立的歐洲霸權，以及在背後支撐著它的皇家海軍海上霸權，也都不曾因為喪失美洲而受到動搖。喪失美洲，在性質上並未對聯合王國的主權構成威脅。

然而另一方面，喪失美洲確實是剝奪了英國的某些部分。其中之一，就是如同掌握英國社會一般，掌握帝國這個空間的理解力與想像力。在這份理解與想像中，與同樣擁有新教信仰與價值觀的「英國人」的戰爭，令大多數的英國國民心生畏怯，就如下一章所述，動搖了英國的國家認同。而且，「美洲人民」竟然會如此輕易地就與天主教／法國聯手，帶來的痛苦與衝擊令英國人捫心自問：「自己究竟是為何而戰？」所謂的愛國心到底何在？而這一自問，也讓他們更加痛苦。

於是，喪失美洲的經驗，對於帝國這個統治空間，留下了幾個教訓。第一，不能要求殖民地的人民擁有身為「英國人」的共同感。第二，將殖民地納入以西敏議會為核心的框架結構中，並非明智之舉。第三，喪失美洲並非是母國壓抑殖民地的結果，相反地，事件的始末是放任殖民地任意自為的「有益的忽視」所導致的。由於這三個教訓，讓英國在締結了承認美國獨立的《巴黎條約》的隔年，亦即一七八四年通過了《東印度公司法》（East India Company Act），又於一七九一年通過了治理加拿大的《憲法法令》（Constitutional Act），並於一八〇〇年通過了合併愛爾蘭的《聯合法》（Act of Union），展現出了帝國介入殖民地管理的姿態。

不擴大英國議會的權限，不對殖民地直接課稅，但是充分地介入——為了達成這個目標，英國所設想出來的統治方法，就是將統治領域限縮在最小範圍的非正式統治模式，即是所謂的「自由貿易的帝國」；這樣的政策透過投資和技術轉移等形式，在南美洲和中國等地加以施行。此外還有另一種模式，就是在亞洲和非洲推行的間接統治，盡可能不干涉當地社會的運作。說起來，喪失美洲的經驗所帶來的教訓，即是帝國中心對於帝國邊緣的統治是有其極限的。

前文提及的琳達・科利如此寫道，對母國的英國人而言，美洲人民「是一群在物理上的距離雖然很遙遠、但文化上的距離卻很接近的人們；他們相似到令人感到欣喜，但是本質上的差異卻也令人不覺心生厭煩；他們充滿了不可理解的似是而非的論點，迄今依然如此……」。令母國的英國人誤以為彼此是「相同」的他們，竟然會奔向革命一途；這份衝擊，實際上帶給大英帝國的苦惱，遠遠超乎預期。

1 編按：在十八世紀的記錄中，英國地方政府在面對人民起事、衝突（riots），鮮少且不願意派出軍隊鎮壓，通常是派出官員與之周旋和談判，讓人民的不滿得到適時和適度抒發，並允諾他們的部分訴求。這是官員們不願意釀成更大社會民變，或是成為「專制政府」的形象。而一七六〇年代的美洲殖民地問題，英國國會一開始確實也是抱持這樣的心態。

2 英國慣稱的「強制法」，在美國被稱為「不可容忍法」，即是英國議會在一七七四年波士頓茶黨事件後，通過的一系列法令。

第二章

聯合王國與帝國重整

卡洛登戰役　攻擊詹姆斯黨軍（左）的坎伯蘭公爵的軍隊。繪者：大衛・莫瑞（David Morier），1746 年。

重新探究的愛國心

◎迷失的身分認同

當難以看清「外部敵人」的樣貌時，人類便會試圖找出、或者更進一步地製造出「內部敵人」。

自十七世紀末光榮革命後不久，甚至到了十八世紀初期聯合王國成立以後，英國透過與天主教法國之間的戰爭（即是世間所謂的第二次英法百年戰爭），以新教意識作為媒介，想像／創造出國民的身分認同。對於這樣的英國而言，和同屬新教的美國的戰爭，從一開始就欠缺了充分而正當的理由；輿論對於戰爭的是與非，看法複雜而分歧。一七七八年，宿敵法國支持美國而參戰之舉，成了西班牙、荷蘭陸續參戰的開端，決定了英國在軍事上的敗北，同時也讓英國人對於長期戰爭的態度變得更為複雜。

從第一次大英帝國因為美國獨立而解體的一七八〇年代起，到一八三〇年代為止，這段時期既是被稱為工業革命的經濟發展時代，也是眾所皆知的政治改革時代。以國民苦於戰爭期間重稅和經濟狀況惡化的心聲為背景，社會整體對道德的關心高漲。例如一七八〇年代初期，在首都倫敦和英格蘭北部的約克郡，人們因為對浪費公帑和發生在衰廢市鎮（rotten borough）的政治舞弊的憤怒，對議會提出了要求稅制改革的請願書。在對政治腐敗的譴責接連不斷的情況下，財政軍事體系的漏洞也愈來愈明顯。於是，後來在一八三二年通過了《改革法》（Reform Act），改變了光榮革命所建立的、以地主紳士等名望之士作為統治基礎的政治體系。

這些出現在政治上的道德問題，正清楚說明了英國與美洲殖民地之間的戰爭，在國內引發了何種混亂，以及人們在找尋何種解決對策。然而，人們又為何會在政治道德上尋求解決之道？

從英國政府為了長期作戰的準備，徵募移民至聯合王國的愛爾蘭人從軍時的情況，便可清楚看到答案。當時英國政府承諾解放天主教徒，以換取愛爾蘭人協助作戰。在英格蘭的天主教徒，以一六七三年遭到《檢覈法》（Test Act）禁止擔任公職為開端，逐漸成為多項不平等法令所規範的對象；於是英國政府便以廢止這些法令作為徵兵的交換條件。一七七八年，當議會決議通過《天主教救濟法》時，下議院議員喬治．戈登（George Gordon）便立刻在議會提出反對法案。支持他的民眾於一七八〇年，在倫敦引發了大暴動。這場戈登暴動（Gordon Riots）被公認是十八世紀最大的民眾起事。

最初，就像是為了替經由對抗法國、對抗天主教而淬煉出來的新教價值觀出一口氣似地，天主教的禮拜堂和住宅區、愛爾蘭的勞工和商人們，紛紛成為民眾攻擊的目標；然而不久之後，民眾攻擊的對象漫無邊際地擴展，新門監獄（Newgate Prison）和弗利特監獄（Fleet Prison）等地方，都在暴徒們的破壞和縱火之下，化為灰燼。逃亡的囚犯們襲擊了銀行和民宅。當軍隊在國王喬治三世的要求下出動、倫敦回復秩序時，據說有兩百八十五名倫敦市民遭到射殺，造成損害的金額是法國大革命時巴黎所蒙受的損失十倍。

戈登暴動暴露出英國社會的狀況，與七年戰爭時忍受沉重稅賦、以打倒「敵人」法國為目標，整個聯合王國團結一致的情況，已成了極端的對比。而從這樣的對比當中，可以清楚看出英國因為喪失美洲殖民地而逐漸失去的東西，也就是愛國心的瓦解。迄今為止雖然緩慢卻也帶來整體感，且順利掩蓋住聯合王國內部民族地域差異的明確「外敵」——宿敵法國和他們的宗教天主教——變得曖昧不清，再加上和理應同樣是「英國人」的美洲殖民地之間開戰，這些都漸漸讓英國的人們迷失了自己到底是為何而戰的最根本信念。

在喪失美洲時，他們開始重新探問，自己應該效忠的對象是什麼？必須要守護的東西是什麼？自己應該為何而戰？而且更重要的是，自己到底是誰，是怎樣的國民？

◎道德重整運動

面對眼前的認同危機不得不挺身而出的，是英國國教會的神職人員。開戰當初，他們因為對於同是新教徒之間的戰爭感到不知所措，而半袖手旁觀。不過當薩拉托加敗戰（The Battles of Saratoga，一七七七年）後，戰況逐漸惡化，他們便積極出面動員國民參戰。這些神職人員不斷反覆陳述著，在美國獨立戰爭中，英國會陷入苦戰、戰況會惡化的原因，是因為國民的道德墮落。

例如，某位伯明罕的神職人員在講道時，將法國在一七七九年參戰後，出現新教徒與天主教徒合作這類不自然事情的責任，都歸咎於國民的信仰不堅。他在講道時說，安息日本應是用來祈禱的時間，但卻被用來做其他的事，是冒瀆神的行為，是身為國民的墮落。上層階級的人們忙於旅行或宗教以外的閒談，貧民則是泡在酒館裡。年輕人不分階級地怠惰於玩樂之中。於是，神不再眷顧這個國家，英國也因而被迫陷入苦戰。當時的英國國教會，為了彌補法國這個「外敵」的說服力不足之處，闡述著上述的論調，製造出了信仰不堅的國民這個「內敵」。於是，為了克服這個「內敵」，便展開了道德重整運動。

其中扮演主導的角色，是立志遵從聖經實踐信仰生活、被稱為福音主義（Evangelicalism）的一派。這項宗教運動，在美國獨立革命之前，因為一七三〇年代在新英格蘭殖民地發生對於信仰的新覺醒（美國歷史上稱之為第一次大覺醒運動）而為人所熟知，到了獨立革命前夕，已席捲了美洲殖民地各地。經由來自波西米亞的德裔移民傳入美洲的福音主義，幾乎同時在大西洋沿岸的各地重生。在大西洋世界鍛造出來的福音主義，令英國人大大地覺醒，並且在與喪失美洲的危機感交互作用下，讓以打倒「內敵」為目標的道德重整運動開出了成功的花朵。

特別是在這個時期，主日學校運動扮演了非常重要的角色。對於原本是為了讓無法上學的童工接受教育而開辦的主日學校，每個教派都有各自不同的做法；不過在提升國民道德的這個大目標之下，所有的教派都團結一致。主日學校運動在於格洛斯特經營印刷業的羅伯特．雷克斯（Robert Raikes）大力推動之下，於一七八〇年代前半逐漸在全國擴大，目標也從教育擴展到信仰的復興和傳教等。

而且，福音主義還與強力推進帝國重整的力量產生了微妙的連結。

◎克拉朋聯盟

福音主義在英國國教會內部催生出了一個改革派團體。這個團體被稱為克拉朋聯盟（Clapham Sect），是個以寬鬆人際關係連結的組織。這個成員大多是一般教友的團體，在一七八〇年代到一八三〇年代的帝國重整期間，涉入了許多與帝國重整相關的社會改良運動。

克拉朋聯盟的活動，乃是始於在倫敦西南部克拉朋公地（Clapham Common）擔任牧師的亨利．維恩（Henry Venn）與透過波羅的海貿易累積財富的約翰．桑頓（John Thornton）之間的邂逅及交流。在英格蘭銀行擔任總裁的桑頓也是一位知名的慈善家，他的兒子亨利

（Henry Thornton）和賽繆爾（Samuel Thornton）和父親一樣是銀行家，同時也以下議院議員的身分全力促成《廢除奴隸貿易法案》（Slave Trade Act）的通過，並且慷慨地對其他社會改良運動伸出援手。因為銀行家、貿易商人和成功的商業人士們頻繁地來訪，讓他們的活動得以浸透到中、上層階級之中。

和桑頓家同樣定居在此地的克拉朋聯盟中心人物——威廉・威伯福斯（William Wilberforce），是英格蘭北部赫爾河畔京斯頓地區選出的議員，也是知名的廢除奴隸貿易運動領袖。在一七九二年威伯福斯以此地作為倫敦活動的據點之後，克拉朋聯盟儼然成為廢除奴隸貿易的同義詞。實際上聚集此地的湯瑪斯・克拉克森（Thomas Clarkson）、格蘭維爾・夏普（Granville Sharp）、薩克利・麥考萊（Zachary Macaulay）等人，均是在十八世紀末到十九世紀初期，逐漸於全國擴大的反對奴隸貿易運動的主要成員。

然而，最不可忽略的是，反對奴隸貿易運動本身，與同時期展開的種種以道德重整、社會改良為目標的運動之間的連結。克拉朋聯盟參與了濟貧院改革、獄政改革、遵守安息日、愛護動物等各類超越宗教教派的相關活動。不只如此，以克拉朋聯盟為中心，對奴工制度的批判，以及同時期各種環繞著英國勞工的勞動環境和勞動條件的運動，都對「道德」這個關鍵字產生了共鳴。

因此，被稱為克拉朋聯盟的人們，活動的範圍極為廣泛。例如，布里斯托的漢娜・莫爾（Hannah More）既是主日學校運動的領袖，也致力於廢除奴隸貿易。此外，還有成為威伯福斯後繼者的托馬斯・巴克斯頓（Thomas Fowell Buxton），因為他和以監獄改善運動而聞名的伊莉莎白・弗萊（Elizabeth Fry）的妹妹結婚，婚姻關係強化了克拉朋聯盟的團結，進而層層疊疊地拓展了社會改良的網絡。

威廉・威伯福斯　政治家、慈善家，廢奴運動的領袖。

◎端正東印度公司的道德風氣

克拉朋聯盟之所以會將道德改善的矛頭指向東印度公司，或許是因為主要成員當中，有曾經擔任過東印度公司幹部的查爾斯・格蘭特（Charles Grant）和印度總督約翰・肖恩（John Shore）等人的緣故。格蘭特被福音主義的行動所感動，為解除基督教在印度傳教的禁令，盡了相當大的努力。

事實上，在帝國重整的這段時期，東印度公司被視為腐敗的象徵。被允許獨占東方貿易的東印度公司，身為政府代理的角色，被承認擁有印度及其周邊地區的統治權限、以及發行貨幣和持有軍隊的權力，是一個相當特殊的法人機構。恰巧也是在美國獨立革命的時期，東印度公司於普拉西戰役（一七五七年）之後，消滅了法國在印度所有的反擊力量，插手地方統治，等於是成了英國政府的化身。東印度公司在印度各地的商館中，設置了由商館長和幹部級職員所構成的理事會，負責商館的營運；而統率這些理事會的倫敦本部董事會，在東印度公司開始於印度擁有領土的十八世紀中葉以後，在內閣也扮演了類似的角色。

普拉西戰役之後，印度當地的職員利用公司的特權，透過各種方式累積財富。當時以印度為目標的人們，大多數都是破產的負債者、賭徒，和被視為麻煩人物的貴族，發財致富後歸國的願望很強烈。特別是派駐在孟加拉的職員，為了希望在歸國之後能夠成為地主紳士，所以罔顧公司的利益，濫用職權、收取賄賂和進行私人交易，透過各種方式盡其可能地中飽私囊。這些回到英國之後，買土地、蓋豪宅，甚至利用那些財力做後盾成為國會議員的印度暴發戶，即是所謂的「印度富豪」（Nabob），同時也是以東印度公司為舞台、累積不義之財的象徵。

對此開刀、致力於整肅綱紀和防止腐敗的，是領導普拉西戰役贏得勝利，並被任命為孟加拉領事的羅伯特．克萊武（Robert Clive）。然而，東印度公司長年腐敗，病根甚深，不是處罰行為不當的職員便能夠解決的問題。克萊武因為進行公司內部改革而樹敵甚多，歸國之後，被迫面對指稱他自身的資產是濫用職權所得的議會調查報告；結果因震驚而罹患身心疾病的克萊武，最後選擇了自殺一途。很明顯地，東印度公司本身並不具有取締當地不正行為的自淨能力。

早在一七七〇年，英國議會在東印度公司申請特許更新之際，便已逐漸認為以公司組織的形式統治印度，很容易造成過度膨脹的問題。議會雖然年年強化對東印度公司的規範，但是因為美國獨立戰爭的緣故，遲遲未展開徹底而根本的改革。

一七八四年，亦即美國獨立正式被承認的隔年，因為《東印度公司法》的通過，印度被置於東印度公司和英國政府的雙重統治之下，給了英國政府後來介入的契機。英國政府一邊拉攏同時期正在進行的社會改良運動，一邊緩慢並且確實地瓦解東印度公司獨占東方貿易的體制。

◎總督康沃利斯的活躍

《東印度公司法》通過後，查爾斯・康沃利斯於一七八六年就任印度總督一職。身為伯爵家長子的康沃利斯，曾經任官於近衛步兵連隊、畢業於都靈陸軍學院（The military academy of Turin），並且從軍加入七年戰爭。一七七六年初，他前往美洲為獨立戰爭而戰。然而，一七八一年，他所率領的部隊在約克鎮戰役中敗給了美法聯軍，因而也決定了美方的勝利。據說歷經三個月戰俘生活後歸國的敗軍之將康沃利斯，著實受盡周遭人們的冷眼相待。

在這種情況之下，命令康沃利斯前往印度的人，是促使《東印度公司法》通過的首相皮特（小皮特），以及根據《東印度公司法》而設置的印度廳長官鄧達思（Henry Dundas）。兩人或許是期待身為陸軍軍官的康沃利斯，能夠從軍事和行政兩方面進行重整，做到東印度公司職員出身的總督所不可能做到的事，特別是針對職員的舞弊行為和腐敗的病灶開刀，展開大膽的改革。

康沃利斯獨自出面調查當地職員的行為，特別是關於舞弊已經成為公開秘密的商業部職員；他接二連三地處分了舞弊人員，在實踐職務的廢除與合併、建立不靠關係的人事制度和禁止職員從事私人買賣之外，他同時也調整了職員的薪資，以杜絕不當交易的誘因。一般認為康沃利斯的這些改革，受到克拉朋聯盟的查爾斯．格蘭特，以及繼他之後接任印度總督、出身公司職員的約翰．肖恩的支持。

一七九三年，康沃利斯在孟加拉導入永久租佃制度（Permanent Settlement，柴明達爾制〔Zamindari〕，又稱「包稅地主制」），將所有關於土地的權限交給在政府和農民之間擔任仲介工作的「包稅人」（Zamindar），讓他們成為土地的所有人。一般認為康沃利斯之所以會導入這項制度，是因為擔心職員會沾染上與包稅人如影相隨的賄賂，不過因為漠視當地傳統的土地所有關係，立刻受到當地猛烈的反彈。而且他還將刑事法庭的印度法官換成英國人、將高薪職位限定由英國人擔任、改定幹部任用制度，不讓印度人擔任公司的重要職務等，推進了東印度公司業務的歐洲化和印度行政體制的英國化。

因為對美國獨立革命的危機感而逐漸高漲的道德重整運動，對英國政府干涉印度之事，也起了正當化的作用。一八一三年，東印度公司的獨占貿易被廢除，最後在經歷了印度大叛亂之後，印度正式被納入帝國的體制當中。維多利亞女王就任印度女皇之路，是經由在政治中尋求道德的過程構築而成的。

◎蒂普蘇丹的兒子們

一七九三年，康沃利斯回到英國後，有一幅畫作在倫敦的畫廊展出。那是第三次英邁戰爭（Third Anglo-Mysore War，一七九〇年至一七九二年）的官方從軍畫家羅伯特·荷姆（Robert Home）的作品。在英國兩度歷經慘敗於邁索爾王國（Kingdom of Mysore）的屈辱之後，好不容易終於取得勝利的總督康沃利斯，要求邁索爾王國割讓近半的領土，並索取了龐大的賠款，且在賠款分三次支付完畢為止之前，扣押了太守蒂普蘇丹（Tipu Sultan）的兩個兒子作為人質。那幅畫作所描繪的便是康沃利斯掌握人質的場面（見次頁）。

邁索爾王國是一個位於印度南部德干高原（Deccan Plateau）山區的伊斯蘭王國，原本信奉印度教，不過十八世紀在海德．阿里（Hyder Ali）統治的時代成為穆斯林。面對不統一的蒙兀兒帝國，英國在承認各地印度教大君（Maharaja，土邦主）的權利之餘，並未動用太多的武力，便逐漸間接地擴張了統治和領土。在這樣的情況下，和印度南部的印度教聯合王國馬拉塔同盟（Maratha Confederacy）並列齊名的邁索爾王國，在海德．阿里與他的兒子蒂普蘇丹的統治之下，發動了四次激烈的對英抗戰，因而為人所知。這幅畫中所描繪的第三次英邁戰爭，是一七八二年在父親過世後成為太守的蒂普蘇丹，所主導的第一場抗英戰爭。

根據正好位在現場的蘇格蘭少校迪羅姆（Alexander Dirom）的記錄，與父

《康沃利斯侯爵迎接擔任人質的兩位王子》（The Reception of the Mysorean Hostage Princes by Marquis Cornwallis）

親蒂普蘇丹道別後的兩位皇子，乘上裝飾華麗的大象，在兩百名印度兵（Sepoy）的護衛之下，現身在康沃利斯總督的面前。

迪羅姆少校也詳細地記錄了兩位皇子的模樣。根據他的記載，「相較於淺黑色肌膚、小扁平鼻、長臉、面露深思的哥哥，可愛小臉上有一對圓滾滾的大眼睛的弟弟，表情相當的生動，他漂亮的容貌令所有的人深深地著迷。」迪羅姆少校所描述的狀況，也鮮明地呈現在荷姆的畫中。在畫中，皇子的隨從、護衛的士兵、以及迎接他們的英國的行政和軍方相關人士，還有旁觀的人們，大部分的目光都投注在與總督康沃利斯握手的弟弟身上。而當拜訪畫廊的人們，也將他們的目光投注在抬頭仰視總督的純潔少年的臉上時，會不會因此而將英國和印度之間想像成類似親子的關係呢？

羅伯特．荷姆的這幅畫，也大受當時英國人的喜愛。後來未曾拜訪過印度的畫家和版畫家們，紛紛以各自的想像（大概是從荷姆的畫和迪羅姆少校的紀錄所膨脹出來的想像力），描繪著相同的場景，從這個情形應該也就可看出畫作受歡迎的程度了。例如，美國出身的畫家馬瑟．布朗（Mather Brown）的系列畫作就下了《與母親離別的蒂普蘇丹的兒子們》、《遞送和平條約到康沃利斯侯爵麾下的人質皇子們》之類的標題。對跟布朗一樣取用這幅構圖的畫家們，還有對他們的畫作狂熱的大多數英國人而言，正式從軍畫家荷姆的畫作，可以說正就是他們的「印度經驗」。

一般認為，這幅絡繹不絕地出現在十八世紀末到十九世紀初期英國社會的畫作構圖，給了大多數沒有印度經驗的英國人對於遼闊印度的印象，還有對於逐漸納入大英帝國的印度未來的想像。而這會不會是伴隨著喪失美洲而來的認同危機——對於自己到底是何種國民的質問，所提出的答案之一呢？蘇格蘭文豪華特．史考特爵士（Sir Walter Scott）所撰寫的三部與印度相關的作品，全都以第三次英邁戰爭作為時代背景，肯定也是深深地受到羅伯特．荷姆所提示出的這幅構圖的影響。

而且，在這個時期，聯合王國的人們注視著印度的眼中，充滿了好奇和嚮往，那份憧憬近似於投注在蘇丹的兒子們身上，特別是年幼皇子臉上的目光。

蘇格蘭帝國的幻想

◎詹姆斯黨人的起義

一七四五年七月，流亡於法國的查理．愛德華．斯圖亞特（Charles Edward Stuart），即是人稱的英俊王子查理（Bonnie Prince Charlie），悄悄地登上了巴拉島，這是位於北部蘇格蘭高地一角的外赫布里底群島當中的一座小島。他率領著大約五千名蘇格蘭高地人（Highlander）南下，展開了詹姆斯黨人的最後一次起義。

英格蘭在反對天主教的情感媒介下培育出了國家認同，而國王詹姆士二世（作為蘇格蘭王則稱詹姆士七世，James II and VII）卻在英格蘭肆無忌憚地公開宣稱信奉天主教。在他與再婚的王后摩德納家的瑪麗（Mary of Modena）生下王儲的一六八八年，被議會強迫退位，而英俊王子查理就是這位王儲的長子，也就是詹姆士二世的孫子。詹姆士二世退位後，由他嫁給新教國家荷蘭貴族的長女瑪麗和她的丈夫奧蘭治親王威廉共同即位，這一場在不流血的情況下完成王位交替、確立了議會主權的政治事件，以「君臨國會」、「國王君臨而不統治」等名言而為人們所熟知，在英國史上被稱為光榮革命。共同統治的威廉三世（William III）和瑪麗二世（Mary II）的登基儀式，是英格蘭史上首度採取將手放在《欽定版聖經》（King James Version, KJV）上宣誓的形式；此後，這個形式便成為國王加冕的傳統。

然而，英格蘭的「光榮革命」，如果轉換成蘇格蘭（還有愛爾蘭）的角度來看的話，對於革命的解讀也隨之不同，「不流血」、「光榮」等字眼瞬間煙消雲散。

一六八八年十一月，詹姆士二世在來自荷蘭的威廉偕同妻子瑪麗登陸後，便立刻舉兵，然因軍中幹部約翰・邱吉爾（John Churchill，溫斯頓・邱吉爾的祖先）的背叛，導致士兵離散，於是他便帶著幼子流亡到法國路易十四的宮廷。隔年，詹姆士也為了恢復王位而登陸愛爾蘭，但又再度敗北。之後，孤兒詹姆士·弗朗西斯·愛德華·斯圖亞特（James Francis Edward Stuart，英俊王子查理之父），就成了反對「光榮革命」的核心人物。這群詹姆斯黨人的起義，對國王和議會漸漸地成為巨大的威脅。

詹姆斯黨人（Jacobite）——這個源自詹姆士的拉丁名（Jacobus）的語詞，指的就是視詹姆士二世和他的男性繼承人為蘇格蘭及英格蘭正式君主的人們。他們公然舉旗反對新上任的國王瑪麗二世和威廉三世，以及之後繼位的瑪麗的親妹妹安妮。他們的據點就在蘇格蘭，特別是北部的蘇格蘭高地。

雖然統稱為蘇格蘭，但是在南方的蘇格蘭低地和北方的蘇格蘭高地，不論是地形和氣候，或是人們的氣質，都完全迥然不同。群山險峻、高地密布的蘇格蘭高地，自光榮革命之後，和接近英格蘭的蘇格蘭低地之間對立漸深，成了諸多流血事件的舞台。一六九二年二月，以過了簽署宣示效忠新國王的期限為藉口，在積雪甚深的格倫科峽谷（Glencoe），爆發了屠殺麥克唐納（McDonald）家族的分支阿拉斯泰爾·麥齊楊（Alasdair MacIain）一族的事件，此事激起了守護著獨特規章律法而活的蘇格蘭高地人強烈的憤怒與憎恨，他們的憎恨培育出了詹姆斯黨人。

反抗運動最初的高潮，在由斯圖亞特家族轉移到漢諾威家族（House of Hannover）的朝代交替不久之後降臨。一七〇一年，在瑪麗的妹妹安妮所生的男孩全部死亡，斯圖亞特家族陷入後繼無人的危機之際，沒有子嗣的威廉三世制定了《王位繼承法》（Act of Settlement），規定「王位繼承者限定繼承斯圖亞特家族血統的新教徒」。一七一四年安妮女王（Queen Anne）死後，依據《王位繼承法》，在追溯家族圖譜，慎重排除了天主教徒之後，成為新任英國國王的是德國漢諾威家族的格奧爾格（Georg，喬治一世〔George I〕）。「德意志人國王」的登場，點燃了詹姆斯黨人的怒火。

詹姆斯黨人在安妮女王的時代，就已曾經因為強烈反對英格蘭和蘇格蘭的合併（一七〇七年）而舉兵，並且失敗了。儘管如此，在王朝交替的隔年，也就是一七一五年，以復興斯圖亞特王朝為目標的詹姆士·弗朗西斯·愛德華，自稱「詹姆士三世」，再度率領詹姆斯黨人舉兵起義。一般認為這次起義失敗的原因，是由於他的統率能力不足之故。之後，詹姆斯黨人仍然反覆再度起義，針對這點，已組成聯合王國的英國西敏議會，為了瓦解詹姆斯黨人作為據點的蘇格蘭高地，施行了諸多政策，意圖瓦解蘇格蘭高地人的生活基礎——氏族（Clan）制度，同時也透過強化軍事力量，持續對他們進行監視。在如此艱難的處境中，詹姆斯黨人卻仍然再次舉兵。

一七四五年七月，於巴拉島登陸的英俊王子查理，為了替祖父和父親雪恥，率領著以頑強的蘇格蘭高地人為主力的詹姆斯黨軍，一路逼近到英格蘭中部的城鎮德比。據說當時逼近到距離倫敦僅兩百公里外的詹姆斯黨人所帶來的恐懼，讓倫敦陷入了恐慌狀態。然而，因為

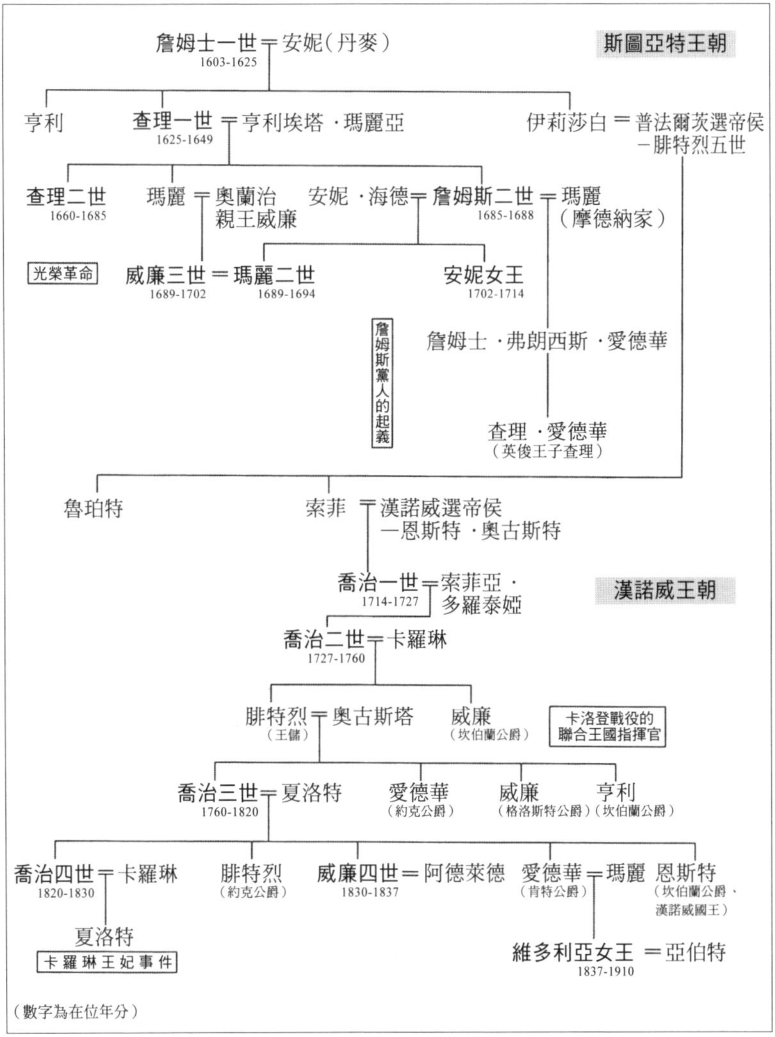

從斯圖亞特王朝至漢諾威王朝的譜系表（至維多利亞女王為止）

未能順利獲得來自法國的援軍，之後詹姆斯黨軍由攻勢轉為守勢，並且不得不向北方撤退。於是，一七四六年的四月十六日，在尼斯湖附近、印威內斯東部的卡洛登荒野（Culloden Moor），迎接了最終的決戰。

◎卡洛登戰役之花

這場戰鬥約莫只持續了一個鐘頭，便隨著詹姆斯黨軍的大敗，輕易地落幕了。據說在這個短短的一個鐘頭，大部分的蘇格蘭高地人被殺，無數屍體凌亂地散布在卡洛登的荒野中。BBC在二〇〇五年度的「史上最惡劣的英國人（Worst Briton）」中選出的十八世紀單元代表人物，即是在卡洛登戰役之中擔任聯合王國指揮官的坎伯蘭公爵（Duke of Cumberland）威廉・奧古斯塔斯（William Augustus），也就是國王喬治二世（George II）的第三個兒子。他在粉碎詹姆斯黨的軍力同時，也在蘇格蘭高地一帶展開掃蕩詹姆斯黨人的作戰行動，因此長久為蘇格蘭人所怨恨。

在坎伯蘭公爵的掃蕩作戰中倖存下來的英俊王子查理，在那之後逃亡到外赫布里底群島的南猶斯特島。懸賞捉拿查理王子的金額高達三萬英鎊，在當時是個破天荒的數字，這也說明了查理的存在對於聯合王國政府所帶來的威脅感之強烈。追兵逐步逼近南猶斯特島，而想要逃往法國的查理王子，就必須得先渡海到東邊的斯開島，才能抵達救援船隻待命的地點。

在危急中，幫助查理王子乘舟逃亡到斯開島的，是出身於南猶斯特島的芙蘿拉・麥克唐納（Flora MacDonald）。她正是後來將詹姆斯黨起義的故事轉變成羅曼史的女主角、蘇格蘭高地的巾幗英雄。

芙蘿拉是在當地非常具有影響力的麥克唐納家族之女，她和再婚的母親生活在斯開島。一七四六年七月，芙蘿拉回故鄉探望兄弟，因為當時在正進行掃蕩詹姆斯黨人的作戰行動，而她事先早已取得前往斯開島的通行證，所以當她停留在南猶斯特島的期間，便被請求協助查理王子逃亡。因為擔心失敗的話，整個家族都將被追究責任，所以芙蘿拉在一開始拒絕了這項請求，但最後還是被同族的未婚夫艾倫・麥克唐納（Allan MacDonald）和他的父親給說服，答應協助查理王子逃亡。

六月二十八日，一艘搭載著芙蘿拉、愛爾蘭女僕「貝蒂・伯克」（Betty Burke）和她們的照顧者、以及三名船員的小舟，划向了斯開島。這位「貝蒂・伯克」，正是喬扮成女裝的查理王子。一行人鑽過嚴密的監視

芙蘿拉・麥克唐納　她的肖像畫現存有四幅，其中以這一幅艾倫・拉姆齊（Allan Ramsay）的作品最有名（藏於阿什莫林博物館〔Ashmolean Museum〕）。

網，花了數天的時間航行了大約四十五英里，平安無事地在斯開島上岸之後，便趁著夜色南下。查理王子在位於小島中心的波特里（Portree）和芙蘿拉分開，之後便搭上在小島暗處待命的船隻，逃亡到法國。

從南猶斯特島到斯開島的逃亡之行，立刻從口風不緊的船夫口中洩漏出去。芙蘿拉因為協助詹姆斯黨人而遭到逮捕，並且被關入監獄。始終閉口不談和查理王子之間關係的芙蘿拉，在一七四七年獲得恩赦，才從倫敦塔被釋放出來。現存的四幅芙蘿拉的肖像畫，全部都是在那之後不久，於倫敦畫下的作品。身穿蘇格蘭高地女性特有的服飾、臉頰泛紅的她，是一位名符其實的巾幗英雄。

◎美國獨立戰爭與蘇格蘭人

回到斯開島的芙蘿拉，和同族的未婚夫艾倫．麥克唐納結婚，生下了七個孩子。和芙蘿拉同時代的蘇格蘭高地人大多都為貧困生活而苦，她一方面為了擺脫這種處境，一方面也為了孩子們的教育，決定移民到美洲的北卡羅萊納。卡洛登戰役之後，聯合王國政府瓦解了這群身為詹姆斯黨主力的蘇格蘭高地人的歸屬意識核心，也就是他們生活基礎的氏族制度，並且將他們逐出蘇格蘭高地、沒收他們的土地，展開了所謂的「高地淨空」（Highland

Clearance）。以有效利用土地為目的，政府將蘇格蘭高地人的土地變更為牧羊之用，正是所謂的「羊吃人」。同時施行的文化政策，如禁止穿著象徵氏族的蘇格蘭格紋服飾和禁止使用風笛等，對蘇格蘭高地文化的破壞也到了令人絕望的地步，而這也推進了美洲移民的風潮。根據學者專家的研究，在一七六〇年到一七七五年之間，移民到北美的蘇格蘭人超過四萬人，其中大半都是為了尋求新天地的貧窮蘇格蘭高地人。

一七七四年八月，以美洲為目標的移民當中，也出現了芙蘿拉和她丈夫艾倫、兩人的兒子，以及已婚的長女和她丈夫與孩子們的身影。「那位芙蘿拉．麥克唐納來了！」她們一家人，在位於南卡羅萊納的內陸地區、相當靠近北卡羅萊納邊境的十字溪流（Cross Creek，現在的費耶特維爾〔Fayetteville〕），一處由蘇格蘭高地人辛辛苦苦地經營起來的殖民地，受到了盛大的歡迎。然而，過不了多久，她們就被捲入了獨立戰爭之中。在戰爭爆發時，芙蘿拉的丈夫艾倫，代表蘇格蘭高地人的殖民地，組成了以「皇家蘇格蘭高地移民部隊」為名的志願軍，成為效忠英國國王的愛國者，貫徹了保皇派的立場。據說這支部隊在招募蘇格蘭人之際，「卡洛登戰役之花」芙蘿拉的名聲，發揮了極大的貢獻。

一七四六年到一七七五年的三十年間，也就是從卡洛登戰役邁向美國獨立戰爭的時期，讓持續反抗英國國王的詹姆斯黨人支持者芙蘿拉．麥克唐納一家，轉變成美洲保皇派的理由是什麼呢？不只是芙蘿拉一家，在這場戰爭中，許多的蘇格蘭軍官、士兵與移民者，也以聯合王國軍隊一員的身分加入這場戰鬥。對他們而言，美國獨立戰爭的意義究竟是什麼呢？

◎邁向蘇格蘭帝國之夢

在整個十七世紀，英格蘭經由在美洲和西印度群島展開殖民活動，鞏固了第一次帝國的地位，也讓英格蘭和蘇格蘭兩王國，維持著奇妙的共主邦聯的關係。兩個王國共同擁戴蘇格蘭的斯圖亞特王室家族為君主的狀態，持續超過一個多世紀（一六〇三年至一七〇七年）。在那段期間，同為新教國家的兩王國之間，經常存在著統一、合併的可能。儘管如此，合併歷經了一個多世紀的時間卻沒有實現，其理由乃在於兩國國民之間的情感問題。

即便是擁戴著共同的君主，但實際上兩王國在立法機關或宗教形式等各方面，性質上皆迥然不同。在英格蘭有以倫敦的西敏議會和國王為最高領導者的英國國教會；然而，蘇格蘭的愛丁堡不但擁有獨立的蘇格蘭議會，而且還是以長老教派的蘇格蘭教會為信仰中心。兩個王國的合併是在一七〇七年。蘇格蘭雖然保留了蘇格蘭教會的獨立，卻放棄了主權和議會，以及貨幣鑄造權。於是，大不列顛聯合王國成立了。

為何蘇格蘭會接受與英格蘭合併呢？理由當然不只一個。當時，詹姆斯黨人的威脅還很強烈，而且對於英格蘭議會所選出的王位繼承者——德意志的漢諾威家族，蘇格蘭內部也因為意見分歧而出現了裂痕。

雖然如此，蘇格蘭還是同意與英格蘭合併的決定性理由，是因為經濟政策的失敗；更進一步來說，是因為沒能像英格蘭那樣構築起操控貿易網絡的商業帝國。英格蘭用來形塑及擴張海上帝國的推進力量——《航海法》（規定只有英格蘭人所持有的英格蘭製船隻，方能與殖民地進行貿易的法令），大大阻礙了蘇格蘭的海外發展；而且關鍵的是，蘇格蘭對於擴大海外貿易所必須進行的經濟和財政改革，起步太晚了。

一六九〇年代，蘇格蘭議會在面臨長達數年的作物歉收及饑荒的絕望處境之下，為了重建走投無路的經濟，挽回太晚加入歐洲貿易競爭的失策，決定在某個構想上投下賭注，那就是「達里恩計劃」（Darien scheme）。這個企圖以連接大西洋和太平洋的巴拿馬地峽為中心，建立蘇格蘭帝國的宏偉構想，令蘇格蘭的人們心醉神迷，陷入狂熱之中。

◎達里恩計劃

所謂的「達里恩」，指的就是現在巴拿馬附近的地區。達里恩位於連結大西洋和太平洋兩大洋的最短距離上（在當時的想法上），在此地構築一個成為蘇格蘭人據點的殖民地，便可確保與中國、日本等遠東國家的貿易通路，展開全球規模的貿易活動——這就是達里恩計劃的要點，概念本身跟建設巴拿馬運河很類似。

一六九五年，蘇格蘭議會承認一個跟東印度公司很類似的特許公司的設立，即是蘇格蘭公司（The Company of Scotland，正式名稱為「蘇格蘭與非洲及印度貿易公司」〔The Company of Scotland Trading to Africa and the Indies〕），並且募集了投資達里恩計劃的資金。在此之前，蘇格蘭也曾經嘗試在新斯科細亞（Nova Scotia）、新英格蘭、卡羅萊納等新大陸地區進行殖民，但是並未達成具體的成果。這些過往的經歷，加深了對達里恩計劃投下賭注的蘇格蘭人的期待。

促使計劃成立的，是威廉．帕特森（William Paterson）。對設立英格蘭銀行（一六九四年）深具貢獻的他，向蘇格蘭政府推動自己一手打造出來的達里恩計劃。帕特森如此高聲謳歌著：「達里恩，是大海之門，是握住世界之鑰的場所……。」

帕特森計劃最初的構想，是與英格蘭政府共成立合資公司。不過，他期待出資的英格蘭政府，當時因為捲入對法戰爭中，擔心將會刺激到主張擁有達里恩附近領土的西班牙，所以反對這項計劃。而且以與中國、日本進行貿易為目標的計劃方針，也引起了東印度公司的強烈反彈。

結果，達里恩計劃最後成了只有蘇格蘭人參與的計劃案；不過，蘇格蘭公司在短短的數周之內，便成功地從蘇格蘭全境募集到高達四十萬英鎊的資金。這幾乎相當於當時國富的三分之一。投資的人們從都市地區的商人，到地主和貴族、醫生和律師、牧師、工匠和士兵等都有，廣泛地遍及社會各階層；投資的金額也相當多樣，從一百英鎊到三千英鎊都有。大約也有一百位左右的女性，列名在股東名單上。應該可以想像得到，不光只是政府，而是整個蘇格蘭社會都廣泛地將自己的未來寄託在這個構想之中。於是，建設蘇格蘭帝國的大門便就此開啟了。

第一批遠征隊伍，在一六九八年七月出發。十一月，五艘載著一千兩百名殖民者的船隻，抵達目的地達里恩。志願移民者當中，約莫有三百人是地主階級出身，其餘則是商人或農民。登上達里恩的人們，將這片即將成為新故鄉的土地命名為「新喀里多尼亞」（New Caledonia）。「喀里多尼亞」（Caledonia），是蘇格蘭在羅馬時代的名稱。他們所建構的軍事要塞，則被賦予了守護蘇格蘭的聖人——聖安德魯斯（St Andrews）之名。而在那附近開拓的殖民地的名字，當然就是新愛丁堡（New Edinburgh）。

然而，要不了多久，他們便察覺到達里恩的現實情況。那一帶是群樹蒼鬱、生長茂盛的叢林，開拓工作需

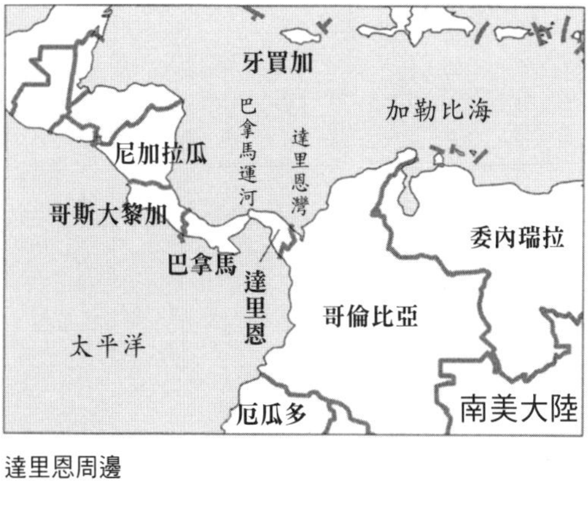

達里恩周邊

要相當大量的勞動力。對於生長在蘇格蘭的他們而言，達里恩夏季的炎熱與潮濕，完全超乎想像。而且他們也深受當地的風土病——黃熱病和瘧疾所苦。理應「熱切期盼與蘇格蘭通商」的原住民，雖然的確很親切，但對殖民者們千里迢迢運來的梳子和鏡子之類的物品，卻不屑一顧。再加上擔心與西班牙之間關係惡化的英格蘭國王（也是蘇格蘭國王）威廉三世發布命令，禁止北美和西印度群島的各個殖民地提供「新喀里多尼亞」糧食或物資的支援，因此造成補給中斷，導致死亡人數更大幅增加。於新愛丁堡建設蘇格蘭帝國的慾望急遽消退；結果，一六九九年七月，決定放棄殖民地返國時，乘船者僅僅剩下不到三百人。

之後，在一六六九年五月搭載著三百多名殖民者的兩艘船隻，以及在同年九月載著一千三百名殖民者和一年份糧食的四艘船隻，也分別航向達里恩；不過，也和第一批遠征軍同樣全軍覆沒，以失敗告終。總計超過三千多名的殖民者當中，活著回到故鄉的人數，連三分之一都不到。蘇格蘭社會為了這個計劃所募集的資金——當時國富的三分之一——全部化為烏有，讓眾多的蘇格蘭人充滿期待的「蘇格蘭帝國」之夢也破滅了。

◎夢想之後

不難想像，等候著歸國的殖民者的，是蘇格蘭社會的冷眼。在第一梯殖民行動中失去妻子的計劃提案者威廉・帕特森，不久也在失意中去世了。達里恩計劃的失敗，對於早已陷入危機的蘇格蘭經濟而言，在精神層面上當然也造成了巨大的打擊。蘇格蘭公司的董事會雖然主張，計劃的失敗是因為英格蘭政府和英格蘭商人的策略所造成的；不過，公司本身缺乏營運能力之事，是相當明顯的。例如，大半的資金都被來用製造船隻，因而蘇格蘭公司的船隻，每艘都是約莫一萬五千噸的豪華大船。若考量到東印度公司所建造的商船都約莫僅有那些船隻的十分之一的話，蘇格蘭公司便無法推卸經營上的責任。

話說回來，僅憑著可信度低落的資訊，就打算在風土和氣候都與蘇格蘭迥異的達里恩進行殖民，這計劃本身就存在著不合理之處。而且，蘇格蘭也不像英格蘭那樣擁有支持擴張的海軍軍力。人們將辛辛苦苦地儲存起來的私有財產，投入了蘇格蘭帝國之夢；夢想破滅之後，等待著他們的就是國家破產的狀態。

此時，威廉三世的《王位繼承法》（一七〇一年）又追擊而來。一七〇三年，面對法條中規定「王位繼承者限定繼承斯圖亞特家族血統的新教徒」，蘇格蘭議會決議「蘇格蘭國王限定繼承蘇格蘭王室血統的新教徒」，並且通過了規定「蘇格蘭國王的決定權，在蘇格蘭議會」的《安全法令》（The Act of Security），公然展現出反對漢諾威家族即位的態度。兩年後，英格蘭為了要讓蘇格蘭議會撤回《安全法令》，並對兩個王國的聯合進行協商，發布了禁止蘇格蘭的煤炭和牛隻輸入等措施。這對因達里恩計劃而明顯消耗的蘇格蘭經濟而言，成了致命傷。

一七〇七年，蘇格蘭同意與英格蘭聯合（事實上的合併）。蘇格蘭喪失了主權和議會，換取到的是由英格蘭代為承擔三十九萬八千英鎊的借款，而其中大半款項是用來償還蘇格蘭公司的負債。

合併之後，蘇格蘭的學者專家在參與英格蘭的制海權和通商網絡時，也被眾人期待能設法從中找出經濟上的優點、提出解決問題的實用之道，以一掃過去在經濟上的落後，並且促進繁榮。而他們特別被期待解決的問題，就是該如何讓商業與從商業中獲得的財富，不對人類的德行造成損害。簡單說來，就是思考人類的慾望和道德該如何兼顧，因此「道德哲學」這一門學問日漸發達。在美國發表獨立宣言的那一年，出版了《國富論》（*The Wealth of Nations*，原名為《國民財富的性質和原因的研究》〔*An Inquiry into the Nature and Causes of the Wealth of Nations*〕）的亞當·斯密（Adam Smith），也是格拉斯哥大學的道德哲學教授。從斯密，到蘇格蘭啟蒙運動，專研所謂政治經濟學（Political economics）的知識分子大量輩出，這或許和在達里恩計劃破滅的後遺症中鍛鍊出來的經濟思考模式頗為相關。

在十八世紀後半，蘇格蘭的海外貿易急速成長，創下了百分之三百的成長紀錄。許多蘇格蘭都市也都有明顯的發展，特別是由建築師詹姆斯·克雷格（James Craig）所進行的愛丁堡新城建設，象徵著蘇格蘭低地在卡洛登戰役後的繁榮。今日愛丁堡的城市風貌，就是在這個時期塑造出來的。從街道場所的命名當中，如源自喬治三世之子的王子街（Princes Street）、以國王命名的喬治街（George Street）、紀念王妃的女王街（Queen Street）和夏洛特廣場（Charlotte Square）等，已完全感受不出過去蘇格蘭人對於合併所抱持的否定情感。

◎以陸軍為志願的男人們

據說在卡洛登戰役之後，蘇格蘭人在五個以M為開頭的專業領域明顯地活躍，那即是軍隊（Military）、海事（Maritime）、商業（Mercantile）、傳教（Missionary）和醫學（Medical）。尤其是大量收容了蘇格蘭高地男人的陸軍，更是明顯之至。

英國直到一九一六年於第一次世界大戰期間導入徵兵制度之前，一直都是仰仗志願兵；而陸軍士兵，則是再怎麼貧窮的人都不想從事的工作，是男人們最後的選擇。當時招募新兵的方式，要不是誘拐，就是舉辦招募宴，將參加者灌醉後，哄騙他們入伍。然而，蘇格蘭高地的男人們，卻不得不志願加入陸軍；其背後的原因，即是由於前文提及的「高地淨空」，在物質和精神層面上所帶來的雙重苦難。

在拿破崙戰爭的最終決戰中，民兵和國民軍的動員在一八一四年到達最高潮；而據說陸軍所招募的士兵當中，蘇格蘭高地出身者的比例，「高到離譜的地步」。此事正顯示出，因為「高地淨空」而被趕出故鄉的他們，所面臨的貧窮困境是多麼地嚴峻。蘇格蘭高地部隊的男人們，包括在卡洛登的慘敗中倖存下來的詹姆斯黨人，大多數被派遣投入七年戰爭、以及美國獨立戰爭；他們和因為類似理由而決定加入部隊的愛爾蘭士兵們，共同在最前線奮戰，然後死去。據說他們的英勇，連身處在相同戰場的蘇格蘭低地和英格蘭的軍官、士兵們都深為感動。

然而，不只是士兵。在陸軍的軍官職務中，也聚集了許多稱不上富裕的蘇格蘭貴族子弟，特別是為了尋求容身之處的詹姆斯黨人之子。因為戰爭與之後的殖民地經營有相當深刻的連結，所以成為殖民地行政官員的蘇格蘭軍人也不在少數。例如貧窮貴族家中的第五子、父親和兄弟都是詹姆斯黨人的詹姆斯．默里（James Murray），在加拿大的魁北克戰役中被詹姆斯．沃爾夫將軍發掘，於一七六〇年被任命為第一任加拿大總督。還有另一個默里家的兒子，成為維吉尼亞總督的約翰．默里（John Murray），也是詹姆斯黨人之子。他的父親在一七四五年的夏天，與登陸蘇格蘭高地的英俊王子查理並肩作戰，且在查理王子停留於愛丁堡的期間擔任他的隨從，是一位相當堅定的詹姆斯黨人。

◎帝國建設的夥伴

東印度官僚也是詹姆斯黨人及其後代努力謀求的職業之一。一七七三年，英國政府按照針對東印度公司的限制法規，新設了孟加拉總督一職；就任總督的華倫・哈斯丁斯（Warren Hastings）為了牽制東印度公司，大量晉用蘇格蘭人擔任行政官員。根據哈斯丁斯的傳記，自美國獨立戰爭爆發的一七七五年起的十年間，孟加拉的兩百四十九名書記官當中，約莫有一半是蘇格蘭人。此事或許與同時期在孟加拉獲得居住許可的商人，超過半數以上是蘇格蘭人的事實頗有關連。不只如此，哈斯丁斯在任職孟加拉總督的十餘年間，還瓦解了南印度的反英勢力——邁索爾王國的海德・阿里（蒂普蘇丹的父親）、海德拉巴王國（Hyderabad）的尼薩姆（Nizam）、以及馬拉塔同盟——的聯合行動，守住了加爾各答和馬德拉斯（Madras），因而獲得極高的評價；在這當中，也存在著蘇格蘭軍官和士兵在軍事方面所付出的貢獻。

貿易、軍隊、殖民地行政，蘇格蘭人開始在建設帝國過程中不可或缺的部分登場，一般認為對於他們而言，美國獨立戰爭是展現對聯合王國忠誠的絕佳良機。不像英格蘭的輿論對於和美洲之間的戰爭意見分歧，蘇格蘭自始至終都維持著「贊成戰爭」的態度。也有研究者嘗試解讀蘇格蘭人努力在聯合王國中展現他們存在的意圖。就這層意義上看來，在喪失美洲的同一個時期，從反英勢力的聯手中死守住印度（加爾各答和馬德拉斯）的蘇格蘭總督哈斯丁斯，或許在表明了應當進行重整的帝國方向性時，也證明了蘇格蘭人是帝國值得信賴的夥伴。

就如同本章開頭所敘述的，和同為新教的美洲之間的戰爭、以及美洲竟然會輕易地和天主教的法國聯手一事，動搖了英國的認同，成了他們重新思考愛國心投射對象的契機。而蘇格蘭沒有錯過這個時機。蘇格蘭的低地人和高地人，都分別各自對應著自己的處境，逐漸加強了傾向聯合王國的態度。芙蘿拉．麥克唐納的丈夫艾倫，在美洲貫徹了支持英國國王的保皇派立場，發起成立志願軍並且擔任其代表，肯定也是因為想要加深故鄉蘇格蘭高地與聯合王國之間的連結。

◎芙蘿拉返鄉

關於由艾倫．麥克唐納擔任部隊長的北卡羅萊納「蘇格蘭高地移民皇家部隊」之成立，有說法認為是因為屈服於總督約西亞．馬丁（Josiah Martin）的要求之故。然而，艾倫親自積極走訪了每一戶蘇格蘭高地移民人家，到處說服他們加入部隊，所以也有傳說成立這個部隊本身是艾倫堂兄的提案。當時北卡羅萊納的防衛關鍵咸認是在蘇格蘭高地移民的身上，因此他們看來似乎不像只是因為受到威脅而轉為支持國王。

雖然相關記載寥寥可數，但是從中可推測出艾倫之所以會接受總督的要求，理由大約有三個：第一是，他深受總督的信賴，並且獲得很高的評價。一般認為，他的妻子芙蘿拉的名聲，對這點有很大的影響。而與此密切相關的第二點，則是在「高地淨空」之中，伴隨著氏族這個單位一起逐漸消失的氏族長的地位，在眾多蘇格蘭高地移民所生活的十字溪流，依然受到尊重。還有第三點，則是在卡洛登戰敗之後，當時身為氏族長的艾倫或許是莫可奈何地對英國國王宣誓效忠，但他自己應該也沒打破這項誓言。這三點，全都和艾倫．麥克唐納的「卡洛登經驗」有深刻的連結。故此，艾倫身為蘇格蘭高地氏族長的立場，可以說在移民地美洲也束縛著他的行動，大概也是因為這樣，才讓北卡羅萊納的保皇派有機可乘。然而，這也是艾倫自身的選擇。此外，他在英國海軍陸戰隊擔任少尉的第三個兒子里那爾多（Rinaldo）駐紮在波士頓，或許也是促使他下決斷的原因之一。

總之，艾倫的行動，始終伴隨著他的妻子芙蘿拉，卡洛登之花的名聲。據說，艾倫的部隊之所以能夠招募到兩千名以上的蘇格蘭高地移民，芙蘿拉．麥克唐納的名字所發揮的影響力，遠遠大過於他自身的說服力，而芙蘿拉自己對於這件事也非常理解。根據記錄，一七七六年初，在鼓聲伴隨著風笛的演奏中，北卡羅萊納的「蘇格蘭高地皇家移民部隊」，在艾倫的帶領之下出兵上陣；芙蘿拉也一邊對部隊揮手歡呼，一邊騎著白馬，在丈夫和擔任連隊長的女婿旁邊，並騎了一小段路。

另一方面，也有蘇格蘭高地的移民，因為對艾倫在北卡羅萊納的立場（換言之即是芙蘿拉的存在）感到忌妒和不滿，而反對艾倫，也就是選擇了愛國者的立場。一七七六年二月，發生在十字溪流附近的摩爾河大橋之戰（Battle of Moore's Creek Bridge），是北卡羅萊納在美國獨立戰爭中的第一場戰役；和艾倫等人對戰的愛國者們，稱之為「麥克唐納家族之亂」。而這場戰役，也和卡洛登戰役一樣，在極為短暫的時間之內便分出了勝負。

當地的「安全委員會」（The Committee of Safety），認為芙蘿拉在蘇格蘭高地移民的招募中扮演著相當重要的角色，以煽動叛亂的罪名彈劾她，並且沒收了她所有的財產。誹謗與中傷也接連而來。對美洲感到絕望的芙蘿拉，在一七八〇年的春天，帶著女兒和孫子們一起回到故鄉斯開島。而她的丈夫艾倫，則是在獨立戰爭結束後的一七八五年才回到故鄉。五年後，她在斯開島上靜靜地嚥下了最後一口氣。

卡洛登戰役之花芙蘿拉．麥克唐納的結局所告訴我們的事，那就是大英帝國確確實實已將詹姆斯黨人吸納入體內。而且，這個結局，與在聯合王國中也被迫面對和蘇格蘭高地人類似的試煉的愛爾蘭人所走上的道路，形成了明顯的對比。以凱爾特文化為精神核心的愛爾蘭，在文化上與蘇格蘭高地人源出於一，他們與獨立後的美國之間連結日漸加深之際，也在否定聯合王國的主權的情況之下，漸漸地發展出共和主義。

郝嘉樂的青春

◎失衡的人口結構

愛爾蘭，就位在英國的西邊；然而造訪這座島嶼的近代，與降臨在旁邊大不列顛島上的近代，卻完全不一樣。大不列顛島上的兩個王國——英格蘭和蘇格蘭，在近代合而為一，變成一個橫跨七大洋、五大陸的大帝國。然而，同時期的愛爾蘭小島卻是分裂為二，一個是希望能夠被納入聯合王國的北愛爾蘭，另一個則是強烈希望脫離聯合王國獨立、且在長期抗爭的最後實踐了願望的愛爾蘭共和國。從這「兩個愛爾蘭」所展現出來的樣貌，便可具體告訴我們，造訪這座島嶼的近代，是一個怎樣的時代。

此外，還有另一項能將愛爾蘭的近代具體化的事物，那就是人口統計數據。

根據二〇〇五年的統計，愛爾蘭的人口，在北愛爾蘭約有一百七十萬人，愛爾蘭共和國約有四百一十萬人，合計大約是五百八十萬人左右。然而，在這座島嶼之外，卻有超過七千萬的「愛爾蘭人」。其中四千三百多萬人，是位在美國的所謂「愛爾蘭裔美國人」。這個島嶼內外人口嚴重失衡的現象，讓人不由自主地想問，到底所謂的「愛爾蘭人」是什麼？誰又是「愛爾蘭人」？這些數字所說明的事實極為單純，那就是人們漸漸地離開了這座面積跟北海道差不多大的島嶼。然而，這個現象是從何時開始的？

◎人口普查的展開與愛爾蘭

英國自一八〇一年以來，每十年就會進行一次人口普查。我們現在能夠詳細得知英國在過去兩個世紀的人口動態，就是因為英國慎重地實施了人口普查；而我們能夠掌握愛爾蘭的人口數據也是因為這個緣故。不過，通過將愛爾蘭納入聯合王國的《聯合法》是在一八〇〇年，而英國第一次實施人口普查則是在一八〇一年，若將這兩件事實放在一起考量，便可以輕易推測出來，英國政府之所以必須掌握國民的實際狀態，與將愛爾蘭納入聯合王國的理由應該頗有關係。

一七九七年的冬天，在法國大革命所引爆的對法戰爭中，英軍與法軍的對決時刻逐漸逼近，此時最需要的就是士兵。當時英國尚未實施徵兵制度，政府雖然通過了民兵補充法案，大規模地展開民兵確保行動，不過仍然持續處於慢性兵力不足的狀態。在這種情況之下，英國政府深切感受到正確掌握國民狀態的必要性。

一七九八年，英國政府下令針對十四歲到六十歲的所有健康男性進行調查，確認他們在法國入侵之際是否有面對戰鬥的心理準備。剛好在這一年的五月，英國陷入了緊急狀態，那就是在愛爾蘭的倫斯特省，爆發了「愛爾蘭人聯合會」（Society of United Irishmen）所領導的反英起事。愛爾蘭人聯合會是在受到美國獨立戰爭與法國大革命的影響之下，超越了天主教和新教的宗教差異，於一七九一年集結成立的團體。一七九三年，在對法戰爭展開和法國國王路易十六遭到處決之後，這個團體便仰仗著法國革命軍的軍事援助，持續從事地下活動，致力於斷絕愛爾蘭和英國之間的關係。主導這個團體成立的領袖沃爾夫・托恩（Wolfe Tone），在一七九六年十二月，避過英軍的耳目，引導著一艘搭載了一萬五千名法國士兵的戰艦進入愛爾蘭海域，然而因為暴風雨，法軍未能成功登陸。一七九八年五月，推翻政府的武裝起事失敗；十月，載著沃爾夫・托恩的法國艦隊被英國海軍所擊潰。他們的命運在此走到了盡頭。仿效著美國獨立革命鬥士派屈克・亨利吶喊著「不自由，毋寧死」的托恩，以內亂罪遭到逮捕，於獄中自殺身亡。

以鎮壓這場叛亂為契機，愛爾蘭的自治權遭到大

1798 年愛爾蘭起義　繪者：喬治・克魯克香克（George Cruikshank）

幅削減，並且失去了支撐自治制度的組織——自治議會，進而被納入聯合王國之中。換言之，由於軍事上的必要而實施的第一次人口普查，即是聯合王國考慮要將愛爾蘭人送到對法戰爭前線，展現出總動員姿態下的產物。

之後，涉及反英起事的愛爾蘭人，大多都被流放到澳洲東南部的新南威爾斯。一八〇四年三月，位於雪梨西北的城堡山（Castle Hill），發生了新南威爾斯有史以來最大規模的囚犯反抗事件，囚犯們高聲吶喊著愛爾蘭人聯合會的口號「不自由毋寧死」，並且要求提供開往歐洲的船隻。這場反抗事件遭到鎮壓之後，三百五十多名起事者當中有十五人死亡，但這也不過是顯現出愛爾蘭與殖民地澳洲之間產生連動的案例之一罷了。伴隨著大英帝國的擴張，懷藏著反英、反帝國心思的愛爾蘭人網絡也跟著持續地擴大。

◎止不住的人口外流

於是根據施行的人口普查所得，當時尚未分裂為二的愛爾蘭的總人口，於一八〇一年之後持續地增加，並在一八四一年達到八百一十七萬多人。不過，十年後，在一八五一年的調查中，就一口氣下滑到六百五十五萬人左右，到了一九〇一年更減少到不滿四百四十六萬人。在六十年間，人口異常地大量減少，幾乎少掉了一半。愛爾蘭的人口在那之後也沒有恢復，直到一九二〇年代為止一直處於持續減少的狀態；即便是到目前為止，也從未曾再恢復到過一八四一年時的人口數。

順道一提，日本的人口數，在一八七二年（明治五年）大約是三千四百八十萬人，而一九三六年（昭和十一年）的數字則大約是兩倍的七千萬人。在明治維新百年後的一九六八年（昭和四十三年），則超過了一億人。直到現在，雖然伴隨著少子化所造成的人口減少，引發了各式各樣的議論，但在這段期間也從來沒有出現過在海外的「日本人」數目，超過生活在日本的「日本人」的情況——不，說到底，人口從一百五十年前起就持續減少的國家實在並不多。如果將人民視為國家財富的話，那麼人口的減少就是國家的悲劇。而且，愛爾蘭的人口減少並不是因為出生率銳減的緣故，這從生活在愛爾蘭島以外的「愛爾蘭人」的數字，也能清清楚楚看得出來。

創造出如此扭曲的愛爾蘭人口動態的，正是造訪這座島嶼的近代。司馬遼太郎在《愛爾蘭紀行》（『愛蘭土紀行』）中寫道：「愛爾蘭人，客觀而言是群百敗之民……讓逃過屠殺和流放的愛爾蘭人得以倖存下來的，是對於神的信仰和馬鈴薯。」根據描寫七百萬名移民故事的《從愛爾蘭到美國》（『アイルランドからアメリカへ』，東京創元社）一書的說法，直到一八四〇年代初期，生活在愛爾蘭的農村地區的人們，大約有四分之三是依靠馬鈴薯維生。而愛爾蘭的馬鈴薯出現異常現象，則是在人口驟然銳減的一八四〇年代中葉。

◎馬鈴薯饑荒

一八四五年和一八四六年的秋天，因為爆發了一種新型的植物疾病「胴枯病」，愛爾蘭全境的馬鈴薯持續歉收。在這種疾病感染下，馬鈴薯的莖葉會變成暗綠色，然後整株逐漸發黑枯萎。病害遍及愛爾蘭全境。連續兩年的歉收，對於依靠馬鈴薯勉強存活下來的愛爾蘭人而言，是一項致命的打擊。因為飢餓和營養失調，導致流行性斑疹傷寒和痢疾之類的疾病爆發，滿街都是乞討的群眾。政府雖發起了以工代賑的政策，然而為了賺取日薪而聚集在道路工程作業現場的人們，卻因為飢餓而接二連三的死亡。人們在籌足埋葬費用之前無法掩埋屍體，放任屍體腐敗的結果，又造成疫情不斷擴大。饑荒的情況趨於緩和是在一八五一年左右，根據同年進行的人口普查，確認在十年之間，愛爾蘭的人口減少了一百六十二萬人。在這段期間，聯合王國政府和教區的濟貧委員會都未能夠採取適切的應對措施。

對愛爾蘭人而言，最佳的解決對策（事實上也可以說是唯一的對策），就是移民。慢性人口過剩的壓力，在大饑荒爆發以前，就已持續地將愛爾蘭人推往海外。愛爾蘭人聯合會的起事失敗，期待拿破崙率領的法軍擊敗英軍解放愛爾蘭的願望，也在一八一五年的滑鐵盧戰役中被威靈頓將軍給擊潰後，襲擊愛爾蘭的戰後經濟不景氣推動了移民。無法繳納地租的農民被迫強制遷離，而因為工業革命流入愛爾蘭的廉價英國工業製品也造成了地方產業的荒廢。儘管如此，直至一八四五年為止，因為營養價值高、收穫穩定的馬鈴薯栽培普及，愛爾蘭本身的人口確實逐漸增加中。十九世紀前半的愛爾蘭農村，到處都是人。但馬鈴薯饑荒，導致那樣的風景為之一變。

饑荒爆發之後，在十年內，有遠遠超過上百萬人逃離愛爾蘭，其中三分之二是搭乘著通稱的「棺材船」前往美國。在這批大量的移民當中，應該也有約翰・F・甘迺迪（John F. Kennedy）的曾祖父派屈克・甘迺迪（Patrick Kennedy）。從那之後，到十九世紀末為止，在聯合王國前往美國的移民當中，愛爾蘭出身者一直占了超過半數。

馬鈴薯饑荒大幅改變了愛爾蘭的人口動態和移民觀。然而，為何愛爾蘭人非得依靠馬鈴薯維生不可呢？在思考這個問題時，英格蘭對於愛爾蘭的統治到底是怎麼一回事，便會鮮明地浮現出來。

◎殖民地化的前奏曲

就像歷史學家湯瑪斯・高希爾（Thomas Cahill）的著作標題所謳歌的一般，中世紀的愛爾蘭是一座「聖人與學僧之島」。羅馬帝國崩壞後，因為日耳曼民族大遷徙導致整個歐洲混亂至極之際，搶救保存各地的重要文獻、巡迴各地進行傳教的神職人員大量輩出的地方，就是這座漂浮在西歐邊陲的小島。愛爾蘭因為不曾受到羅馬帝國的統治，所以和明確以國王為中心的英格蘭和蘇格蘭不同，地區性質的軍事領袖林立、抗爭不斷；自英格蘭國王亨利二世（Henry II of England）在十二世紀末入侵愛爾蘭以後，愛爾蘭與英格蘭之間，便刻畫出了一段複雜的統治與壓榨史。而這份複雜的關係，讓英格蘭人出現了殖民的想法。

一五八三年，信奉天主教的德斯蒙德伯爵（Earl of Desmond）在愛爾蘭起事，這時成為伊莉莎白一世的寵臣、逐漸嶄露頭角的沃爾特・雷利爵士，因為鎮壓起事有功，獲得了芒斯特地區的土地，於是他便嘗試將故鄉德文郡的人們遷居到此地。據說，他那個以「失落的殖民地」告終的維吉尼亞殖民計劃，就是始於芒斯特殖民。也就是說，愛爾蘭是他實驗美洲殖民的場域。

此外，在十七世紀初期，詹姆士一世也在愛爾蘭北部的厄斯特地區，實施了有組織的新教徒移民政策；到十七世紀中葉為止，已經有十多萬人從英格蘭及蘇格蘭移入。厄斯特地區因此逐漸「英國化」，而這也成為後來大大震撼了二十世紀的北愛爾蘭問題的起源。

之後，奧立佛・克倫威爾放逐了信奉天主教的保皇派地主，沒收了他們的土地，並且將土地分配給信奉新教（清教徒）的共和國軍人，和為稱作「清教徒革命」的內戰（The English Civil War）提供作戰經費的倫敦投資家們，也因此促使信奉新教的英格蘭人移入愛爾蘭。在牛津大學擔任解剖學教授和經濟學者的威廉・配第（William Petty），被譽為古典經濟學派的統計學之父，也曾經擔任過愛爾蘭駐軍的軍醫總監；他針對當時的愛爾蘭做了一份調查，指出愛爾蘭擁有豐富的魚類和鳥類，「大地上可採收到豐美的根莖類（特別是馬鈴薯）」。

在配第所描繪的愛爾蘭未來藍圖中，因為受惠於豐富的大自然和肥沃的大地，農民應該能夠過著自給自足的生活；不過，他的預想卻落空了。因為在他死後隔年所發生的光榮革命，和蘇格蘭同樣地大大地改變了愛爾蘭的命運。然而，不同於蘇格蘭能將與英格蘭之間的合併轉化為正面的作用，愛爾蘭不論是在物質層面或是精神層面，都未能改變身為殖民地的處境，只有對於英格蘭的怨恨與日俱增。

◎博因河戰役的記憶——橘色與綠色

一六八九年，新國王威廉三世親自率領的英格蘭軍隊（新教），和跟法國援軍一起在愛爾蘭登陸的詹姆士二世軍隊（天主教），展開激烈的戰鬥。兩軍於一六九〇年七月十二日，在距離都柏林北方約三十公里左右、位於米斯郡的小村落德羅赫達附近的博因河畔之戰中，分出了勝負。而這場戰役的結果，也鞏固了愛爾蘭成為英格蘭「殖民地」的近代構圖。博因河戰役（Battle of the Boyne）之後，許多愛爾蘭人在類似卡洛登戰敗後於蘇格蘭高地進行的掃蕩作戰中被殺，然而等待著幸運倖存下來的人們的，是「刑法法典」（Penal Law）為首的一連串歧視法令。

從一六九五年起施行的這一連串法令，禁止天主教徒在海陸軍、法律界和商業領域從事活動，不給他們選舉權，也不許他們擔任行政公職，連土地購買也遭到禁止。天主教的地主被迫強制採取平均繼承，他們所保有的土地漸漸地被細分；然而另一方面，新教的地主則和英格蘭一樣，透過長子繼承制來保有土地的完整。結果，愛爾蘭的大部分土地被沒收，然後被分配給新教的英格蘭殖民者。聯合王國（不列顛），藉由全面否定天主教的愛爾蘭人，逐漸地構築起自己的新教認同。

博因河戰役之後，從英格蘭移民而來，被稱為盎格魯．愛爾蘭人（Anglo Irish）的新教愛爾蘭人，為了慶祝奧蘭治親王威

博因河戰役　簡．懷克（Jan Wyck）畫於1693年左右，愛爾蘭國立美術館收藏。

廉的勝利，成立了名為「奧蘭治黨」的團體，以威廉的代表色橘色的緞帶作為他們的徽章。另一方面，天主教的愛爾蘭人，則因為愛爾蘭的守護神「聖派翠克」（St. Patrick）在傳教之際，以三葉草（類似苜蓿的三葉植物）來譬喻三位一體的教義，故而以綠色作為他們的代表色。博因河戰役，是橘色與綠色的對比，同時也是一場將愛爾蘭劃分成為兩種顏色的戰役。順道一提，愛爾蘭共和國的國旗，是在橘色和綠色之間配上了白色的三色旗，當中寄託著期待新教徒和天主教徒之間能夠和平共處的願望。

被置於絕望隸屬狀態下的愛爾蘭，在美國獨立戰爭和法國大革命的激勵下，奮起反抗。然而，超越了天主教與新教的差異，夢想著愛爾蘭共和國獨立的愛爾蘭人聯合會起事失敗了；之後，愛爾蘭被納入聯合王國之內，進一步襲擊他們的是更加隸屬於英國的狀態。在那樣的狀況之中，若有愛爾蘭人將自身所處的苦境，與軍帽上別著橘色徽章的軍隊蹂躪愛爾蘭土地與人民的記憶重疊，也沒什麼值得大驚小怪的。

那一個故事，便是從十九世紀初期的某一戶愛爾蘭人家說起。博因河戰役雖然已經過了一個世紀以上，但那戰役卻「好像就發生在昨日似的」，依然鮮明留在他們的記憶之中。被稱為是美國電影史上不朽名作的《亂世佳人》（*Gone with the Wind*，一九三六年）原作者瑪格麗特．米契爾（Margaret Mitchell）的故事，就是從「當倉皇敗走的斯圖亞特家王子所揚起的塵煙消逝之際，希望和夢想、土地和財富，也跟著全部被帶走」的那一戶人家，家中小兒子所犯下的事件開始寫起。

◎郝嘉樂的渡海到美國

這一部由費雯麗（Vivien Leigh）扮演女主角郝思嘉（Scarlett O'Hara）、克拉克・蓋博（Clark Gable）扮演她的丈夫白瑞德（Rhett Butler）的知名好萊塢電影《亂世佳人》，是從南北戰爭爆發前夕的一八六一年四月，某一個明亮的午後場景揭開序幕。因此電影中省略了米契爾在原著的開頭所詳細描寫的、郝思嘉的父親郝嘉樂（Gerald O'Hara）的過往。為何他會來到美國的喬治亞州呢？他是如何得到以古代愛爾蘭的聖地（塔拉之丘，The Hill of Tara）命名的「陶樂」（Tara）莊園呢？而他對於那塊由長女郝思嘉所繼承的土地的眷戀，又懷抱著何種情感呢？米契爾將這一切深深地紮根在愛爾蘭的過去。在書中有這麼一段描述：

某天，年輕的嘉樂，在愛爾蘭的老家附近遇到了一名替地主收租的代理人，他不假思索地罵了一聲：「奧蘭治黨的雜種！」那名收租代理人用口哨吹了一首民謠開頭的旋律回應他。那首民謠就是《博因河之水》（*The Boyne Water*）。一聽到這首慶祝英格蘭在愛爾蘭確立了新教統治體制的勝利歌曲旋律，嘉樂就毫不遲疑地殺了那名代理人，而他的家人對於兒子的行為也沒有任何的罪惡感和感慨。郝家先前就已經因為反英行動被警察盯上。嘉樂的兩個哥哥在家中的床底下藏了武器和彈藥的事被發覺之後，便立刻逃到美國，當時他們已在喬治亞州的沿岸城市薩凡納（Savannah）成為成功的商人，於是嘉樂也前往薩凡納投奔兄長。出發的早晨，父親給這個小兒子的臨別贈言是——「不要忘記自己是誰。」

二十一歲的郝嘉樂，就這樣來到了美國。這樣的說法或許會有些誇張，但若不是因為郝氏一家代代繼承了博因河戰役的記憶，就不會有女主角郝思嘉的誕生了。

抵達薩凡納的嘉樂，以一個相當典型的愛爾蘭人形象出現讀者的面前。嘉樂雖然發揮了精明的商業才能，逐漸地融入了美國南部社會，但米契爾說他有兩個無法改變的地方，那就是愛爾蘭腔的英語和「愛爾蘭的渴望」。何謂愛爾蘭的渴望？——對於這句鮮明地為長女思嘉所繼承的話的內涵，米契爾是這樣說明的：

> 被英格蘭人奪走過去曾屬於自己的土地、被迫變成佃農的愛爾蘭人，全對土地懷著貪婪而深切的渴望。那份出自愛爾蘭人的渴望，讓他希望看見自己的土地就在眼前，變成一片綠地蔓延開來。也因為這份激烈、堅定不移的心情，讓他想要擁有自己的家、自己的農園、自己的馬匹、自己的奴隸。而且，在這個新天地，不像他拋在身後的故國一樣，必須要面對兩種危險的威脅——那就是不管是作物或是小倉庫都會被一口吞噬的沉重稅賦，和說不定何時土地租借權就會被沒收的不安。（新潮文庫，大久保康雄等譯）

這裡提到的「沉重稅賦和被沒收土地租借權的不安」，精準地說出了在郝嘉樂渡海前往美國的時代，折磨愛爾蘭人的事情是什麼。

嘉樂渡海前往美國的時間，是設定在「他二十一歲的時候」，因此從小說開頭所記載的時代——一八六一年四月倒推三十九年，就是一八二二年。在被納入聯合王國二十多年、成為英國糧食供給地的愛爾蘭，像郝家那樣的農民，被置於佃農競標制度之下。這種藉由佃農之間的自由競爭，在每個收穫期決定地租的制度，表面上給人一種民主式自由競爭的錯覺，但也正是郝嘉樂所擔憂的「沒收土地租借權的不安」的元兇。

根據同時代的經濟學者J・S・彌爾（John Stuart Mill）指出，這個制度雖以參加投標的佃農越多、地租就越高的自由競爭為基礎，然而佃農們卻支付不起得標的地租，所謂的地租也不過只是個表面上的名目。因而，在他們取得土地耕作權時，也就等於背負了對於地主的債務。而佃農原本就不可能以現金支付地租，因此只有繳納實物給地主——也就是除了馬鈴薯以外，所有自己生產的農作物。

換言之，愛爾蘭人因為以馬鈴薯為主食，所以將自己生產的馬鈴薯以外的作物，全部都繳納給地主，用來輸出前往英國。這個佃農競標制度的結果，造成弱者彼此之間的互相傷害，強化了佃農和地主之間的從屬關係。然而，競標制度得以成立的前提，卻是因為馬鈴薯種植的普及而持續擴大的愛爾蘭的人口過剩。這是多麼諷刺啊！

實際上，在大饑荒的時代，愛爾蘭歉收的作物只有馬鈴薯；針對英國輸出的穀類，據推算足以養活當時愛爾蘭的兩倍人口。而且，呼應英國市場需求的變化，耕地正逐漸地被轉化成牧地，因此畜牧業的產量也是呈現增加的趨勢。因此，饑荒是人禍。而且為了取得牧地的來源，付不起地租的人們，會立刻被強制驅離他們所賴以生存的土地。可是在愛爾蘭，並沒有可以吸收他們的產業。

◎愛爾蘭人的帝國

郝嘉樂為了逃離彌爾所指出的馬鈴薯饑荒的元兇——佃農競標制度、取回被英國所剝奪的土地，而渡海到美國。他在薩凡納的某間酒吧遇上了一名在喬治亞州中部擁有農場的男人，並以他領悟到「在南部風俗習慣當中最有用」的撲克牌和男人一決勝負，取得了那座農場。米契爾不忘如此附加說道，「這全部都是因為他（郝嘉樂）擁有不會被酒精擾亂判斷的愛爾蘭人的腦袋，和在撲克牌上賭上一切的勇氣，才能夠將它得到手。」

經過三十九年的南部生活、完全融入當地社會的嘉樂，堅決不和左鄰的農場主人，蘇格蘭裔愛爾蘭人的麥金塔家（Macintosh）往來。米契爾寫道：「僅僅因為他們的祖先是奧蘭治黨人，在嘉樂眼中他們就已經是該永遠受到詛咒的存在。」米契爾設定這戶麥金塔家，「已經在喬治亞州居住了七十年，在那之前，也在南北卡羅萊納州居住了三十年。」如果從故事的時代倒推的話，麥金塔家是在一七九一年來到喬治亞州，而移民到北卡羅萊納或是南卡羅萊納，則是在一七六一年。芙蘿拉．麥克唐納的移民在是一七七四年，當時麥金塔家會不會也就住在附近呢？他們是如何看待北卡羅萊納的第一次軍事衝突「麥克唐納家族之亂」呢？

長女思嘉從無法消除博因河戰役的記憶的父親身上，繼承了更強烈的愛爾蘭移民氣質。當她失去女兒美藍，也失去了丈夫瑞德，開始模模糊糊地理解到自己什麼都不明白的時候，原著作者米契爾讓她如此吶喊道，「明日，在陶樂思考吧！明日，再思考挽回瑞德的方法吧！因為，明天又會是嶄新的一天！」「不要忘記自己是誰」的郝家之血，是「就算面臨敗北，也不會承認敗北的祖先之血」。在愛爾蘭之外，肯定有很多繼承了那份血統的「郝思嘉」。南北戰爭前夕，在一八五八年的紐約，以愛爾蘭的獨立與成立共和國為目標的「芬尼亞運動」（Fenian movement）的組織化，與都柏林幾乎同時發生。他們甚至還不惜發動恐怖攻擊行動。而為愛爾蘭共和軍（IRA）的恐怖攻擊行動提供武器和炸藥的，主要也都是美國的愛爾蘭人。獨立後的美國和愛爾蘭之間，以共和主義為志向的反英、反大英帝國的網絡，以各式各樣的形式產生連結。

第三章

移民者的帝國

〈告別英國〉(The Last of England)　因為雕刻家友人夫婦移居澳洲的契機，畫家以自己和妻子作為模特兒，畫下了此幅作品。繪者：福特．馬多克斯．布朗(Ford Madox Brown)，1852 至 1855 年，收藏於伯明罕美術館。

喪失美洲與重新展開移民活動

◎黑人保皇派

一七八一年十月，美國獨立戰爭隨著英軍在約克鎮的敗北，畫下了句點。同時，對支持英國的保皇派的迫害也開始了。為了逃離迫害而離開美國的保皇派大約有十萬人。在英國政府負擔移送費用下自紐約出航的他們，約莫有半數移民到後來的英屬北美殖民地加拿大，其中三分之二的人定居在新斯科細亞。與麻薩諸塞灣省殖民地（現在的緬因州）接鄰的新斯科細亞，原本一半的人口就是來自新英格蘭的移居者，他們沒有加入獨立革命，一直都是英國的殖民地。

在這一波移民潮流中，有一群異樣的移民看起來格外醒目，那就是約莫三千人的前黑人奴隸「黑人保皇派」（Black Loyalist）。他們在獨立戰爭爆發後不久的一七七五年十一月，遵從維吉尼亞最後一任總督約翰・默里所發布的公告，以解放為條件，離開愛國者（獨立派）立場的農場主人，加入英軍的戰線。

據推斷當維吉尼亞總督的公告頒布時，為英軍拿起武器的黑人奴隸超過三萬人，其他的南部殖民地合計也有三萬名左右的黑人志願加入英軍。整個獨立戰爭期間，則有超過八萬名的黑人奴隸離開農場加入英軍。英國的意圖，乃是拉攏作為農場勞動力的奴隸成為夥伴，以摧毀企圖脫離帝國的獨立派美洲人民的農場經濟。不過，最重要的是，黑人保皇派們是根據自己的意志選擇為英國國王而戰。

讓這群黑人奴隸相信英國國王會遵守「解放」的約定，是因為一七七二年在英國對逃亡奴隸詹姆斯・薩默塞特（James Somersett）所下的知名判決。在近年的研究中證實，美洲的奴隸們知道法官曼斯菲爾德（William Mansfield）所下的「在踏上英國土地的瞬間，奴隸就被解放」的這個判決。英國國王是解放者——一般認為這個看法，和「施恩的國王」的既有印象，在黑人之間是相當具有說服力的。

若以黑人保皇派的立場為中心，展開的構圖便會是這樣：一方是保證會解放奴隸的英國國王，另一方則是企圖脫離那樣的國王獨立的美洲殖民地。於是浮現在面前的情況是，以獨立為志向的美洲愛國者，雖然高舉著謳歌「人人生而自由平等」的獨立宣言，卻對奴隸制度視而不見。這令人不禁想起，湯瑪斯・傑佛遜（Thomas Jefferson）、詹姆斯・麥迪遜（James Madison）、班傑明・哈里森（Benjamin Harrison，美國第九任總統威廉・哈里森〔William Harrison〕的父親）等簽署獨立宣言的愛國者，全都是奴隸主。希望從英國解放的美洲人、希望從那些美洲人（也就是奴隸主）手中解放的奴隸們、以及奴隸們寄託希望的「解放者」英國國王喬治三世，三者之間的關係，在此完全顛覆了以往所描述的美國獨立戰爭的構圖（即是視喬治三世為壓抑者的角度）。

事實上，對於加入英軍的黑人，英軍的總司令亨利・柯林頓（Henry Clinton），除了保證他們衣食無缺之外，還指示要鄭重地對待他們。而且，英軍戰敗時的總司令蓋伊・卡爾頓爵士（Guy Carleton），在遵照約定為他們準備了解放證明文件之餘，還讓希望移民的黑人士兵搭乘上前往新斯科細亞的船隻。

然而，事情的進展並不順利。在新斯科細亞等待黑人們的，並不是他們所期待的「自由」。過於寒冷的氣候、未能領到應當能夠無償取得的土地；一七九二年三月，在失望的黑人保皇派當中，遠超過一千名以上的黑人，由在英國展開廢除奴隸貿易運動的湯瑪斯・克拉克森的弟弟約翰（John Clarkson）率領下，渡海前往西非的獅子山。他們與為了拯救被送返倫敦後陷入貧困的黑人保皇派，於一七八七年啟動的獅子山遷徙計劃合流。

之後，獅子山在帝國內部廢除奴隸貿易隔年的一八〇八年，成為英國的直屬殖民地。獅子山的中心自由城（Freetown），在成為西非貿易和傳教據點時，也以取締奴隸貿易基地的

亨利・柯林頓（Henry Clinton）

角色，支持著「慈善的博愛主義帝國」這種新的英國認同。

◎流亡者浪潮

對於新斯科細亞感到失望的人，並非只有黑人保皇派。身處邁向獨立的美洲、曾經有過政治參與經驗的白人保皇派之中，也有同樣感到不滿的人們。前往新斯科細亞的保皇派，之後也採取了各式各樣的行動；他們或是進一步前往新布藍茲維尋求新天地，或是悄悄地回到美國、返回英國。此外，還有數百名的保皇派移居聖讓島（於一七七九年更名為愛德華王子島），不過，因為只要進行開墾就可以取得土地所有權的承諾被相繼作廢，讓這座島嶼惡名昭彰，被冠上「北美的愛爾蘭」之稱。至於它因為小說《清秀佳人》（*Anne of Green Gables*）而受到人們喜愛，連帶使得整體形象煥然一新，則是要再經過一百多年以後的事了。

也有些人是經由陸路前往魁北克。魁北克，是根據在波士頓茶黨事件的隔年通過的《魁北克法案》（Quebec Act），被納入英國統治之下。他們堅定地拒絕了獨立革命之邀，依然維持著原本隸屬於英國殖民地的狀態。一七九一年，英國政府為了避免英裔居民和法裔居民之間的衝突，通過了《憲法法令》，將魁北克一分為二，分別是東部以蒙特婁為中心的「下加拿大」，和西部以多倫多為中心的「上加拿大」；日後，前者被稱為魁北克，而後者則被稱為安大略。

一七九三年，英法開戰；支持法國大革命的美國，也與英國進入戰鬥狀態，因此重新編組後的沿海殖民地對英國也就變得更為重要了。位於新斯科細亞的哈利法克斯，是英國海軍防衛大西洋的軍事基地，這個基地在拿破崙戰爭期間更進一步地增強了防衛力量。其周邊豐富的木材資源，除了為當地的林業和造船業帶來發展，也輸出到英國作為建造戰艦的原料，支撐起了大英帝國的重組之戰。

戰爭結束後，混亂的局勢一穩定下來，來自新斯科細亞的木材搬運船，便從英國載運著意想不到的貨物回到加拿大。那就是人。——移民活動重新展開了。

◎被視為「貨物」的移民

英格蘭西部的德文郡，因為在伊莉莎白一世的時代，有許多海上男兒如法蘭西斯・德瑞克（Francis Drake）、約翰・霍金斯（John Hawkins）、沃爾特・雷利爵士等輩出而為人所熟知。位在德文郡北部托里奇河（River Torridge）出海口附近的港口城市拜德福德，它的峽灣在拿破崙戰爭結束之後，開始頻繁出現裝載著木材自加拿大而來的帆船。

根據記錄，一八三一年四月上旬，在數日前自加拿大抵達的木材搬運船前，一如往常地人潮大排長龍。這些人是自地方報紙上得知船隻抵達的日期後，聚集而來的志願移民者，和為他們送行的人們。自歐洲局勢恢復穩定的一八二〇年前後起，英國各地重新展開了前往北美大陸的移民活動。在拿破崙戰爭結束的一八一五年還不滿兩千人的北美移民，在十五年後已快速超過了五萬五千人，在一八五二年更突破了二十七萬人，迎接了第一波移民高峰。

德文郡與大西洋在物理和精神上的距離都很接近，而且在德文郡的歷史上，移民本身並不是一件太稀奇的事。移民大部分都是貧窮的農民，他們為了張羅前往加拿大的出國費用和航行期間（六個多星期）所必須的糧食、衣物和毛毯等，恐怕已耗盡了僅有的少許財產，若是費用不足，或許還會跟親戚和朋友們哀泣求援。

抵達拜德福德時裝滿了木材的船艙，此時擁擠地塞滿了英國移民。去程載運木材，回程載運移民。若想到這些移民在船內渡過數周的情況，他們或許和奴隸一樣，也是另一種不同形式的「人類貨物」（Human Cargo）。然而，當時通常到紐約要五英鎊的出國費用，經由新斯科細亞到蒙特婁卻能夠壓低到三分之一以下的魔術伎倆，也正是改造放置木材空間而來的、擁擠而不衛生的船艙。

這些移民橫渡大西洋，在哈利法克斯或是蒙特婁等加拿大港口下船之後，大多數會繼續步行南下，前往「原本的目的地」——美國。這個模式本身，即便是到了橫渡大西洋的移民數量增加、迎接第一波高峰的十九世紀中葉，基本上也沒有太大的變化。雖然一八二〇年左右起，英國的移民開始在上加拿大（安大略）定居，不過根據最近的移民史研究指出，當時的加拿大移民，相較於美國移民，或者即便是與一八三〇年代以後正式展開的澳洲移民相比，大多是為了籌措出國費用便精疲力竭的貧民，別說是購買土地，連購入農具的資金都不一定有著落。對於將希望寄託在大西洋彼方的他們而言，建造船隻的木材交易所衍生出來的副產品，也就是便宜的船資，即使到了因為定期航班的開闢而使得出國費用大幅下滑的一八四〇年代，依然是相當寶貴的存在。從木材搬運船搖身一變成為移民船的情況，如實說明了重新展開後不久的移民活動樣貌。

不過，加拿大移民的樣貌，到了十九世紀後半則出現了大幅變化。而這個情況不只出現在加拿大，包括在十九世紀前半接受英國移民的澳洲和紐西蘭，以及南非的開普殖民地，也都因為經濟、政治、文化上的發展，帶來了移民樣貌的改變。這也是因為伴隨著帝國重組的進行，移民本身的意義和所扮演的功能隨之大幅改變的緣故。

◎推動移民的因素

自十七世紀初期在美洲建設了第一個殖民據點詹姆士鎮以來，英國的歷史便成了由島國邁向帝國的海外膨脹史，同時也是人群移動的歷史。人群的移動，有移出和移入兩種動向；

而英國的情況，到第二次世界大戰結束的二十世紀中葉之前為止，前者壓倒性地超越後者。特別是從結束拿破崙戰爭、為歐洲帶來和平的《維也納條約》簽訂的一八一五年，到第一次世界大戰爆發的一九一四年，將這個世紀稱為「英國移民的世紀」也不為過。在這一個世紀間，逃離英國的人數，據說有一千六百萬人，甚或是兩千萬人，而他們正是實質上肩負起因喪失美洲而被迫重組的大英帝國的人們。他們渡海的理由受到英國國內和殖民地雙方的情況所左右，兩者的加乘作用決定了移民的數量。

英國移民的第一波高峰，是在一八四六年到一八五四年之間。移民在這個時期急遽增加的理由之一，是愛爾蘭移民為了在第二章所提到的大饑荒中尋求出路而激增；不過，實際上的原因並不只如此。

聯合王國的人口，在一八〇一年的人口普查中還不到一千六百萬人，但到了一八五一年已經超過兩千七百萬人。尤其是英格蘭，從八百六十七萬人增加到一千六百八十萬人以上，在五十年間幾乎增加了一倍。其中受影響最深的是農村，而且還是位於工業革命時期興起的新興都市周邊的農村。特別是在十九世紀最初的十年間，出現百分之十五人口增加率紀錄的英格蘭南部諸郡——漢普郡（Hampshire）、薩里郡（Surrey）、威爾特郡（Wiltshire）、索塞克斯郡（Sussex）等地的農村地帶，人口壓力尤其沉重。這份壓力，將農村的人們推移到城市（生活在遠離都市和城鎮的農村民眾，幾乎都未加入十九世紀的大量移民之中）。

一八五一年的人口普查，第一次出現了都市人口超過農村人口的紀錄，因為在那之後開始急速都市化，所以倍受注目，而這也是人口由農村移動到都市的證據。移民前往美國、加拿大或澳洲，無非是在這波國內人口移動上所延伸出來的「另一個選項」。

◎逃離「飢餓的四〇年代」

將愛爾蘭遭受馬鈴薯饑荒襲擊的一八四〇年代稱作「飢餓的四〇年代」的，是一本在一九〇四年出版的書籍，同樣也以《飢餓的四〇年代》（*The Hungry Forties, Life Under the Bread Tax*）為書名（正確來說是一本記錄集）。

這本記錄集出版的時間點，與殖民地大臣約瑟夫·張伯倫（Joseph Chamberlain）自前一年起便極力推動的、將自由貿易政策轉換為保護政策的「關稅改革」遊說活動，有很深的關係。張伯倫在思考如何填補因為南非戰爭（South African War，第二次布爾戰爭〔The Second Boer War〕）所帶來的龐大財政赤字時，也意識到美國、德國在國際經濟上已經逐漸追上英國，故而強烈要求重新檢視自由貿易政策（參見第九章）。

輿論大多支持維持以往的自由貿易，反對張伯倫的構想。保護貿易並非是重建英國經濟的特效藥，而且對市民的生活也只會帶來負面的影響。在一八四六年廢除《穀物法》之前，在法令限制下阻止便宜穀物流入的「飢餓的四〇年代」的記憶，鮮明地說明了這個事實。在那個經濟成長遲緩的時代，英國各地持續地湧現各式各樣的社會矛盾。為了尋求解決之道，自一八三八年起長達十年間，勞動者們不斷發起「憲章運動」；而也正是這一段憲章運動的記憶，讓勞工運動在二十世紀初期重新甦醒。勞動者們是為了從中引出前人的「階級鬥爭的故事」，共產主義者則是為了瞭解孕育出共產黨宣言的時代背景。這本以「食品關稅（the Bread Tax）之下的生活」為副標題的《飢餓的四〇年代》記錄集，讓當時的記憶重新浮現在人們的腦海中；實際上書籍的銷售狀況也很好，到第一次世界大戰爆發為止，已賣出超過十一萬本。

在憲章運動盛行的一八四〇年代，人們的心中，始終存有應當如何改革社會結構的問題意識。其中，探討的議題並非只有階級鬥爭，包括女性和孩童在內，人們該如何思考自己在社會當中的位置、如何確保自己的位置等，都是當時討論的主題。或許正因如此，一八四五年，弗里德里希・恩格斯（Friedrich Engels）在《英國工人階級狀況》（*The Condition of the Working Class in England*）中才會如此預言：如果發生革命的話，那一定是在英國。

然而，在英國並未發生勞動者推翻社會身分上下位階的「旋轉」（就如同 Revolution 的原義所顯示），也就是革命並未爆發。在「飢餓的四〇年代」，為了提升生活而追求屬於自己各項權利的勞工運動，為何會沉寂下來呢？

《飢餓的四〇年代》一書，在讓廉價穀物流入成為可能的自由貿易政策中，找到了答案。然而，當思考到「人們在社會當中的位置」這個問題時，或許浮上腦海的會是歷史學家阿薩．布里格斯（Asa Briggs）在著作《改良的時代：一七八三—一八六七》（*The Age of Improvement, 1783–1867*，1959）中所寫下的這一段話：「如果沒有移民這一道安全閥的話，一八四〇年代至一八五〇年代的英國和愛爾蘭社會，會變成何種局面，實在難以想像。」

在工業革命的經濟變動中滋生的各種扭曲現象大量湧現的十九世紀前半，移民活動被期待扮演的功能，是將超出勞動市場需求的失業者和必須仰賴教區扶養的貧民從英國國內排除，也就是摘除掉革命之芽、安定英國社會的「安全閥」（safety valve）。這從當時英國政府規定禁止技術純熟工匠移民的事實，也可以明顯地看出來。從一開始，移民就被英國社會認為是排除不受歡迎人們的手段。在這種認知的交互作用之下，流向企圖擺脫流放地聲名的澳洲的英國移民，開始多過於前往已初步實現社會安定發展的加拿大聯邦。

◎淘金熱與澳洲開發

英國會將澳洲納入帝國並且進行開發，是為了確保在喪失美洲殖民地時也失去的流放地。一七八七年五月，十一艘搭載著七百多名囚犯，自英國軍港樸茨茅斯出航的移民船，在隔年一月二十六日，停靠在盛夏的澳洲新南威爾斯的植物學灣。三年後，來自愛爾蘭的囚犯船也抵達了。一八三〇年左右，遭到流放的犯人大約占了這座島嶼人口的七成。

因為流刑這項刑罰的性格，在殖民時代初期來到澳洲的人們，大部分都是十六到三十五歲的健康男性。據說他們所犯下的罪行，約莫有八成是竊盜，而且有一半還是初犯。在這層意義上，這些囚犯和當時英國一般的勞動者並沒有什麼不同。因為他們才得以開發的澳洲，展現出了每年百分之十的驚人經濟成長率。而這同時也是移民奪取澳洲原住民的土地，讓他們的人口因為從英國帶進來的傳染病而銳減的過程。

拿破崙戰爭後，英國逐漸停止將流刑犯送往澳洲，並且開始獎勵美麗諾羊的養殖和自由移民的移入。由羅伯特．霍爾頓爵士（Sir Robert Wilmot Horton）擔任委員長的移民委員會（一八二六年至一八二七年），認定新南威爾斯是最適合自由移民的殖民地。呼應這個情況，愛德華．吉朋．沃克菲爾德（Edward Gibbon Wakefield），因為擔憂未受教育的下層民眾和服刑完畢的囚犯們可能會導致無秩序狀態，為了防範未然，

愛德華．吉朋．沃克菲爾德（Edward Gibbon Wakefield）

他也對中產階級發出呼籲，希望他們對移民行動能有所理解。

之後，設立紐西蘭公司（一八三八年）的沃克菲爾德，在連紐西蘭的地形都還不清楚的情況下，就搶先以「新伊甸園」之名售出土地，招募移民；英國政府因此只好在一八四〇年二月，和毛利族酋長簽訂了《懷唐伊條約》（Treaty of Waitangi），急忙地讓這座島嶼成為英國的領地。在該公司的援助或免除出國費用下送出的移民，大多以自耕農的身分在紐西蘭紮根。澳洲殖民地政府也基於沃克菲爾德的提議，開始將賣出皇家領地的收益用來補貼移民的出國費用。這是因為在一八四〇年代，經由大西洋航路出國所需的費用已低於三英鎊十先令，相較之下，前往澳洲的出國費用要到十六英鎊上下，相當昂貴。航行的天數也是，大西洋航路當時是四十五天前後，相對之下，到澳洲則需要一倍以上，超過九十四天（到紐西蘭則大約需要四個月）。再考慮到這段期間在船上吃穿的消費量，和必須忍受的絕對稱不上舒適、不衛生的船內狀況，出國費用的補貼乃是不可或缺的。

除此之外，諸如一八三四年修正的《濟貧法修正案》（Poor Law Amendment Act），也屢次加入與移民補助相關的修正條例。在一八四〇年代，英國政府同意將濟貧稅作為移民補助之用，每人補助金額的上限為五英鎊（日後調整為十英鎊）。理由是因為與其將教區的稅金（濟貧稅）用在補助國內的濟貧院以養育貧窮人口上，還不如讓這些貧民移民到海外比較節省費用。雖然有各式各樣的經費計算方式，但是將用在國內的救濟經費和移民經費放在天秤上衡量的「作為節稅方案的移民」，是整個維多利亞時代將移民活動正當化的最大理由。移民不只是英國社會的安全閥，也是節省經費的救濟方案。

一八四八年，殖民地大臣亨利．喬治．格雷（Henry George Grey）在議會發表的關於移民的演說中，大力強調澳洲殖民地值得展望的未來。兩年後的一八五〇年，英國議會通過了澳洲殖民地自治法案，給予新南威爾斯、維多利亞、南澳、塔斯馬尼亞等四個殖民地自治權，也因此加速了各個殖民地政府的招徠移民行動。據說與同時期的美國移民相比，澳洲移民當中擁有熟練技術的勞動者和農民的比例很高，這或許就是極積招徠移民的成果。

不過，比起移民招徠行動，更讓人感受到澳洲魅力的，是一八五一年在新南威爾斯的巴瑟斯特發現了金礦。之後，因為持續將近十年的淘金熱，在一八五〇年原為四十萬五千名左右的移民人數，在十年後急遽增加到一百一十四萬多人。在這個時期，有相當多的小說和繪畫，以「移民澳洲」這個帝國經驗作為題材。例如查爾斯．狄更斯（Charles Dickens）的《遠大前程》（*Great Expectations*），便嘲諷地設定讓主角皮普（Pip）在英國國內晉升成紳士階級的資金，是來自於澳洲的流刑犯；這或許是因為在發現金礦之後，英國社會投向澳洲的目光變得很複雜之故。

◎主要的移民目標——美國

加拿大、澳洲和紐西蘭移民活動的進展，雖然與帝國重組的推進交織在一起，不過當時的統計數字所擺出的現實卻有些許的不同。那就是整個十九世紀，從英國港口出航的移民，絕大多數都是要前往美利堅合眾國。

英國的統計在一九一三年之前，並未將有意定居的移民和單純的出國者（或是短期旅居者）加以區分，而是將所有前往海外的英國乘客都計算為「旅客」（Passenger）。不過即便是將因此而產生的出國總人數和純粹移民人數的誤差納入考慮，統計也依然顯示出，到十九世紀中葉為止，離開英國的人幾乎有九成都前往了美國。其中，離開英國之後直接從美國港口入境的乘客，和暫且先在加拿大上岸，之後再經由陸路南下進入美國的人們，也都被計算在內。例如，觀察十九世紀的第一波移民高峰期，也就是一八四六年至一八五四年之間，（估計至少）在這個時期離開英國的兩百七十四萬人當中，有兩百三十多萬人渡過大西洋，其中大部分並不是入境加拿大（英屬北美），而是入境美國。

此後，前往美國的英國移民，除了在南北戰爭（一八六一年至一八六五年）的時期出現稍微下滑的情況之外，直至十九世紀末為止，持續占了出國者全部人數的六、七成。而且，這個現象並不只限於來自英國的移民。

◎歐洲大脫逃

一八一五年到一九一四年，即是從拿破崙戰爭結束到第一次世界大戰爆發為止，對英國而言是「移民的世紀」，但也是整個歐洲的移民以前所未有的規模橫渡大西洋的時代。在這一個世紀之間，逃離歐洲的人數遠遠超過五千萬人。根據分析，其中超過半數的三千萬多人前往美國，其餘的則是分散在英國人所開墾的四個殖民地——加拿大、澳洲、紐西蘭、南非，或是南美各地。

這一波前往美國的大規模移動，發生在拿破崙戰爭結束後重新恢復繁榮的大西洋經濟圈上，可以說是歐洲整體的共通經驗。隨著大西洋貿易的擴大、橫渡大西洋航路的發展和繁榮，移民仲介業也持續進展。移民仲介業者和船運公司之間的競爭日趨激烈，出國費用也降低了，於是吸引了更多歐洲人前往大西洋的彼方。

在十九世紀中葉，橫渡大西洋航路的主角，是來自英國和愛爾蘭，然後是德國的移民；不過，在十九世紀後半加入了北歐各國的移民，之後到二十世紀初期，則變成以來自南歐和東歐、所謂的「新移民」為中心。其間，英國移民在美國的立場也出現了微妙的變化。

◎英格蘭的移民們

正如我們所看到的，喪失美洲是一個重大的事件，不只是要求大英帝國，也要求聯合王國進行重組。在十九世紀初期將愛爾蘭納入編組之中的聯合王國，並不像「聯合」這個字眼所帶給人的想像，絕非是堅如磐石般的存在。迄今，「不統一」依然是聯合王國的一大特徵。

關於移民也是，英格蘭、蘇格蘭、威爾斯以及愛爾蘭的出身者，在各自反映出細微的地區差異時，也展現出全然不同的動向。關於蘇格蘭、威爾斯和愛爾蘭的出身者，不論是在實際移民情況的掌握上，或是在他們親身的口述記錄和未被文字化的記憶方面，調查和研究的進展都相當顯著。相較之下，英格蘭出身的移民，在移民地點——特別是在美國——的實際狀態則相當難以掌握。這或許是因為既是盎格魯撒克遜裔且又信仰新教各宗派的英格蘭人，和「美國人」（雖然很難定義）說著相同的語言，在踏上美國的瞬間，輕易就能混入美國社會的緣故。

根據近年的調查，可以發現與同時期橫渡大西洋的其他歐洲各國移民相較，來自英格蘭的移民有兩大特徵：第一是，沒有家人同行的單身移民很多。另一個則是，歸國率極高。簡單說就是，十九世紀後半來自英格蘭的移民，是為了追求更好的收入而「抱持著離鄉賺錢的心態」前往美國的。這些特徵被認為是活躍於十九世紀末的來自義大利和波蘭等南歐、東歐的移民，也就是所謂「新移民」的特徵；不過，就這層意義上而言，英格蘭移民早已搶先採取「抱持著離鄉賺錢的心態」渡海前往美國行動的模式。而在他們這一份感覺的背後，還有科學技術的進步。

大西部鐵路公司的總工程師伊桑巴德．金德姆．布魯內爾（Isambard Kingdom Brunel）所設計的當時世界上最大的蒸汽船大西部號（SS Great Western），在一八三〇年代後半，率先創下了從布里斯托到紐約之間的定期航班，航海日數只需要十五天的紀錄，為新的大西洋航路時代揭開了序幕。以此為契機，在連結美國和歐洲的航路上，競相開發、製造最新穎的快速船，也頒發「藍絲帶獎」（Blue Riband）給創下最短航行時間紀錄的船隻。除了縮短航海所需天數之外，在一八六〇年原本需要四十五美元的出國費用，到了一八八〇年代也降低到將近半價。這個情況大幅改變了「前往美國」的意義。

◎都市時代的移民們

十九世紀後半，不只是英格蘭的移民，在「橫渡大西洋時代」的英國移民身上，又加上另一項發人興味的特徵，也就是都市性格。根據美國在移民入境之際所製作的資料表，從英國抵達的移民所填寫的在英國的最後居住地點，大部分都是主要城市，從事農業者極為少數。

在十九世紀後半英國移民身上所見的都市性格，環繞著移民顯露出某種矛盾。那就是和其他歐洲各國因為工業化和都市化的發展尚未成熟，國內吸收貧民和失業者的市場有限，因而不得不依賴移民的情況不同；同時期的英國，是在工業化和都市化十分進步之後，移民的最高峰才降臨。

造成移民的國內情況（也就是推動移民的要素），若是因為人口過剩、生活貧困、不景氣和作物歉收等經濟變動，或是海外移民成為人口由農村移動到都市的延伸的話，那麼隨著吸收農村貧困者的國內產業發達、收容剩餘人口的都市成長和都市化進展，海外移民的情況應該也會趨於減緩。到一八八〇年代為止，和英國並列為橫渡大西洋主角的德國，就適用於這個方程式。在一八七一年德意志帝國成立和之後急速工業化、都市化的情況之下，德國移民美國的人數開始減少，而且不久之後就轉變成接收其他歐洲移民的國家。然而，英國即便是進入二十世紀，移民的現象也並未結束。

就英國的情況來說，工業化和都市化的進展並未能成為抑制海外移民的力量——這是因為有大英帝國的存在。在帝國內部，開創出了收容移民的新場域；結果，之前絕大部分流向美國的人潮，在十九世紀末到二十世紀初期，逐漸地發生變化。在移民潮於一九一〇年到一九一三年間迎向最高峰時，英國人蜂擁而至的地點是加拿大。因為一八六七年加拿大聯邦成立之後，得到「加拿大自治領（Dominion）」這個新名稱的西部地區，逐漸開創出一個需要「英國人」的廣大空間。

「帝國時代」的加拿大移民

◎大西部的出現

加拿大西部被稱為魯珀特地（Rupert's Land），東起紅河（Red River）、西至洛磯山脈約莫一千兩百平方公里的廣大空間，長時間為獲查理二世（Charles II）賜予特許狀的哈德遜灣公司（Hudson's Bay Company）所有。從一八六九年到一八七〇年間鍥而不捨與該公司進行協商的加拿大聯邦政府，成功地以超低價的三十萬英鎊補償金，和提供肥沃地帶土地的十二分之一（約二十五萬英畝）的優越條件，買下了魯珀特地，將其納入聯邦政府的直接管轄之下。

在洛磯山脈的西邊，由於美墨戰爭之際英國和美國簽訂了《俄勒岡條約》（Oregon Treaty，一八四六年）而重新被認定為英國屬地的溫哥華島對岸附近、流經加拿大本土的弗雷澤河（Fraser River），在一八五八年發現了金礦。接著因為淘金熱的契機，在加拿大本土成立了英屬哥倫比亞殖民地，後來為了削減統治費用而與溫哥華島合併（一八六六年），並在一八七一年被編入加拿大聯邦之中。於是，加拿大西部，便成為連接北美殖民地東西兩端、橫貫大陸國家的關鍵地帶。

伴隨併入聯邦而急速展開的西部開發，是由信奉新教的保守派英裔居民、也就是所謂的領土擴張主義者所推進。在西部編入聯邦之前的一八五〇、一八六〇年代，展開宣傳活動，將以往「寸草不生的荒地」的印象，轉換成「蘊藏著擔負起加拿大將來可能性的肥沃農地」形象的人，也是這些英裔居民。早在聯邦成立之前，法裔居民和英裔居民之間關係原本就充滿了緊張感，而英裔居民的這些行動更加深了兩者之間的裂痕。

實現一個橫貫大陸的國家——偏袒英國的他們，在西部開發中反映出對帝國領土擴張的熱切期待，也是理所當然的。他們努力的目標，是建設一個有助於大英帝國發展的新社會；換言之，加拿大西部不單單只是經濟開發的場域，同時也是測試與帝國意識不可分割的加拿大民族主義的場域。

因為這些情況，他們便展開行動，開始從說英語、新教信仰濃厚、繼承了盎格魯撒克遜血統的英國尋求移民。這項行動名符其實的是「帝國的母親」英國和「帝國的長女」加拿大的共同作業；它不只攸關著加拿大的未來，同時也攸關著大英帝國的未來。

◎操之過急的西部開拓

為急於開發加拿大西部的領土擴張主義者們提供參考範本的，是同時代的美國西部開拓。一八九〇年，美國未開發的邊境地帶正式宣告消失之後，懷著再現「美國西部經驗」的期待，加拿大西部被宣傳成「最後的機會、最好的西部」。「美國耗費五十年才完成的事，我們只要一年、兩年就能夠達成。」這句話反覆不斷地出現。

故此，也就必須要有相應的人為措施。模仿美國《公地放領法》（Homestead Acts）的《自治領土地法》，會在加拿大西部編入聯邦短短兩年後的一八七二年，幾乎沒有經過任何議論便快速通過，也是因為這個緣故。所有二十一歲以上的移民，只要支付十美元的登錄費用、耕種三十英畝土地、建屋定居滿三年，政府便會無償提供每人一百六十英畝的土地——這樣的「加拿大版公地放領法」，對於招徠移民發揮了強大的號召力。

在一八七〇年到一八九〇年代中葉之間，前往西部的移民，以自加拿大東部移居的英裔

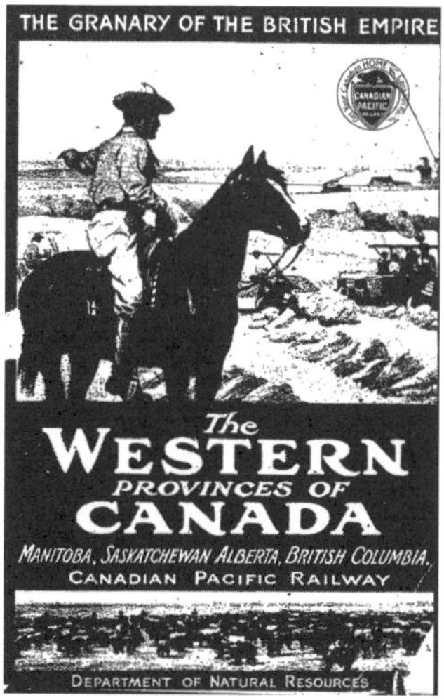

招徠移民的宣傳手冊

居民為中心。在一八八五年開通的加拿大太平洋鐵路，以運送人們和貨物而成為西部開拓的大動脈，同時也靠著販售鐵路沿線的土地，支撐開拓行動。不過，從與帝國結合、對母國英國發出號召這一點上看來，招徠移民的行動則未必順利。從一八七〇年到一九〇一年的約莫三十年之間，流出加拿大（主要是流向美國）的人數，經常比流入加拿大的人數，超過二十萬人左右。

這種情況開始出現變化，是在一八九六年之後，世界規模的經濟不景氣出現復甦徵兆的時候。因為小麥價格的上升和交易量增加，大西洋貿易恢復了繁榮，而投資與移民的擴張，也讓加拿大西部逐漸變身成為「帝國的穀倉」。加拿大移民局的預算自一八九六年起，在十年中成長了十倍；移民局利用這些經費，除了充實制度之外，也製作了宣傳手冊和海報、委託英美作家撰寫以加拿大西部為舞台的小說等，努力從各種方向宣傳加拿大西部。結果，從十九世紀末到二十世紀初期，在英國的報紙和雜誌上充斥著「希望的大地」、「應許之地」、「充滿機會的地方」、「神奇的西部」等字眼；然後，在最後還會宛如慣用語般，用大號字體接上「最後的機會、最好的西部」這句話。英國的火車站和郵局，也張貼著強調加拿大西部富裕的海報，大大挑動英國人的想像力。

然而，在那背後的陰影，也就是關於加拿大西部的負面訊息，完美地被隱蔽了。例如，加拿大自治領政府所製作的官方宣傳手冊，對於距離公地放領地不遠處的原住民保留區隻字未提。即便是比較有良知的宣傳手冊，也只輕描淡寫地將原住民描寫成一群溫和且無害的人們。因為操之過急地追求重現美國西部開拓的經驗，英國對於加拿大西部的印象，蘊藏了許多的矛盾。無須多說，最後承受這些矛盾的人就是移民們。而且，由首任法裔加拿大總理威爾弗里德・勞雷爾（Wilfrid Laurier）率領的自由黨內閣所提出來的招募西部移民條件，相當不適合來自英國的移民。

◎加拿大的反抗

多倫多以西大約兩千兩百公里，位於加拿大中央曼尼托巴省的首府溫尼伯，是連結加拿大東部和西部的節點。十九世紀末，從英國搭乘著蒸汽船橫渡大西洋的移民們，不到兩周便抵達了魁北克或蒙特婁；之後他們便轉乘橫貫大陸的火車，來到這個進入加拿大西部大門的城鎮。在這裡下了火車的移民當中，希望擁有自己的農場的人們，會去向移民局申請登錄公地放領，並在這城鎮買齊了標識地界的木樁和生活必需品之後，再繼續展開前往西部的旅程。曼尼托巴省成為加拿大聯邦的第五個省分，是在一八七〇年。在隔年的調查中，人口為兩百四十人的溫尼伯，到了二十年後的一八九一年，激增到約莫兩萬五千人。雖然在加拿大自治領農業部門所發行的宣傳手冊中寫道，「經過都市規劃的寬闊街道是城市的特徵」；不

◀一八六七年
①新斯科細亞省
②新布藍茲維省
③魁北克省
④安大略省

是在一八六七年之前，被納入加拿大聯邦的部分。

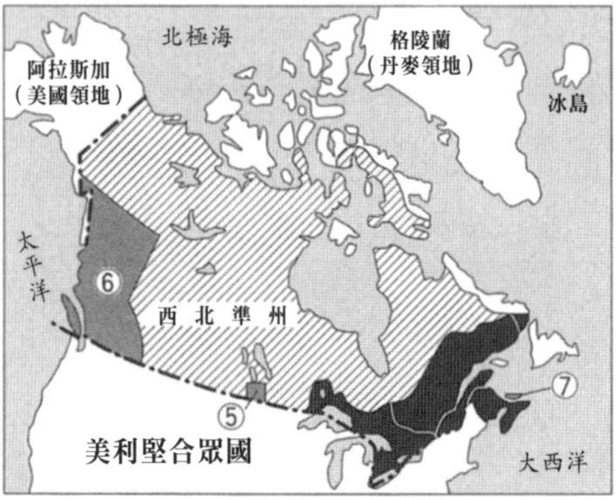

◀一八七三年
⑤曼尼托巴省
⑥英屬哥倫比亞省
⑦愛德華王子島省

是在一八六七年到一八七三年之間，被納入加拿大聯邦的部分。

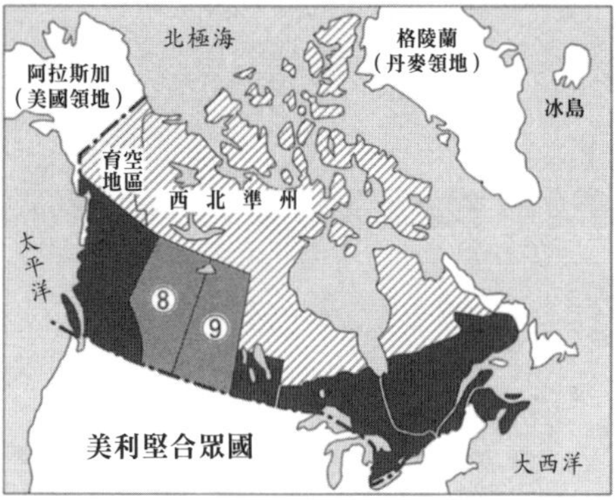

◀一九〇五年
⑧亞伯達省
⑨薩克奇萬省

是在一八七三年到一九〇五年之間，被納入加拿大聯邦的部分。

加拿大聯邦的擴張　依據山川出版社《加拿大史》製作而成

過，實際上因為獨特的風土環境，飽含濕氣的緣故，道路始終泥濘不堪。據說因為原本就是沼澤地，所以一到夏天也會出現大量的蚊子。這類現實與謳歌文句之間的矛盾和落差，對於來到西部的移民，特別是從英國都市地區前來的移民，是相當沉重的壓力。他們大多數未能滿足必須住滿三年才能擁有土地的居住條件，便遷徙到其他的土地，其中返回英國的人也不在少數。

成為加拿大聯邦掌舵者的勞雷爾內閣期待的農業移民，是擁有強健的身體、耐得住加拿大嚴峻的冬天、能夠耕作土地的人們。結果，習慣農耕作業的東歐移民，特別是烏克蘭和波蘭的農民們，在二十世紀初期大量移入加拿大西部。他們在移民地點創造出自己的社群、說自己的語言、發行報紙，並且建立自己的教會作為精神上的糧食。當渡海來到加拿大西部的英國人，發現無法用英語溝通的鄰居時，應該感到很訝異吧。

一八八六年之後，英屬哥倫比亞的弗雷澤河附近也已經開始出現來自日本的移民，加拿大西部的人口組成漸漸變得複雜了。曾經是順從的「帝國的長女」加拿大，也漸漸放開了「母親」的手。

第四章 解放奴隸的帝國

因應廢奴運動而起的徽章 圖左：「我難道就不是一個人、一個兄弟嗎？」，圖右：「我難道就不是一位婦女、一位姐妹嗎？」

奴隸貿易的記憶——身為共犯者的帝國

◎布里斯托的塗鴉事件

位於英格蘭西部的布里斯托，是一座在雅芳河（River Avon）河口發展而成的港口城市。一四九七年，出生於熱那亞（Genova）的船員約翰．卡博特（John Cabot，義大利語為喬瓦尼．卡博托〔Giovanni Caboto〕），在得到英格蘭國王亨利七世（Henry VII of England）核發的、找尋通往印度西北航路的探險特許狀後，便與十八名船員一起搭上馬修號（Mathew），從這座布里斯托港揚帆出航。這艘取自於他妻子瑪蒂雅（Mattea）之名的三桅帆船，據說「能夠裝載五十噸分量的葡萄酒」，因此是一艘體型較小的帆船。在這趟航海中，卡博特父子抵達了加拿大東岸新斯科細亞的布雷頓角島（Cape Breton Island）一帶，並以英格蘭國王之名，宣告擁有那塊土地。之後繼續向北航行的卡博特，探查了拉布拉多（Labrador）和紐芬蘭（Newfoundland）等地方，在附近的海上發現了豐富的鱈魚漁場（紐芬蘭大淺灘〔Grand Banks〕），並在同年八月返國。英格蘭的航海時代自此揭開序幕，不久，這座島國便進入了「帝國的時代」。

在小說世界當中也是，一七二六年，強納森．史威夫特（Jonathan Swift）讓格列佛

（Gulliver）所搭乘的羚羊號從布里斯托出發航向東印度。羅勃特・路易斯・史蒂文生（Robert Lewis Stevenson）在一八八三年發表的小說中，主角少年吉姆・霍金斯（Jim Hawkins）啟程前往手繪地圖上的金銀島時，也是從這座布里斯托港出發。

在這座城市的中心區，於人車頻繁交錯而過的兩條大道交會點上，豎立著一座塑像。那座人物塑像握著拐杖的右手，撐住托著下巴的左手，目光俯視的佇立姿態，宛若陷入了沉思。這位主人翁的名字是愛德華・柯爾斯頓（Edward Colston），他是布里斯托出身的商人，在十七世紀後半到十八世紀初期，從事著與西印度之間的貿易。塑像的基座上雕刻著這樣一段文字：「紀念一位最高潔、賢明的城市之子，布里斯托市民所建。一八九五年。」然而在一九九八年一月的一個寒冷的日子，這段文字上面被發現噴漆塗鴉。那是誰都看得懂的兩個淺顯易懂的英文單字——Slave

愛德華・柯爾斯頓（Edward Colston）

Trader（奴隸商人）。

雖然塗鴉本身立刻就被市政府當局給清除了，但是這兩個英文單字所帶來的衝擊並未因此而結束。這兩個單字，喚醒了與這個城市無法分割的歷史記憶——從事奴隸貿易的過往，同時也點燃了論戰之火：而今是否應該對那樣的過去進行賠償？該由誰、又該如何賠償？然而究竟又該怎麼做，才能算得上是賠償？塗鴉被清除後的兩天，全國版的報紙《泰晤士報》（*The Times*，一九九八年一月二十九日）傳達了這個城市的黑人社群領袖的發言。他說，經由奴隸貿易獲得龐大財富的柯爾斯頓，只將非洲人視為「商品」，完全無視於他們的痛苦，是「奴隸貿易史上最惡劣的犯罪者之一」，應該即刻拆除他的塑像。

事情的發展並未就此結束。柯爾斯頓的塑像在那之後也反覆地遭到塗鴉，藝術家們接二連三地拒絕到這個城市的市民音樂廳演出——因為音樂廳的名字也叫柯爾斯頓音樂廳（Colston hall）。其中最著名的例子，應該就是布里斯托出身的當地樂團「Massive Attack」（強烈衝擊）。該樂團在嘻哈音樂（hip hop）的基礎上發展出神遊舞曲（Trip-Pop）的音樂形式，並以《Blue Lines》（藍色線條）、《Mezzanine》（夾層）等專輯紅遍全世界。事態甚至發展成要將柯爾斯頓音樂廳更名的騷動，即便是進入了二十一世紀，塗鴉事件所殘留下來的餘波也依然蕩漾不已。

◎布里斯托的記憶，柯爾斯頓的記憶

不只是矗立於市中心的那座彷彿若有所思的塑像，事實上布里斯托這個都市當中，迄今亦處處充滿著關於「柯爾斯頓的記憶」。

柯爾斯頓的塑像矗立在穿越市中心區的主要幹道——柯爾斯頓林蔭大道（Colston Avenue）的交會點上，緊鄰於西側的商業大樓名為柯爾斯頓塔（Colston Tower）。而柯爾斯頓音樂廳就在這棟建築物的後方，面對著柯爾斯頓大道繼續向北延伸的柯爾斯頓街而建。這棟在一九九八年的塑像基座塗鴉事件以後，因為更名風波而騷動不已的市民音樂廳，前身是在布里斯托建立的第一間製糖廠。布里斯托商人從英屬西印度群島——尼維斯（Nevis）、蒙瑟拉特（Montserrat）、巴貝多（Barbados）等島嶼，運回來的蔗糖（原糖），會在此地精製後再運送到英國國內和歐洲各地。英國人有多麼難以抗拒「甜味的誘惑」，從柯爾斯頓所處的十八世紀初期，英國的蔗糖消費量是法國九倍的這個統計數字上，就說得很清楚了。

從市中心向西北方向步行大約二十分鐘左右，有一間柯爾斯頓濟貧院。在十八世紀初期開設的中等教育男子學校，日後被更名為柯爾斯頓男子學校（Colston's Boys' school）；在維多利亞時代末期、塑像設置四年前所開設的女子學校被命名為柯爾斯頓女子學校（Colston's Girls' School）。在醫院、孤兒院和養老院等設施，也可以看見「柯爾斯頓」之名。某一本布里斯托的導覽書說道：「提到這個城市的任何一個地方，都不可能不觸及關於柯爾斯頓的記憶。」而創造出這個狀況的時代，正是柯爾斯頓的塑像被設置在這個城市中心區的十九世紀末。或許可以更進一步說，就是因為一八九五年這座塑像出現在布里斯托的市中心，再度喚醒了人們對於柯爾斯頓的記憶，才讓他的生命延續到二十世紀。

儘管如此，柯爾斯頓到底是何方神聖呢？

◎《國家人物傳記大辭典》之中的柯爾斯頓

與塑像的設置大約同一時期，在英國進行編纂的《國家人物傳記大辭典》（*The Dictionary of National Biography*），除了將柯爾斯頓定義為「博愛主義者」之外，還參照了數本在十九世紀出版的傳記，整理出了他的人生。簡單地歸納一下其中的內容。

柯爾斯頓在一六三六年，誕生於一戶在布里斯托頗具名望的富裕商人之家。他的父親曾經是保皇派，在清教徒革命時期，因為被議會派占了多數的布里斯托市議會解除職務，便藉機舉家遷移到倫敦；而柯爾斯頓則進入了以慈善學校聞名的全寄宿學校——基督公學（Christ's Hospital School，當時位於倫敦市中心的黑衣修士地區〔Blackfriars〕，現在則是位於西薩塞克斯郡〔West Sussex〕的賀森〔Horsham〕），接受教育。一六八〇年，他成為該校的理事長。王室復辟後不久，他的父親回到布里斯托；而他則是在倫敦的布商公會完成學徒的修業後，和他父親同樣成為以歐洲市場為對象的商人，經手葡萄酒、雪莉酒、衣料等商品，擴大了事業的規模。父親死後，他曾短暫地回到故鄉布里斯托居住，不過在一六八九年，他在距離倫敦不遠的薩里郡（Surrey）的摩特雷克（Mortlake）建造了宅邸，直至過世為止都以此處為生活據點。

一六九〇年，他在布里斯托設立了濟貧院，並委託給該市的商人公會（Society of Merchant Venturers）管理，之後，他便接連不斷地捐款給布里斯托。他在一七〇七年投資了一千三百英鎊新設的學校，在日後被改稱為「柯爾斯頓學校」。他在政治上是保守派的托利黨，並且是重視禮拜儀式的英國國教會高教會派（High Church）熱心信徒，也捐贈了大筆金額給教會作為改建和修復之用。一七〇八年，他從事業上退休之後，隔年便獲選為以教育和貧民救濟而聞名的全國性組織——基督教知識促進會（The Society for Promoting Christian Knowledge, SPCK）的成員。此外，他也捐贈了大筆金額給倫敦的醫院、摩特雷克的濟貧院和學校等。他在一七一〇年成為布里斯托選出的下議院議員。一七二一年，他在家中過世後，根據他在生前所留下的遺言，遺體被埋葬在布里斯托的諸聖堂（All Saints' Church），享年八十五歲。

在《國家人物傳記大辭典》的記述當中，可以明顯地看出強調了柯爾斯頓身為慈善家的一面。從「他捐贈給僱用和收容貧困者的機構，以及成立學校和設立醫院的費用，總額高達七萬六百九十五英鎊」的記述內容看來，也可以得知對他的評價是集中在他於非常早期（在英國的慈善歷史活動上）的十七世紀末到十八世紀初期，就建立商人的慈善傳統這一點上。這是十九世紀末對於柯爾斯頓的理解。

而且《國家人物傳記大辭典》還以下面一段話作為結語，記載著在柯爾斯頓死後，關於他的記憶仍然持續被繼承之事。

迄今，星期天在柯爾斯頓墓前的獻花也依然不絕，在他的生日十一月十三日那天，於一七二六年設立的柯爾斯頓協會旗下的三個附屬組織——海豚協會（The Dolphin Society）、感恩協會（The Grateful Society）、支持者協會（The Anchor Society），會舉辦以慈善為目的的大型募款活動，以為慶祝。

這裡所記載的團體當中，海豚協會是保守黨系、支持者協會則是以自由黨派系的政治家為中心，所以每年的十一月十三日，會有為數眾多的政治家聚集在布里斯托。查看十九世紀後半的《泰晤士報》，在這日的隔天必定會出現〈布里斯托的柯爾斯頓之日〉或是〈布里斯托的柯爾斯頓紀念日（Anniversary）〉之類的標題，並刊載著聚會的情況和所募集到的捐款金額等，最後再以讚美母會柯爾斯頓協會的活動作為結束。

應該要注目的部分是，記述當中只極度強調他身為「博愛主義者」、「慈善家」的一面，卻忽略了一個在他的人生當中極為重要的事實；那個事實就是，關於他投注在布里斯托這個城市的豐厚慈善資金的來源。一六八〇年三月，柯爾斯頓成為皇家非洲公司（Royal African Company）的成員，之後並擔任該公司的董事。而這個事實，在《國家人物傳記大辭典》中完全沒有記載。

《國家人物傳記大辭典》為何不寫下柯爾斯頓曾經是皇家非洲公司的成員的事？而所謂皇家非洲公司又是什麼？

◎皇家非洲公司與奴隸貿易

以倫敦為據點的皇家非洲公司，是一家特許公司，在英格蘭涉入奴隸貿易初期的十七世紀後半，從一六七二年到一六九八年之間，長達二十年的期間獨占了非洲貿易，也就是將奴隸貿易納入其中的所謂三角貿易。這二十多年間，正是西印度群島重要產品蔗糖的消費量，在英國社會爆發性大幅增加的時期。換句話說，支撐起蔗糖消費超過法國九倍、堪稱「甜黨」的英國國民的三角貿易便是在這個時期確立，而從這當中滋生出來的巨大財富，也對商人和投資客產生了吸引力。那也是英屬西印度群島的甘蔗栽培發展順利，與維吉尼亞和馬里蘭的菸草種植園並列其名的時代。

甘蔗的栽培，除了在栽植、收成，和之後的搬運等必須要集體勞動之外，也會導致土壤的疲弊、荒廢；因為這些特性，所以必須要不斷地為了尋求新的耕地而移動。而且，收成後的甘蔗還必須要在短時間之內，搗碎莖幹，榨取出原汁。甘蔗是一種很照料起來很麻煩的植物。榨取出來的汁液，熬煮後會變成褐色的原糖，而種植園中也必須要有能夠完成這項工程的作業工廠。

歐洲人在西印度群島經營這類需要集體勞動的甘蔗栽培之初，主要使用的勞動力來源，是當地的印地安人。不過，在那之後不久，因為歐洲人所帶入的疾病和殘酷驅使的結果，導致當地的印地安人陷入幾近滅絕的狀態，因此這時由英國人經營的種植園，便改由簽下勞動契約的英格蘭貧民、和遭到誘拐的愛爾蘭孩童或年輕人，以及被判處流刑的政治犯成為替代勞動力。然而利用這些方式所能取得的勞動力也有其極限，於是西非的黑人奴隸便受到注目，被視為是長久勞動力的供給來源。

被當作奴隸的，是在西非內陸的部族鬥爭中遭到俘虜的非洲人；而仲介供應這些奴隸的，則同樣是西非的人們。眾所皆知，達荷美王國（Dahomey，今日的貝南共和國〔Republic of Benin〕）即是以奴隸貿易仲介而繁榮興盛。實施軍事獨裁的達荷美，每年都會獵捕奴隸，然後在港口城市威達（Ouidah），將他們賣給歐洲的商人。在皇家非洲公司獨占這項貿易的時代，該公司會在購入的非洲奴隸的胳臂或胸部，烙印上「DY」兩個字母，這是公司的代表，也就是國王的弟弟約克公爵（Duke of York，後來的詹姆士二世）頭銜的縮寫，或是公司的簡寫「RAC」（Royal African Company）。

一般認為，皇家非洲公司在一六八〇年到一六八六年之間，出資進行了兩百四十九趟的非洲航行，平均每年送入五千名的黑人到加勒比海或美洲的殖民地，因此該公司在獨占貿易期間買賣的奴隸人數遠遠超過十萬人。不言而喻地，從中蒙受利益的人，就是皇家非洲公司的成員。

主張天賦人權的約翰．洛克（John Locke）也是皇家非洲公司的股東，而當時以倫敦為基地從事西印度貿易的愛德華．柯爾斯頓，則是在一六八〇年三月加入這家特許公司。就如同《國家人物傳記大辭典》當中所記述的，柯爾斯頓身為商人時，主要活躍的舞台並非是布里斯托，而是倫敦；而他正是在皇家非洲公司獨占英國奴隸貿易的時期，以倫敦商人的身分涉入了奴隸貿易。

◎遭到控訴的保險組織——勞合社

現在，因為涉及奴隸貿易而遭到追究、受到激烈抨擊的，並非只有柯爾斯頓。世界上數一數二的保險組織、觸角廣泛涉及海上運輸保險業務的「勞合社」（Lloyd's of London），也被要求必須真摯面對過往的奴隸貿易。二〇〇四年三月，十名經由基因鑑定判明是被船隻從西非運送到西印度群島奴隸後裔的美國人，以因為被迫與非洲大地分離，導致他們迄今依然持續為「自己到底是什麼人」而苦為由，對奴隸的買家雷諾菸草公司（R. J. Reynolds）的共犯「勞合社」提出控訴。原告所選擇的辯護律師愛德華・費根（Edward Fagan），在與德國納粹時代的猶太人大屠殺相關的訴訟中，因為向瑞士企業索取到高達十二億五千萬英鎊的賠償金而聲名大噪。精明能幹的辯護律師費根說，這家英國的老牌保險公司在奴隸貿易中扮演了極大的角色，所以負有重大責任。他會發表這樣的言論，或許是因為他將「勞合社」過去曾經在十八世紀之中壓倒其他的競爭公司，幾乎成功地完全獨占三角貿易的海上保險之事納入了考量。

「勞合社」起源於一間位於倫敦碼頭區附近陶爾街（Tower Street）上的咖啡館（Coffee House），大約是一六八八年左右開始營業。因為地利之便，咖啡館成了船主、商人和水手們聚集的場所，而店主愛德華・勞伊（Edward Lloyd）也開始發行《勞伊新聞》（*Lloyd's News*），提供船舶的相關資訊。故此，這間咖啡館會承包船隻保險業務，也是非常自然的結果。

所謂的咖啡館，是貴族或紳士、從事海外貿易的商人、新聞記者或文人、知識分子等各種階層的人們，在支付一便士的入場費之後，一邊啜飲著一杯兩便士的咖啡或紅茶，一邊議論、交換資訊的社交場所。此類咖啡館的全盛時期被認為是在十七世紀後半到十八世紀初期，因此也正好與英格蘭開始支配三角貿易的時期重疊。不久之後，有些咖啡館的入口處開始掛起了寫上船隻出航日期和目的地的郵袋，有時咖啡館甚至也會扮演起股票交易所的角色。這或許是因為被稱商業革命的新時代帶來了生活型態上的變革，但當時的英國並沒有足以應付新時代需求的服務，於是咖啡館便填補了其中不足之處。

促使勞伊咖啡館發展成世界數一數二保險公司的原動力，是當時交易比重持續提升的、從事西印度群島和美洲殖民地貿易的船隻保險，和對於「黑色貨物」（Black Cargo），也就是奴隸的保險。特別是從西非前往加勒比海的途中，在被稱為中央航線（Middle Passage）的大西洋上，「黑色貨物」的損失率極高，亦即非洲奴隸的死亡率很高，不管是對於船主或是對於貿易商人而言，都是煩惱的根源。當時，如果是自然死亡的話並不會撥付保險費，但如果是因故溺斃的情況，保險費的支付是會被認可的。在海上保險契約中，奴隸始終被視為是「貨物」，而非人類。進入二十一世紀的今天，「勞合社」被追究的問題就是在這一點上。經由奴隸貿易而發展起來的「勞合社」，要如何賠償被當作「貨物」對待的奴隸的「痛苦」？

這一則訴訟是被賣到美洲菸草種植園的奴隸後裔的故事，不過甘蔗種植園的情況或許也很類似。「有蔗糖的地方，就有非洲的奴隸」，這是指導反英鬥爭、後來成為千里達（Republic of Trinidad and Tobago）總統的歷史學家埃里克・威廉斯（Eric Williams）所曾經說過的話；而「有蔗糖的地方，也就有勞合社」。除了保險之外，「勞合社」還提供了與船舶相關的種種服務，並且投資了包含船塢建設的港灣設備、貸款給種植園主等，在保險、海運、金融業務的發展上，都對蔗糖貿易發揮了很大的貢獻。

◎布里斯托的黃金時代

一六九八年，在貿易商人的壓力之下，英國議會決定廢止皇家非洲公司的獨占貿易權。這件事本身便說明了加勒比海甘蔗栽培的高收益率，和以蔗糖為中心的三角貿易所滋生的巨大財富。這時，強力推動廢除皇家非洲公司獨占貿易的，就是布里斯托的商人。

布里斯托的商人早在引進奴隸之前，就已因為從事運輸作為勞動力的政治犯，而與西印度群島的甘蔗種植園和美洲南部的菸草種植園有所往來。於是，當皇家非洲公司的貿易獨占在一六九八年正式廢止時，船名也是「Beginning（開始）」的第一艘奴隸貿易船，在船長史蒂芬·貝克（Stephen Baker）的率領之下，啟程航向西非。三十多年後，到了一七三〇年左右，布里斯托以英國最大的奴隸貿易據點為人所熟知。從該港出航的奴隸貿易船超過兩千一百艘，運送了五十多萬名非洲人到西印度群島或美洲殖民地當奴隸。

連結歐洲、非洲、美洲的三角貿易的進行，是從布里斯托（或是倫敦，後來則是利物浦）出航的船隻，船上會滿載著殖民地所需求的各式各樣日常用品、糧食和餐具、鞋子和衣料、香皂和蠟燭、農耕用具、以及奴隸的衣物等。船隻途中會停靠在西非沿岸，以槍枝和彈藥、萊姆酒、棉布和串珠等，和當地擔任仲介的非洲人進行交換，將他們從內陸調度來的奴隸塞滿船內。之後，船隻會航向西印度群島，在牙買加或巴貝多等地放下奴隸，改裝上大量當地所生產的蔗糖（褐色的原糖）、菸草、棉花、靛藍染料和可可等，再返回布里斯托。

船隻抵達布里斯托後，除了將貨物運送到各地之外，也在當地發展了出將蔗糖精製成白糖、菸草加工等產業。如同前文所述，在布里斯托引發爭議的柯爾斯頓音樂廳，原本是這個城市在十八世紀初期剛剛正式加入三角貿易時期，所建設的第一家製糖廠。除了船主和商

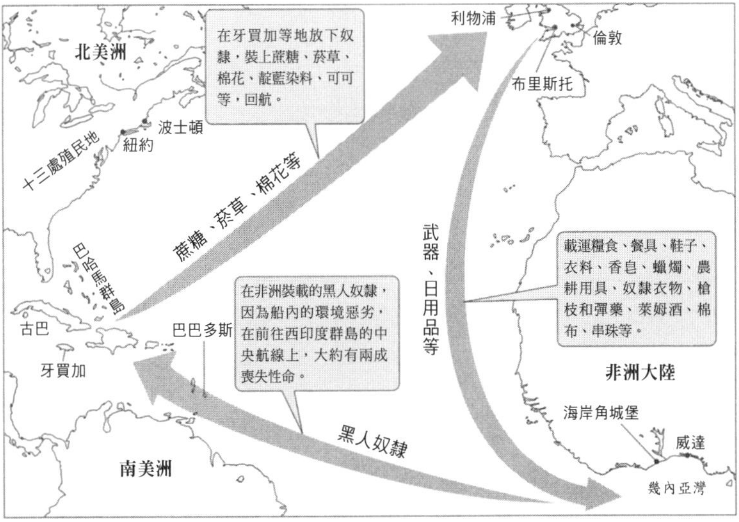

三角貿易的結構

人之外，若將股東和投資者，生產在布里斯托等待出航的船舶的日常用品、殖民地需求的食品、以及航海途中船內消費糧食的人員，以及港灣的勞動者、水手和廚夫之類的船員，全都納入考量的話，那麼說整個布里斯托都涉入奴隸貿易，並且從中獲得了某種利益也不為過。然而不只是布里斯托，在成為十八世紀初期奴隸貿易最大受益者的英國，可說是所有的社會階層都以某種形式參與了奴隸貿易。

之後，到了十八世紀中葉，布里斯托商人的奴隸貿易主角之位，被以低成本運輸費用作為號召的利物浦商人所取代。十八世紀後半，因為蒸汽船的發明，貿易船也朝大型化發展，然而連結布里斯托和大西洋的雅芳河的寬度不足以應付大型船隻，因此也加速了奴隸貿易的重心由布里斯托移往利物浦。不過，在一八〇七年奴隸貿易廢止之前，布里斯托商人並未退出奴隸貿易。

布里斯托因為奴隸貿易而變得富裕了，皇后廣場（Queen Square）就是布里斯托富裕的象徵。一七〇二年，這個因為當時的君主安妮女王而被命名為皇后廣場的空間，之後陸陸續續出現了喬治時代建築風格的宅邸（公寓式建築），成為城市繁榮的象徵。觀察那些宅邸的主人們，便可明顯發現這個城市曾經與三角貿易有很深刻的連結。如，以巴哈馬總督身分結束人生的伍茲·羅傑斯（Woodes Rogers），是提案環繞著廣場建設宅邸的人物之一；這個城市屈指可數的代理商詹姆斯·拉羅史（James Laroche）在一七二八年到一七六九年間，涉入一百三十二艘奴隸貿易船的交易；艾薩克．霍布豪斯（Isaac Hobhouse）以拉羅史的贊助者的身分投資了奴隸貿易，而他在布里斯托從事西印度產品買賣時，也做起了仲介在西印度累積了巨額財富的大型種植園子弟到英國接受教育的生意。在布里斯托已過了奴隸貿易全盛時期的十八世紀後半，生活在此地的約翰．安德森（John Anderson），於一七六四年到一七九七年之間，涉入了七十多趟的奴隸貿易船派遣，也是一名眾所皆知的奴隸主。布里斯托就是像這樣，在奴隸貿易所帶來的財富之上，創造出了城市的繁榮。

今日，這座城市遭到責問的是，市政府當局和市民對於這項過去的認知。在柯爾斯頓塑像上的塗鴉，是希望讓人們回想起以「慈善家、博愛主義者」的形象被記憶下來的柯爾斯頓，他的慈善資金到底具有何種性質。這是因為觀看大英帝國這段奴隸貿易過往的目光，漸漸出現了巨大的變化。而這個變化到底是從何時開始、又是怎麼發生的？

布里斯托富裕的象徵——皇后廣場　羅保瑟（T. L. Rowbotham）畫於 1827 年，收藏於布里斯托博物館及美術館。

◎被忘卻的記憶

一九九六年八月，布里斯托為了紀念這座城市在英國海洋史上所扮演的重要角色，舉辦了一場「海洋祭典」（The International Festival of the Sea）。活動中最精采的部分，就是花了兩年歲月復原的帆船馬修號的揭幕。馬修號，是一四九七年從這個布里斯托出航的約翰．卡博特，在航海中所使用的帆船。在「海洋祭典」中，皇家所擁有的遊艇不列顛尼亞號（The Royal Yacht Britannia），陪伴著馬修號航行了一小段，贏得了聚集群眾的大聲喝采。

馬修號的複製品再度現身於布里斯托港，是隔年的一九九七年五月，於慶祝卡博特航渡紐芬蘭五百周年的祭典之中。馬修號的復原，就是為了這項值得紀念的活動。因為卡博特並沒有留下航海日誌，所以迄今尚無法確定他自布里斯托出航的正確日期。不過，根據當時的天候等，以五月上旬的說法最具說服力；因而便根據這項說法，在五月二日邀請了伊莉莎白二世（Elizabeth II）夫婦出席，舉行了頗為盛大的慶祝典禮。

出席典禮的紐芬蘭總督布萊恩．托賓（Brian Tobin），以及聖約翰斯市（St. John's）市長約翰．墨菲（John Murphy），早已經在新年的問候中，發表了慶祝卡博特抵達五百年的共同聲明。這一天在市民面前現身的馬修號，和五百年前一樣，搭載著船長以及十八名船員，揚帆航向紐芬蘭。船隻採取從布里斯托海峽出發，穿越愛爾蘭海域後，繼續向西北前進的航線，並在六月中旬平安無事地抵達了紐芬蘭。五百年前，在這個島國宣告揭開了大航海時代序幕的事件，便如此被重現了。

伊莉莎白二世的丈夫菲利普親王（Prince Philip），也是馬修號復原計劃的支持者，他在以「對於歐洲的船員來說，大西洋是永遠的挑戰，也是恆常的試煉」為開場白的賀詞中如此說道：「馬修號航海之行的重要性，在於約翰．卡博特因此抵達了北美大陸，帶來了讓說英語的人們移民到那片大陸的結果。」——這段話或許可以理解為，正是五百年前，一四九七年五月的卡博特航海之行，打開了英國向海上發展的大門，開拓了邁向帝國的道路。因此，馬修號的航海之行，也是大英帝國的原點。典禮中讚揚了揭開帝國建設第一頁的卡博特等船員們的勇敢，並且強調了出航地點布里斯托的重要性。而柯爾斯頓塑像塗鴉事件，就發生在這場典禮的半年多之後。

因此，若將觀點放在塗鴉事件上的話，一九九六年、一九九七年在布里斯托所舉辦的兩場慶典中，所欠缺的「認知」便會浮現出來。那就是，對因為馬修號的航海之行所開啟的海上擴張，為這個島國招來了奴隸貿易一事的意識；和對於搭乘著絕對稱不上堅固的小船橫渡大西洋的勇敢船員所開啟的英國海洋史的大門，導致了非洲大陸大幅變質的想像力。在柯爾斯頓的塑像上塗鴉，不就是對英國這個國家、以及布里斯托這個城市，過度輕易忘卻記憶的抗議嗎？

為何布里斯托會忘卻那段記憶？雖然多少有點反論式的說法，但這似乎與英國在距今兩百年前廢止了奴隸貿易，救濟、解放陷入宛如奴隸般痛苦處境的原住民，大幅變形成為「博愛主義的帝國」有關係。

廢除奴隸貿易運動之種種現象

◎從共犯者到解放者

一八〇七年，大英帝國內部廢止了奴隸貿易。從十五世紀末到十九世紀初期的三百多年間，以奴隸身分自西非橫渡大西洋的非洲人，有說是一千萬人，也有說是一千兩百萬人，而推估其中有兩百萬人以上，喪生在被稱作中央航線的大西洋之上。據推算英國商人涉入了其中三分之一左右，也就是約莫三百七十五萬多人的交易（推定當中有五十萬多人死於中央航線之上）；在皇家非洲公司獨占交易的時期，每年大約是五千人的奴隸數目，於獨占廢除後，在十八世紀前半每年平均超過兩萬人。

因為皇家非洲公司的獨占交易廢止而導致奴隸貿易活絡發展的十八世紀初期，是一個吶喊著「人人生而自由平等」的時代，主張以理性和智慧來理解世界的啟蒙思想浸透了西歐各國。」[1]在這項新知的籠罩之下，成為奴隸的非洲人是擁有個性的人類一事遭到否定，僅被稱作「貨物」，飄洋過海的黑色貨物——Black Cargo。

有史以來，便有奴隸的存在；而奴隸的買賣，也自古就有。其中的形式當然不一而定。但不只是英語，在許多的歐洲語言中，「奴隸（Slave）」一詞的起源，都被認為是來自於「斯拉夫（Slav）」一詞；據說這是因為斯拉夫民族的人們在日耳曼社會或東羅馬帝國，甚至是在日後的阿拉伯、土耳其，都被當作奴隸的緣故。然而，在大西洋經濟圈所展開的近代奴隸貿易，只將非洲人當作奴隸來進行買賣，這和以前的情況相當不同。在這點上，它可說是一個極為扭曲的體系，而正是因為這種地理、人種、文化上的偏頗，奴隸貿易才能掠取到高收益率。然而，因為有眾多的英國人享受著這道甜美的汁液，所以十八世紀末，兩度被提起的《廢除奴隸貿易法》，在議會並未通過。

但是在那之後不久，一八〇七年，英國議會通過了廢除於大英帝國內部從事奴隸貿易的法案，更在一八三三年通過了禁止奴隸制度本身的法案，自隔年的一八三四年起，經過五年的過渡處置時期後，便全面性地廢除了大英帝國內部的奴隸制度。之後，大英帝國內便沒有奴隸的存在，不，或許該說是「不可以有奴隸存在」。與此並行的是，英國培育出了「救出、解放」各地陷入奴隸般苦境人們的「滿懷慈愛的慈善帝國」的新認同，並且經由取締奴隸貿易的行動，向世界展現出這個新形象。今日展現出標榜自由主義、博愛主義姿態的英國，也可說是由此延伸而來的。然而英國到底為何會如此快速地變身？

誠如前文所見，依靠奴隸勞動的蔗糖生產和三角貿易，為英國社會、以及英國的商人、投資客、股東與甘蔗種植園的園主們，帶來了龐大的利益。美國獨立戰爭爆發的一七七五年，西印度群島的英國種植園主和商人的財富，據估算比母國隸屬於同階層的人們高了十五倍左右。種植園主大多是非在地人士，平常生活在母國，其中成為國會議員的也不在少數。和高喊著「無代表，不納稅」的美洲不同，西印度群島早已將他們的代表送入了倫敦的西敏議會。西印度群島未加入以脫離帝國為目標的美洲殖民地的行列，也是因為這個緣故。事實上，保護這些西印度群島種植園主和奴隸貿易商人們的利益的，就是通過《航海法》和《糖稅法》等保護貿易法案的英國議會。而且，在一七八〇年代逐漸正式展開的奴隸貿易廢止運動的最大抵抗勢力，也是將據點設置在倫敦的「西印度商人暨種植園協會」（London Society of West India Planters and Merchants）這一民間團體。

正因為如此，所以我們不得不問，為何英國能夠廢止奴隸貿易？又是如何製造出廢止奴隸貿易的潮流？

這裡能夠考慮到的有兩大理由。第一個是經濟上的理由，因為依靠奴隸勞動的蔗糖生產和交易，已經不再具有利潤了。還有另一個理由是，對於奴隸買賣的思考方式的變化，也就是文化上、思想上的理由。之所以如此，是因為要在行動上達成廢止奴隸貿易和解放奴隸，那麼奴隸貿易的結構和支撐這個結構的想法本身，也就有從根本進行改革的必要。正是這項意識改革，大幅改變了同時期為應對喪失美洲的情勢而進行重組的大英帝國的性格。

◎布里斯托的平尼家族——西印度經濟的衰退

在布里斯托，有一棟十八世紀後半喬治時代建築風格的宅邸，名字就叫做「喬治亞之家」（The Georgian House）。這棟作為著名觀光景點、位置很接近市立博物館暨美術館附近的古老建築，是西印度群島甘蔗種植園的經營者、以布里斯托為據點從事西印度貿易的平尼家族（Pinney）所居住生活的房子。

平尼家族原本只是位於英格蘭西南部多塞特郡（Dorset）的中小型地主之家，他們會與西印度群島產生連結，是因為蒙茅斯公爵（Duke of Monmouth）在一六八五年六月舉旗反對肆無忌憚、公開宣稱信奉天主教的詹姆士二世即位，而平尼家族參與了這項起事，這起事件也可說是光榮革命的前哨戰。或許是因為身為非國教徒、感到處境困窘之故，平尼家族的人們，渡海前往位於西印度群島一隅的尼維斯島（Nevis），從販售糧食雜貨起家，也從事蔗糖交易，並且快速晉升為甘蔗種植園的經營者。在美國獨立戰爭爆發之前還不到一個世紀的時間之內，觸角就伸張至農園經營的平尼家族，因為與倫敦和布里斯托之間的蔗糖貿易而變得更為富有。

之後，平尼一家趁著美國獨立戰爭的時機，將農園的經營委託給代理人，返回英國。這件事也讓人想像得到，喪失美洲的這個事件，對於生活在西印度群島的英國人，在物理和精神層面上也都造成了影響。同時，在那之後，以蔗糖為中心而成為第一次帝國重心的西印度群島的衰退狀態，也投影在歸國後於布里斯托成立貿易公司的平尼家族身上。

加勒比海蔗糖生產的傲人高收益率，是因為受到了對西印度群島生產的蔗糖課徵高額關稅的保護。然而，十八世紀中葉以降，因為糖產地以世界規模擴張，造成蔗糖價格本身開始崩跌。特別是歐洲地區甜菜糖生產量的增加，對於西印度群島的蔗糖生產而言是一大打擊。雖然如此，英國政府依然持續對西印度群島生產的蔗糖課徵高額關稅，並且透過《航海法》，繼續阻止英國以外的其他歐洲國家與英屬西印度群島之間的貿易。結果，專門生產蔗糖的英屬西印度群島，處於大量生產導致蔗糖價格低落和持續維持重商主義政策的英國政府的夾縫之中，從十八世紀末到十九世紀初期，經濟急速衰退，許多甘蔗種植園陷入破產的局面。追索平尼家族歷史的理查．帕瑞斯（Richard Pares）的著作《某筆西印度之財》（*A West India Fortune*，1950）說道，平尼家族因為在西印度群島的經濟正式衰退之前，就成功處分掉尼維斯島上的種植園，因而得以將損失降到最低限度。

之後，當平尼家族在十九世紀中葉，以運河和碼頭經營者、鐵路公司股東的身分再度現身時，西印度群島的香氣已經漸漸地消失。在英國從保護貿易移轉到自由經濟，和進行以自由主義思想為基礎的經濟改革的過程中，對於外國生產的糖課徵高額關稅的措施被廢除了，而生產蔗糖所依靠的奴隸勞動效率不彰的情況也變得很明顯。由於隨著自由勞動力導入的新商品開發和新的生產方法，讓奴隸制度的優勢消失了。多數的甘蔗種植園主會同意奴隸貿易的廢止，也是因為這個緣故。

◎朝向廢除奴隸貿易——思想與運動

至於環繞奴隸貿易的是與非認知，又是如何發生改變的？

要讓將奴隸的存在與視奴隸勞動為理所當然的思考方式，轉變成為否定的態度，就必須得要改變思考結構的本身。而且，反對奴隸的買賣和廢除奴隸制度這個體系本身之間，也有很深的認知落差。到底是什麼因素讓這個改變成為可能？

廢除奴隸貿易運動，很容易被視為是基於基督教的人道主義和博愛主義的行動，不過這項運動並沒有這麼單純。因為要讓整個英國社會從容許奴隸到大幅改變為反對奴隸，必須要改變層層疊疊的價值觀和世界觀。

思想上的變化，可以在十八世紀中葉以降、追求理性和邏輯思維的啟蒙思想中獲得確認。最典型的例子，或許就是頌揚「奴隸制度違反自然法」的人權思想之說。啟蒙思想與具有強大親和力的自由主義經濟思想都提出批判，認為奴隸勞動和自由勞動相較之下，是一種沒有效率的勞動模式。亞當．斯密斷定奴隸制度是「女神賜予我們人類的統治歷史當中最殘酷的一頁」。若根據他的見解，市場經濟並非操縱在人類的手中，而是在「神之手」的操縱之下，那麼西印度蔗糖貿易的衰退，和因其衰退而促成的廢止奴隸貿易，或許也都是超越人類意志的市場經濟所成就的業果。

在這些思想背景之下，鼓吹拒買透過奴隸勞動所生產物品的拒買運動登場了。鼓吹拒買蔗糖和其副產品萊姆酒的拒買運動，以反對《印花稅法》而集結成立的「自由之子」的行動為範本。由此也可發現喪失美洲殖民地的經驗，在英國社會中刻劃下了各式各樣的記憶。而且，還要注意到，拒買日常品用蔗糖的拒買運動，是以掌控廚房的女性為大力鼓吹的對象，而透過反對奴隸貿易運動的組織化過程，也鍛鍊出了她們的政治意識。

但是廢除奴隸制度本身，歸根究柢，因為要讓奴隸主放棄他們的私有財產奴隸，所以還牽扯到對於奴隸主的補償問題。也因為如此，從廢除奴隸貿易（一八〇七年）到廢除奴隸制度（一八三三年）為止，才會需要歷經二十多年的時間。當時，以克拉朋聯盟為首的反對奴隸制度的英國人，大多期待採取逐漸廢止的溫和路線，而這個事實則著實發人興味。

◎貴格會網絡和輿論

與這些行動產生共鳴、成為廢除奴隸貿易運動主力的，是英國國教會內部的福音主義者，其中的代表就是以威伯福斯為中心的克拉朋聯盟成員（參見第二章）。然而，不可忘記，他們同時也是置身於橫跨大西洋的反對奴隸網絡之中。推動廢除奴隸制度，是貴格會立足於性善說的社會改革行動當中一環，他們在美國獨立革命的時代，於奴隸們所橫渡的同一片汪洋上，也構築起了他們的網絡，而這個網絡成了英國廢除奴隸貿易運動的強力後援。

在謳歌著「人人生而平等」的《美國獨立宣言》發表的那一年，費城的教友派（貴格會）在年度集會中，決定將不願解放奴隸的教徒除名，並且還在一七八三年發起請願，希望能在承認美國獨立的《巴黎條約》之中，加入廢除奴隸的條件。發生在美洲的這類運動，旋即便經由貴格會的網絡傳入英國。一七八三年，在英國成立第一個反對奴隸貿易組織的，也是貴格會的成員們。規模雖小，但是由熱心的教徒在各地主辦的反對奴隸集會網絡，在喪失美洲不久之後，也穩健地在英國散播開來。

然而，他們的運動中，存在著因為貴格會本身特質而帶來的極限，也是不可否認的事實。貴格會主張實踐信仰，並不需要依賴聖經、教會組織和祭壇，而是要透過沉默靜思去傾聽內在的神的聲音，這在當時引發了相當激烈的反彈。在「英國的輿論」當中，他們的聲音顯得相當微弱而無力。

故此，最重要的是，要建構反對奴隸制度的輿論，就必須要有超越信仰的真實感。不管怎麼說，奴隸們在船上的嚴酷生活、或是在遙遠西印度群島上的實際勞動狀態，在英國是看不見的。除非是引發訴訟，否則西印度群島的甘蔗種植園主；或是奴隸船的船長與船員，幾乎完全沒有談到奴隸的機會。換言之，在進入十八世紀末之前，英國社會不只是不了解奴隸貿易的實際狀態，甚至於對「貨物」的情形也都完全不關心，更何況是在資訊不足的狀態之下。

讓輿論轉向廢除奴隸運動，還需要一些契機。在這當中，若要說到真實感的產生，那美國獨立戰爭的結束就是一個轉機。因為有一部分的黑人保皇派渡海來到英國，與英國國內的貧困社群合流，故而讓之前看不見的黑人奴隸的樣貌，變得具體可見。為了要救濟他們，一七八七年，克拉朋聯盟的格蘭維爾．夏普等人啟動了「獅子山計劃」；不過在稍早之前，發生了一件引發輿論對奴隸產生關注的事件。一七八三年三月，《紀事晨報》（*The Morning Chronicle and London Advertiser*）於讀者投書專欄中，介紹了關於奴隸船桑格號（Zong）事件的審判情況。

◎桑格號事件的漣漪

一七八一年九月六日，自利物浦出航的桑格號，在位於西非沿岸幾內亞灣中的葡萄牙領地聖多美島（São Tomé Island），裝載了四百四十多名的奴隸之後，繼續航向牙買加。因為航運途中出了些麻煩，桑格號抵達牙買加附近已是十一月二十七日，然而船長路加・柯靈烏（Luke Collingwood）又將牙買加島錯認為是法屬聖多明哥島（Saint-Domingue），因此又更晚了一個月才進到目的地牙買加的港口。結果，整趟航海耗費了比平常多了將近一倍的天數。

這段期間，被塞在狹窄又不衛生的船內、幾乎得不到什麼食物的奴隸中會出現許多病患，也是很正常的事。於是船長將一百三十二名生病和身體虛弱的奴隸丟棄到海中；理由是，為了拯救其他的貨物（健康的奴隸），而將一部分的貨物（生病的奴隸）丟入海中，是船長被許可的權限。桑格號回到利物浦之後，船主依據規定向保險公司請求補償，每名丟棄掉的奴隸的求償金額是三十英鎊，總金額合計將近四千英鎊。保險公司拒絕了這筆高額求償，因此引發了訴訟。

訴訟爭議的焦點是，以生病和衰弱為理由、活生生被丟棄到海中的一百三十二名奴隸的損失，到底應該由誰來賠償？倫敦的法院詢問桑格號的船主和船長之後，認為「因為航程延誤而發生飲水不足和疾病蔓延的情況之下，在眾多的奴隸死亡之前，為了避免更大的損失，而丟棄部分奴隸的行為，跟在同樣的情況之下丟棄馬匹的行為是一樣的」，因此將丟棄奴隸視為是「航海途中的意外所造成的商品損失」，而判決船主勝訴。對此，不服判決的海上保險協會提出反駁，認為造成奴隸生病的理由，是因為船長的駕駛疏失而導致航海時間延長的緣故，因而控訴船主等人的行為是保險金詐欺。

如果事件的發展就到此為止的話，那麼這個問題終究也不過只是一件關於保險的民事訴訟事件。事件的發展之所以會逐漸大幅改變這個結構，是因為有一位讀到這則報導的黑人採取了行動。這位以自由人身分在倫敦生活的黑人，立刻去找當時已經展開反對奴隸貿易運動的格蘭維爾．夏普商談此事。夏普迅速地展開了行動。他聘僱了多名律師，對桑格號的船員們進行個別面談，結果，領悟到沒有辦法改變民事訴訟這個審判結構的他，便努力想要讓社會注意到這個事件本身。例如，其中最後被丟棄的二十六名黑人，因為病情較輕而劇烈抵抗，結果被銬上手銬丟入海中；這些事件的詳細情況逐漸被暴露出來，而之前對於奴隸的存在從未感到任何疑問和關心的人們，也受到了強烈的衝擊。

議會也採取了行動。為了防止同樣的事件再度發生，議會通過了兩項法案，明文訂立了以下的規定。一項是，除非是在具有明確危險的情況之下，否則奴隸（亦即所謂商品）不可以成為領取保險金的對象；另一項則是，不管在任何情況之下，都不能將活著的奴隸丟棄到船外。就這樣，桑格號訴訟事件超越本來的結構框架，成功地動員了英國的輿論。在此，我想應該要稍微談一下這位創造契機的黑人——奧拉達·伊奎阿諾（Olaudah Equiano）——的經歷。

◎自由黑人伊奎阿諾

奧拉達·伊奎阿諾，在一七五六年大約十歲的時候，在故鄉西非（現在的奈及利亞）遭到誘拐，然後被運送到北美，成為英國皇家海軍軍官麥可·帕斯卡（Michael Pascal）的奴隸。帕斯卡給了他「古斯塔夫·瓦薩」（Gustavus Vassa）這個名字。奴隸主為奴隸命名，是剝奪奴隸原有的身分認同、確認奴隸成為新主人的所有物品的儀式。然而，古斯塔夫·瓦薩是將瑞典人從丹麥人的手中「解放」，並且成為第一任瑞典國王的十六世紀英雄；因此這個命名在某種意義上，或許是非常諷刺的。而且，身為海軍軍官奴隸的立場，也帶給了伊奎阿諾有別於種植園奴隸的經驗，那就是在英國接受教育的經驗。在倫敦學習英文讀寫的

奧拉達·伊奎阿諾（Olaudah Equiano）

他，因為七年戰爭而中斷了學習，再度以帕斯卡的奴隸身分登上戰艦，專門負責搬運火藥（Gunpowder），以一般通稱為「火藥猴」（Powder monkey）的角色，大大地活躍。

之後，他被賣給了加勒比海蒙瑟拉特島的貴格會農園主人，因為他受過教育，所以不是擔任農場的勞動工作，而是被賦予了類似負責農園品質管理的角色。他在這段期間存下了錢，並於一七六六年，以四十英鎊買下了自由之後，再次渡海到英國。短暫地從事了理髮師的工作後再度上船的他，一七七三年，在以發現西北航道為目標的約翰．菲利浦（John Phillips）指揮之下，遠征北極。西北航道被認為是連結英國和印度、中國之間的最短距離，而這趟發現行動是大英帝國的一項大計劃。這批遠征隊伍中，在另一艘和伊奎阿諾所搭乘的不同船隻上，也有當時還是海軍候補少尉的納爾遜的身影。結果，這趟遠征以確認「未發現西北航道」告終；不過更值得注意的是，在這類的帝國計劃之中，存在著像伊奎阿諾這樣曾經是奴隸的成員。

而等待著回到倫敦的伊奎阿諾的，卻是曾經也是奴隸的友人約翰．安尼斯（John Annis）被過去的奴隸主人抓回去的消息。這時，他求助的對象就是奴隸解放運動的旗手格蘭維爾．夏普。此後，伊奎阿諾在廢除奴隸制度運動中找到了他的政治使命，並和夏普成為強而有力的拍檔。他改信基督教，開始自稱是「奧拉達．伊奎阿諾」，也是在這個時候。

在那之後，涉入了加勒比海的殖民計劃後、再度在英國與夏普等人合流的他，也參加了

「獅子山計劃」。在法國大革命爆發的那年，他出版了敘述自己前半生的自傳，其中也寫到了他的奴隸經驗。桑格號訴訟事件的構圖出現了變化，廢除奴隸貿易協會（The Society for the Abolition of the Slave Trade）的行動轉為活絡，輿論也出現議論的聲音；自此，英國社會開始意識到奴隸對於白人的恐懼，和白人對於黑人的非人道行為。在這種種情況的交互作用之下，他的著作不但成了最暢銷的書籍，也更進一步成了廢除奴隸貿易運動的強大助力。撰寫自傳一事，不管是對他而言，或是對於同時期共同為解放奴隸而奮鬥的伊格內修斯・桑丘（Ignatius Sancho）、鄂圖巴・古瓜諾（Ottobah Cugoano）等自由黑人而言，都是一項極為政治化的行為。我們也不能忘記，包括西印度群島頻繁發生的奴隸起義在內，都是在這些前奴隸積極主動的引領下，才產生的解放之舉。

在自傳出版上獲得巨大成功的伊奎阿諾，一七九〇年代的大半都花在反對奴隸制度的活動上。和英國女性蘇珊娜（Susannah Cullen）結婚、生了兩個女兒的他，對於在英國的生活也應該有某程度的滿足吧？他過世在一七九七年，是議會通過《廢除奴隸貿易法》的十年前。不過，在他死後，他的自傳仍然發揮了很大的貢獻。迄今，這本自傳依然被視為是黑人奴隸所留下的少數證言，不斷為人們所傳誦。

◎克拉克森對奴隸內幕的調查

格蘭維爾．夏普與伊奎阿諾聯手暴露悲慘詳情的桑格號事件，也讓一位後來成為廢除奴隸貿易運動中不可或缺的年輕人——湯瑪斯．克拉克森（Thomas Clarkson），浮上歷史舞台的表面。他幾乎一個人蒐集了所有當時最需要的關於奴隸貿易的資訊。

一七八五年，對於桑格號事件心有所動的劍橋大學副校長（和名譽職位的校長不同，是實質上的校長職位），在慣例的拉丁文論文競賽中，提出了這個課題，題目是：「違反個人的意志將人當作奴隸，是一件正確的行為嗎？」這時得到首獎的，是英國國教會的牧師之子、專攻神學的學生，克拉克森。和當時大多數的英國人一樣，他在那之前也完全沒有思考過這個問題。因為若能夠在論文競賽中獲得優勝，將會成為生涯當中非常光榮的經歷，所以他讀遍所有可能入手的文獻，調查了涉入奴隸貿易的商人信件和文件，並且不斷訪談曾經在美洲親眼見過奴隸的船員。在過程中，他漸漸對這個問題產生了深

湯瑪斯．克拉克森（Thomas Clarkson）

刻的理解。一七八五年六月，當他在聚集於頒獎典禮上的眾多聽眾面前朗讀那篇拉丁文論文時，逐漸察覺到自己的使命。

當他考慮要出版那篇拉丁文論文的英譯版，正在尋找出版社時，遇到了倫敦的書商兼印刷業者詹姆斯．菲利浦（James Phillips）等人，他們是貴格會網絡的成員。對於已經感受到貴格會本身特質對運動發展所造成的侷限的他們而言，以成為英國國教會神職人員為目標的劍橋大學高材生，是能夠彌補他們不足之處的重要存在。一七八七年五月二十二日，克拉克森和夏普等人，一起在菲利浦位於倫敦商業區喬治院二號（2 George Yard, London）的店鋪，成立了「廢除奴隸貿易協會」。這時，他們就已經定下要打動議會、立法廢除奴隸貿易的方針。問題是，關於奴隸貿易實際狀況的資訊相當地貧乏。於是，多方面地蒐集資訊、掌握足以證明奴隸貿易違反人道和非效率的證據和證人，就成了克拉克森被賦予的使命。

克拉克森走訪了奴隸貿易的兩大據點，布里斯托和利物浦，還有比他們更早成立廢除奴隸貿易協會的曼徹斯特，以及因為女性所發起的拒買運動而聲名大噪的伯明罕等地，到處尋求情報和證人。光是他訪談過的水手人數就超過兩萬人。據說當他從布里斯托的水手口中聽到，英國商人曾經在西非虐殺了多達三百名非洲人的情報時，震怒到渾身顫抖。克拉克森寫道，一名叫做約翰．迪恩（John Dean）的被解放黑人水手，遭到了令人無法想像的對待：「船長讓他趴在甲板上，不僅將他綁得無法動彈，還將灼熱的瀝青（焦油等蒸餾後所殘留下來的黑色物質）傾倒在他的背上，再用燒紅的火鉗在上頭烙下傷痕。」——到底是什麼樣的理由，驅使這名船長做下如此殘酷的行為？持續對水手進行訪談的克拉克森，也得知了一個先前幾乎不為人所知的事實，那就是白人水手的死亡率很高。那幅成為奴隸貿易不人道象徵的船內剖面圖——描繪出了狹窄、不衛生的船艙內緊緊地塞滿了奴隸的情況的名圖——也是根據克拉克森製作的利物浦奴隸船布魯克斯號（Brookes）的模型所繪製而成的。他將這類的情報逐一傳達給倫敦的協會總部，成為製作新聞郵報、宣傳手冊、和傳單等的資料。

克拉克森所蒐集的，不光是證言。他也努力地蒐集了顯示出奴隸貿易違反人道的各種拷打道具——

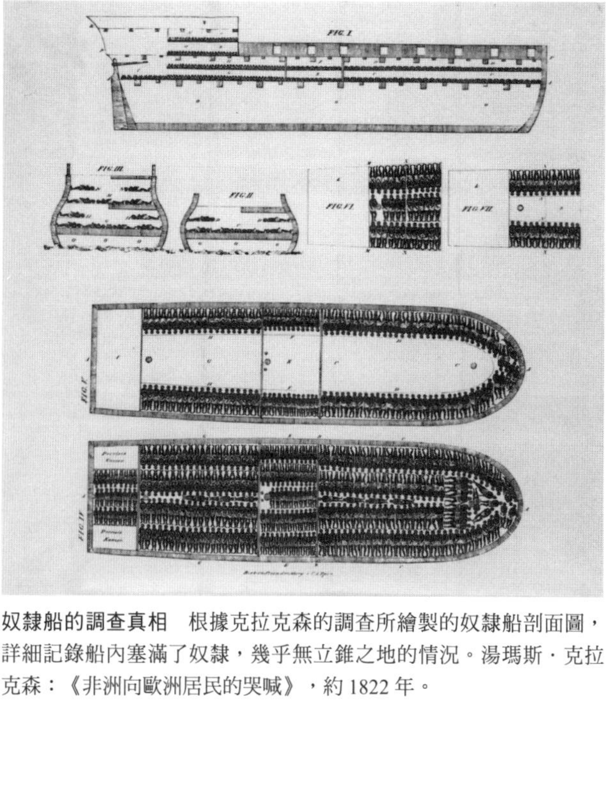

奴隸船的調查真相　根據克拉克森的調查所繪製的奴隸船剖面圖，詳細記錄船內塞滿了奴隸，幾乎無立錐之地的情況。湯瑪斯．克拉克森：《非洲向歐洲居民的哭喊》，約 1822 年。

鐵製的手銬和腳鐐、勒緊大拇指和下顎的工具、烙印等。他的活動，由各地的貴格會網絡所支持。就如同我們已看到的，一七八〇年代既是議會改革的時代，也是道德重整、社會改良的時代。從參與政治改革的激進派，到推行主日學校運動的羅伯特·雷克斯、與雷克斯共同推行獄政改革的伊莉莎白·弗萊和改革濟貧院的漢娜·莫爾等人，也都強力地支援廢除奴隸貿易運動。廢除奴隸貿易運動，名符其實是「改革的時代」的產物。

克拉克森在各地網絡協助下所進行的調查，之後製作成了宣傳冊子和書籍，喚起了相當的回響。在沒有廣播、沒有電視，當然也沒有像網路這種便利的資訊通路的當時，正可說因為是他積極的調查，才喚醒了輿論、引發了議會的熱烈討論。

將威伯福斯等國會議員所展開的議會鬥爭和民間的草根運動串聯在一起的克拉克森，也是揉合因為各種不同因素而形成的廢除奴隸貿易運動的接著劑。

◎奴隸制的最終廢除

一七九一年四月，威伯福斯在下議院提出的《廢除奴隸貿易法》案雖然遭到否決，但是廢除奴隸貿易協會並未因此而氣餒。支持法案的聯署簽名也陸陸續續地匯集到協會。在曼徹斯特有三分之一的人口簽名聯署，愛丁堡送了一份和議會（下議院）地板同樣長度的請願書長卷。特別是在這個時期發揮最大作用力的，是立足於市場經濟的結構之上，提倡拒買蔗糖運動的威廉・福克斯（William Fox）的宣傳手冊《致英國人民——籲請有效地節制使用西印度生產的蔗糖和萊姆酒》（*An Address to the People of Great Britain, on the propriety of abstaining from West India Sugar and Rum*, 1791）。當拒買運動在一七九一年到一七九二年之間到達顛峰時，福克斯的這本宣傳手冊重印了二十五刷。在這些輿論力量的支持之下，廢除奴隸貿易協會持續地進行議會遊說行動。

一七九二年四月，威伯福斯的法案再度於下議院提出，雖然在絕大多數的議員支持之下通過了，但是因為上議院的激烈抵抗和法國大革命愈演愈烈的緣故，導致法案未能順利通過。由於法國在一七九二年八月廢除君主制，雅各賓派（Jacobins）開始專政，讓期待在穩健狀態下逐步廢除奴隸貿易的英國社會踩下了煞車。前一年八月在法屬西印度群島的聖多明哥發生的奴隸起義，或許也在英國人民之中廣泛散布了將廢除奴隸貿易運動與革命一視同仁的錯誤見解。在英國上議院的反對下，將法案再次被退回下議院重審的一七九三年，因為法國在一月執行對路易十六世國王夫妻的處決，讓英國議會停止了法案的審議。隔月，第一次反法聯盟成立，對法國宣戰後的英國國內，已逐漸地失去了討論這個議題的氣氛。倫敦的協會陷入了停止活動的狀態。

氣氛開始出現變化，是在一八〇四年，因為拿破崙成立了法蘭西帝國而逐漸改變了英國國內對於法國大革命的看法之際。被納入聯合王國的愛爾蘭議員代表幾乎全員支持反對奴隸貿易，這也對威伯福斯等人帶來了很大的鼓勵。協會重新展開活動，威伯福斯也再度於議會中提出法案。再加上一八〇六年，儘管拿破崙戰爭還在進行之中，英國的船隻卻提供奴隸給法屬西印度群島以賺取利潤之事被發覺，這起事件也成了助力。一八〇七年三月，廢除大英帝國內部奴隸貿易的法案在議會決議通過，同年五月一日起禁止奴隸船從英國出航，並且於隔年三月一日起禁止運送奴隸到殖民地。

在那之後，讓廢除奴隸制度氣勢更進一步高漲的，是身為拒買蔗糖運動主力的女性。以伯明罕為首，在一八二〇年代由女性所組織成立的廢除奴隸制度協會，在全國有超過七十個以上。在過程中也鍛鍊出了她們的政治意識，從十九世紀後半到二十世紀初期，以爭取女性參政權運動為首，意識到各種女性權力的運動紛紛地開出了璀璨的花朵。

一八三三年八月，大英帝國內部的奴隸制度被廢除，歷經了過渡處置時期，在一八三八年七月三十一日，帝國的奴隸全部都成了自由之身。這一天，在牙買加法爾茅斯（Falmouth）的某間教堂，威伯福斯和克拉克森的肖像畫在花朵的襯托之下揭幕了，而在裝入了鎖鏈、鐵製的枷鎖和鞭子的棺材上則刻下了一句話：

「殖民地的奴隸制度，一八三八年七月三十一日，享年二百六十七歲——」

英國畫家J・M・透納（Joseph Mallord William Turner）發表以桑格號事件為主題的油畫作品《奴隸船》（*The Slave Ship*），原題為《丟棄了死者與將死之人的奴隸商人們——暴風雨來了》（*Slavers Throwing overboard the Dead and Dying*，*Typhoon coming on*），是在兩年之後。讓人預感到暴風雨將來的強風和驚濤駭浪、許許多多被丟入黃昏大海中的黑人、冒著大雨持續丟棄黑人的船長——很清楚地，看著這幅畫的英國人的視線，和事件發生的當時已經大不相同了。

透納所畫的《奴隸船》　可以從畫作右下角發現被丟棄於海中的奴隸的腳，以及成群魚隻。繪於1840年，波士頓美術館收藏。

甦醒的奴隸貿易記憶

◎連續劇《可敬的交易》與奴隸貿易

一九九八年一月，當柯爾斯頓塑像塗鴉事件所投下的石頭，與對一九九六年的「海洋祭典」和一九九七年的約翰・卡博特航海五百周年紀念典禮的批判形成共鳴之際，也成為促使布里斯托市政府當局展開行動的強大力量。緊接在這三起重疊的事件之後，發揮推波助瀾之力的，就是由英國的公共電視台BBC所製作、當時正在布里斯托進行拍攝的電視連續劇《可敬的交易》（*A Respectable Trade*）。

這齣在一九九八年秋天播映的電視連續劇，以因奴隸貿易而繁榮的十八世紀布里斯托為背景，由奴隸商人和其妻子、以及身為「商品」的奴隸黑人青年等三個虛構人物作為情節發展的主軸，同時並讓當時為廢除奴隸貿易奔走的威伯福斯、克拉克森和格蘭維爾等真實人物在劇中登場。「可敬的交易」——如此嘲諷地稱呼奴隸貿易的，是在翻拍自石黑一雄原著的電影《長日將盡》（*The Remains of The Day*）中，展現出精湛演技的知名女演員艾瑪・湯普遜（Emma Thompson），她在劇中完美呈現了奴隸商人之妻的角色。現在，在布里斯托的街角懸掛著一面紀念這時拍攝的金屬板。上面可以讀到以下的這一段文字：

追悼被當作奴隸、遭到剝削的無數的非洲男女以及孩子們——經由與非洲之間的奴隸貿易，他們為布里斯托帶來了龐大的財富。（一九九七年十二月）

這部電視連續劇播映的一九九八年秋天，是「帝國疾風號」（Empire Windrush）抵達英國五十年，而這個節目本身在製作時就已將這段記憶納入視野之中。帝國疾風號是一九四八年，搭載著四百九十二名牙買加人抵達英國的第一艘移民船的名字。在這艘船隻抵達以後，非白人移民大量從舊殖民地流入英國，英國社會急速轉變成為多民族國家。在這個因為亞洲和非洲的殖民地獨立、大英帝國逐漸從地圖上消失的時代，源源不絕自舊殖民地湧入的大量移民，是名符其實的「帝國大反擊」。在成為多民族國家的英國，對於非白人移民和他們的子孫、以及英國白人而言，第五十年度的「帝國疾風號的記憶」，成了喚醒「奴隸貿易的過去」的導火線，觸發人們回想起非白人的他們身在此地的理由。

◎布里斯托的奴隸議題特展

隔年的一九九九年，布里斯托博物館暨美術館，針對這個城市在奴隸貿易中所扮演的角色，舉辦了一場以「可敬的交易？——布里斯托與橫渡大西洋的奴隸們」（'A Respectable Trade?': Bristol and Transatlantic Slavery）為題的特展。這場特展對布里斯托市而言，成了他們首度以官方立場呈現自己曾是奴隸貿易中堅分子的機會。這場特展的籌備小組成立在三年前，換言之就是舉辦「海洋祭典」的那一年，也是正式開始準備預定在隔年舉辦的卡博特航海五百年紀念典禮的時期。換句話來說，看來只是天真無邪地為曾經涉入英國的海上發展而歡欣鼓舞的城市，在某個角落，也有一群來自草根底層的力量，努力試圖營造出認真面對這個城市過去的氛圍。就結果而言，加起來超過兩百名的白人、非白人市民，在展覽計劃的籌備階段便參與這項活動，不斷反覆地檢討展覽內容。

最重要的是，在準備特展的過程中，市民們接觸到了他們自己從前無法接觸到的資料——得知了分散保存在布里斯托的檔案資料館、中央圖書館特別室和布里斯托大學等地方的奴隸貿易相關文件和各式各樣物品的存在，並且第一次看見了那樣的「奴隸貿易的形貌」。在這個過程中，除了加入展覽籌備小組的市民之外，還有到場參觀這場特展的市民和市民以外的人們，全都再度確認了奴隸貿易這個「大英帝國的過去」，而湧起不得不面對這個過去的想法。

在英國史上議論分歧的奴隸貿易這個主題，也將布里斯托

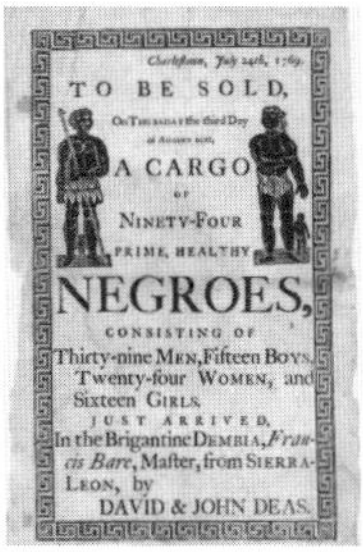

販售奴隸的海報

市民分成了兩派。一方面有人認為沒有必要特意提出這個主題，但是另一方面，卻有人主張不探究這個主題本身，反而會造成社會的緊張。在前者之間也聽得到，在漫長的港口城市歷史之中，奴隸貿易的時代不但相形短暫，而且在那當中，布里斯托的黃金時代更為短暫的說法。雖然如此，但是那個時期——在一七三〇年代達到巔峰的前後幾十年的期間——確實正是對於這個城市的經濟發展產生決定性影響的重要時期。

在贊成與否定兩派爭執不下的漩渦中，一九九九年的特展大受好評。而同時舉辦的幾場座談會和研討會，也成為了市民思考這個城市與奴隸貿易之間關係的場域。這時的展出內容，成為港口附近由倉庫改造而成的布里斯托產業博物館（M Shed）二樓的常設展，則是在那之後不久的事。

◎布里斯托對重建奴隸貿易記憶的努力

同樣是一九九九年，還有兩項嘗試也在這個城市喚醒了「奴隸貿易的過去」。

一是，將碼頭重新開發之際所新建的橋梁，命名為「佩諾之橋」（Pero's Bridge）。佩諾，是喬治亞之家的主人、也就是一七八三年從西印度群島之一的尼維斯島歸國的平尼家族，所帶回來的一名黑人奴隸。會發掘到他的存在，也是在為了準備特展而成立的籌備小組的活動之中。

雖然現存並沒有佩諾的肖像畫（恐怕也沒畫吧），不過現在在產業博物館二樓的展覽室中，有一個模仿富裕商人宅邸的空間，當中陳設了一名似乎是以佩諾為意象的黑人僕役。佩諾在這棟喬治時代建築風格的房子中過世，是在廢除奴隸貿易運動進入寒冬時期的一七九八年。橋邊設置了一塊回憶佩諾的銅板，簡短地描述了兩百年多以前，他被從西印度群島帶到這個城市之後的人生。發掘像佩諾這樣的無名黑人的活動，迄今依然在進行中。還有一項嘗試是，由展覽籌備小組在一九九九年所製作的一份「走訪與奴隸貿易有關的布里斯托」的路線地圖。在今日，市內的許多小學都會分發說明手冊和地圖，在課外教學中，也會讓孩子們藉由學習來知道這個城市的過去。

最後，還想要介紹一幅配合布里斯托市立博物館暨美術館的特展所畫的畫作。那就是布里斯托當地的西印度裔英國畫家湯尼．福布斯（Tony Forbes）的名為〈順流而賣〉（*Sold Down the River*）的作品。畫作以布里斯托著名的吊橋克利夫頓吊橋（The Clifton Suspension Bridge）為背景，畫中漂浮在注入大西洋的雅芳河上的黑人，被鎖鏈所綑綁，而握住他頸上枷鎖的，就是柯爾斯頓的塑像。在柯爾斯頓的腳下可以看見無數的骸骨。而且，綁在黑人腳鐐的前方，引導著他「順流而下」的帆船上，可以讀到報紙《晚報》（*Evening post*）、地方電視台「HTV」，以及英國的公共電視台「BBC」等媒體的名字。而這艘三桅帆船或許也會讓人們聯想起卡博特在橫渡大西洋時所使用的馬修號。此外，纏繞在黑人身上的，是警察封鎖現場時所使用的膠帶。以慈善家聞名的布里斯托商人塑像也是，英國的媒體也是，警察也是，迄今依然結合在一起，持續地束縛著黑人們——從這幅畫的構圖中，似乎可以聽見傳來了這樣的吶喊。

◎重新省思帝國的意義

一九九九年，布里斯托嘗試面對奴隸貿易過去的行動，層層疊疊地交織，在這個城市引發了回響。然後，這也成為促成英國第一座、也是唯一的一座以大英帝國為主題的博物館，於二〇〇二年出現在這個城市的一大原因。

大英帝國暨國協博物館（The British Empire and Commonwealth Museum）建造在布里斯托的大門、大西部鐵路的據點，寺院草原車站（Temple Meads railway station）的一隅，館內精心展示著這個島國自十六世紀大航海時代以降，在海外擴張的種種具體樣貌——探險與冒險的航海、多樣的貿易活動和種類繁多的貿易品、透過貿易和戰爭控制殖民地的進展狀態，以及因此而改變的當地社會和人們的生活等。這個收納了包括現在被稱為「大英國協」（British Commonwealth）的帝國史的緊密空間，並未陷入對於帝國的禮讚，也關注到了在英國的擴張和帝國建設的背後所含藏的種種，給人一種自我克制的印象感。

二〇〇四年五月，在此對於布里斯托市是否應該對「奴隸貿易的過去」正式公開道歉的沉重問題，引發了議論。這是因為，在布里斯托反覆嘗試重建這段過去記憶的一九九九年，與這段過去有著不可分割的關係的另一座城市——在十八世紀前半葉中，奪走了布里斯托的奴隸貿易主角之位、構築起英國奴隸貿易黃金時代的利物浦所採取的行動。

◎為過去道歉——利物浦對人權的追求

在奴隸貿易的黃金年代，從事這項貿易的歐洲船隻中，有四成以上的船主是利物浦人。從個城市出航的奴隸船隻數量，勝過了布里斯托、倫敦，超過五千三百艘，為這個城市帶來了龐大的財富。在廢除奴隸貿易之後，利物浦也以身為棉紡工業城曼徹斯特的外港，或是經手作為肥皂原料的棕櫚油和可可等的西非貿易據點、以及前往美國的移民出發港口，謳歌了一整個十九世紀的繁榮。

首先意識到帝國疾風號抵達英國五十周年的，是這個城市的移民區。結合阿爾伯特碼頭（Albert Dock）的重新開發，默西塞德郡海事博物館（Merseyside Maritime Museum）於一九九四年展出了一個以奴隸貿易為主題的常設展。和布里斯托的展覽之間最大的差異，或許就是這座海事博物館明確地認定奴隸貿易是一項「違反人道的罪行」。因此，在展示中，也重現了奴隸供給地西非的變化，更加強調出了奴隸貿易的殘酷和破壞性的暴力。

在即將邁入新世紀的一九九九年十二月九日，利物浦市議會全場一致決議通過，對於這個城市在大西洋奴隸貿易中所扮演的角色，正式道歉。決議中坦率地承認，利物浦從前過度追求城市的富裕，對於奴隸貿易的過去置之不理，因而令生活在這個城市的黑人們迄今依然為此所苦。利物浦為了明確地串連起過去和現在，成為「真正的二十一世紀都市」，而下定決心正式道歉。為了未來而對「過去」道歉——那並不是一般為了祈求原諒的道歉或和解。歸納當時的市長約瑟夫·德瓦尼（Joseph Devaney）所說的內容，意思大約如下：

> 他說，利物浦因為奴隸貿易所成就的過去，若希望獲得原諒的話，必須要通過和解的過程。因此，最重要的事，就是展開行動。不是一時的蒙混過關，而是想要帶來永遠的和解的話，那麼唯一的方法，就是鼓起勇氣面對歷史的傷痛，然後改變。

此後，默西塞德郡海事博物館在每年八月二十三日所舉辦的特別活動之中，也反映出了這個「和解的過程」。在這日的活動當中，也會邀請來自過去奴隸供給地西非的部落族長們參加，希望能在大西洋的彼方和此地共同思考「奴隸貿易的過去」，每年都吸引了眾多人潮參與。八月二十三日，對於我們而言是一個相當陌生的紀念日。一七九一年的這一天，因為受到法國大革命的影響，而在法屬西印度群島的聖多明哥發生的起義，於一八〇四年帶來了歷史上的第一個黑人共和國——海地。為了紀念他們對於奴隸制度的抵抗，聯合國教科文組織將這一天訂為「廢除奴隸貿易國際紀念日」。於是，在二〇〇七年，廢除奴隸貿易兩百周年的這一天，全世界第一座以奴隸貿易為主題的博物館「國際奴隸制博物館」（International Slavery Museum）在利物浦開幕。

在世界各地都議論著對過去的道歉和賠償的今日，這一座新博物館會開拓出怎樣的未來？

---

1 編按：本書審訂者提到，啟蒙運動並沒有在十八世紀初就影響到西歐各國。哲士中最早出現影響力的作品——孟德斯鳩《波斯人書簡》（Montesquieu, Persian Letters）出版於一七二一年，伏爾泰《哲學通信》（Voltaire, Philosophical Letters）則出版於一七三四年。新的批判思想的出現，不會快速傳播到社會各角落。而且，英國知識界對於被稱為philosophes的法國哲士的思想反應不一，他們未必接受法國人對於自由的解釋。又，「人生而自由平等」是美國革命（一七七六年之後）時高喊出來的，十八世紀英國政治思想中，鮮少討論到平等。他們著重的是人的生命權、自由權和財產權。除此之外，十八世紀啟蒙時代中，英國僅少數激進派人士討論到平等議題（不同教派的平等、男女的平等），主流知識分子討論

的人權是自由權、生命權和財產權。這涉及到當時人對「人」的概念，對於男性知識分子來說，「人」是白人男性。換句話說，「人」不包括非白人和奴隸，所以對於人權的討論本來就無關黑奴問題。不過，十八世紀中，討論女性和下層階級人權問題的知識分子也在增加中。

第五章

物暢其流的帝國

萬國博覽會　全世界第一場世界博覽會，在英國首都倫敦海德公園舉行。

紅茶的平民化——女性、家庭，還有帝國

◎紅茶、咖啡、可可——進入帝國的外來飲品

英國被稱作「紅茶之國」，由來已久。為何紅茶會被稱為是英國的「國民飲品」？想到歐洲各國都有自己喜好的咖啡口味，如咖啡歐蕾（法國）、濃縮咖啡、卡布奇諾（義大利）、冰滴咖啡（Dutch Coffee，荷蘭）等，那麼關於為何英國的代表飲品會是紅茶而非咖啡，這個提問的答案就明顯很不單純。

如同後文將會見到的，據說日常飲用紅茶的習慣，超越階級、性別和地域之類的差異在英國紮根，是在一八八〇年代的時候。飲用紅茶被當作是一種情趣，逐漸滲透到日常之中，而成為生活習慣的一部分。英國的情況與同時期的法國，成了鮮明對比。雖然法國也是從上層階級開始飲用紅茶，卻不曾出現滲透到一般民眾的生活之中、改變他們生活節奏的情況。為什麼在英國會發生紅茶的「平民化」？這與帝國的存在、帝國的重組之間，有什麼樣的關聯？我想在此試著思考一下這個問題。

說起來，茶、咖啡以及可可，幾乎都是在十七世紀中葉的同期進入英國（英格蘭），而且全都是歐洲沒有生產的、非歐洲世界的產品。其中最先贏得人們喜愛的是咖啡，在十七世

紀末，英格蘭就已成為歐洲知名的咖啡消費國。這個時期的咖啡受歡迎的程度，也就等於是提供這項飲品的「咖啡館」這個新興的社交、娛樂空間受到歡迎的程度。咖啡館於一六五〇年在牛津登場，兩年後出現在倫敦，接著便在轉瞬間擴張到英國各地。

雖然如此，但這並不表示全體國民都染上了喝咖啡的嗜好，因為咖啡館所提供的飲料並不是只有咖啡，在這裡也能喝到茶和可可。那麼，為什麼不是叫做「茶館」，而是叫做「咖啡館」？

這個問題，與這些來自歐洲世界以外的飲料被介紹到英國的時代背景——也就是以清教徒革命之名為人所熟知的內戰時期的政治狀況和社會道德，有很深刻的關係。就結果而言，因此產生的是紅茶平民化的契機，而不是咖啡。

◎咖啡是男人的飲品

一六五〇年代初期，在奧立佛．克倫威爾所率領的議會派處決了國王查理一世（一六四九年），英國成了前所未有（也是空前絕後）的「共和國」之後不久，來自阿拉伯的黑色液體，也就是咖啡的藥用效果，開始被大力宣傳。咖啡不但被認為是能夠對抗酒精毒害的萬能藥物，而且還有益於身體健康。不會醉人的飲料、能讓人的理性保持清醒、活絡思維的提神熱飲——咖啡，是嚴厲譴責飲酒行為的清教徒在意識形態上所期待的理想飲品。

咖啡館數量急速增加的十七世紀後半，也就是政治史上從清教徒革命到光榮革命的這段時期，在英格蘭，經手咖啡和茶、或是蔗糖和棉花之類非歐洲產品的貿易商人日益興起，逐漸在社會中形成新的中產階級。這些貿易商人漸漸需要起從前社會所沒有的新的組織系統，例如提供關於遠地貿易資訊的媒體、郵政制度、股票和商品的交易所、保險和銀行，或者是作為交易據點的辦公室本身——而滿足他們這些需要的，就是提供他們提神理性飲品的咖啡館。在《咖啡的傳播與世界史的流轉》（『コーヒーが廻り世界史が廻る』，中公新書）一書中，臼井隆一郎氏用簡單明瞭的方式，巧妙說明了這一點：

十八世紀的咖啡館

總而言之，在十七世紀的後半，一無所有的英國，只能一個接著一個創造出這些過去所沒有的東西。因而，大家便開始利用咖啡館這個具有多功能的空間。

同時，聚集在咖啡館的商人、或是因為與遠地貿易發展起來的各個系統相關，而集合在這個空間的人們，在此地進行議論和資訊交換的過程中，也鍛鍊著他們的「市民」意識。新聞業和文學也是，如果沒有在咖啡館的議論，也許就不會有後來的發展了。同時也出現了一些咖啡館，由於人們在其間爭論的內容甚至擴及到對國王或國家權力的批判和政治議題，因而聲名大噪。這些情況，可以說等於是賦予了咖啡館這個空間某種「公共性質」。在《味覺樂園》（『楽園・味覚・理性』，*Das paradies, der Gesschmack und die Vernunft*，法政大學出版局）這本充滿刺激的著作中，作者沃夫岡・希弗布希（Wolfgang Schivelbusch）在引用藥理學的原典說明咖啡具有提振精神和使人清醒的功效時，也說因為這種功效讓咖啡「晉升到近代市民代表性飲料的地位」；這確實巧妙地說出了十七世紀後半這個時代，不論是在精神層面上、或是在物理層面上，都逐漸創造出了和以前不同類型的群眾。近代市民社會、市民公共性質的誕生——咖啡，被視為象徵這個新時代到來的飲品，大受歡迎。

問題是，當時的「市民」概念只適用於男性。就這層意涵而言，咖啡館這個禁止女性進入的空間，也是近代歐洲市民社會的象徵。於是，此事也為咖啡和咖啡館之後在英國的發展預先劃下了界限，並讓人們從根本意識到茶這項對抗咖啡的飲品。

這項趨勢，在咖啡館不斷急遽增加的十七世紀後半，就已經看得出來。如名為《女性抵制咖啡的請願書》（*The Women's Petition Against Coffee*, 1674）的小手冊，就是倫敦的女人們起身對抗泡在這個「男性空間」中的丈夫們所採取的行動。緊接在標題之下，還有這麼一段文字：「訴諸於公論——因過度使用令人乾燥、衰弱的飲品，而對女性的性生活造成極大的妨礙。」對於文中露骨呈現的咖啡的毒害，女性們的告發如下：咖啡讓男性變成宛如沙漠般的不毛之地（順道一提，有趣的是也有人稱這種不毛狀態為「土耳其化」，可略為窺見當時英國看待東方的態度）。咖啡讓「身強力壯的祖先」的後裔（也就是當時的英格蘭人），變成了矮小的猿猴和俾格米人（Pygmies）之流。本以為咖啡驅使著男人們沉浸在無聊的閒談中，然而，他們卻在喝下咖啡之後，安靜地睡著了……換言之，女人們所嘆息的是，因為咖啡所帶來的是精神上的亢奮，而非性方面的興奮，以至於導致男人的性無能。

這本小冊子的內容是否出自於女性之手，不得而知。不過，當時咖啡被認定為是極為男性化的飲品，這才是問題的所在。這一點，決定性地阻礙了咖啡的「國民化」。咖啡和茶幾乎在同時被介紹到英國，兩者被宣傳的效用也很類似，但之後所遭遇的命運卻完全不同；之所以如此，是因為從咖啡被賦予的性別形象當中，讓茶得以開展出「國民化」的新戰略。

這項新的戰略，便是將女性引入全面讚頌飲茶的空間。

◎女人們的紅茶庭園

一七〇六年，湯瑪斯．唐寧（Thomas Twining）在倫敦的聖殿關（Temple Bar）開了一間「湯姆咖啡館」（Tom's Coffee House），這一帶因為法學院學生的聚集而相當熱鬧。一七一七年，他又在河岸街（Strand）上開了英國的第一間茶館「金獅」（Golden Lion）。這個也被稱作紅茶庭園的飲茶空間，在裝潢上相當講究時尚氛圍，迥異於重視理性而欠缺情趣的咖啡館，因此相當受到女性顧客的好評。在那之後不久，茶的消費量便開始突然出現擴大的現象。

咖啡館與紅茶庭園的出現之所以會產生時間落差，跟兩者的價格問題有關。因為由東印度公司獨占輸入的紅茶價格，比咖啡昂貴很多。而且，紅茶的關稅稅率相當的高，整個十八世紀都在百分之一百二十上下（有時還會到百分之兩百！），所以也導致茶葉走私橫行。

這項高額的關稅稅率戲劇地調降到百分之十二點五，是在正式承認美國獨立的《巴黎條約》締結的隔年，亦即一七八四年，威廉．皮特（小皮特）內閣通過《東印度公司法》的時候。美國獨立戰爭結束時的聯合內閣，以縮減王權為努力目標，而為了牽制當時的內閣，小皮特被拔擢為首相；不過，就結果而言，在財政改革的推進之下，不但削減了國王的政治權力，也強化首相的權限。雖然是在小皮特執政時期才達成了茶葉關稅的調降，不過實際上在此之前，儘管價格相較之下感覺昂貴許多，但英國的茶葉消費量早已經超過咖啡了。根據統計，兩者的輸入量開始出現逆轉，是在一七三〇年代。甚至在一七六〇年代，還出現了英國的茶葉消費量攀升到歐洲全體三倍的紀錄。

有幾則逸聞描述了在由咖啡轉換為茶的過程當中，女性所扮演的重要角色，為茶的歷史增添了幾分色彩。

飲茶的習慣，據說原本是始於在十七世紀初期，經常跟中國採買茶葉的荷蘭阿姆斯特丹沙龍。而將飲茶的習慣帶入英格蘭的宮廷和上層階級中的，是在王政復辟時恢復王位的查理二世的王妃，也就是出身於當時東方貿易先進國家葡萄牙的名門、布萊岡澤家族的凱瑟琳（Catherine of Braganza）。據說，二十多年後，因為光榮革命而和丈夫威廉（三世）共同即位的瑪麗二世，和她的親妹妹安妮女王也都非常喜歡紅茶，多次在宮廷舉辦茶會，因而也促進了上層階級對於紅茶的消費。在此類的皇室支援之下，不久便成立皇家認證御用供應商的系統，開始為單純的物品賦予了嶄新的意義和角色。

而飲茶的習慣，超越宮廷、超越階級，在英國社會廣為流傳開來的契機，也是來自紅茶庭園這個空間。這是因為茶葉的散裝零售，讓人們可以帶回家與家人共享的緣故。早在一六五七年，「加洛威咖啡館」（Galloway's Coffee House）的倫敦一號店，就以長生不老的萬能靈藥作為宣傳，在市面上販售茶葉；而將其大為推廣的人，便是先前提到的唐寧。

關於茶的效用，在十八世紀前半掀起了議論；而這也正是茶「宛如流行疾病般」，由上至下地逐漸滲透到社會各階層的證據。被從上層階級帶入中產階級家庭的茶，在十八世紀後半的工業革命時期，也緩緩滲透到勞動者的生活之中。當時隨著勞動時間的延長，勞動者的用餐模式也產生大幅改變；隨時都可以方便食用的麵包，和加入蔗糖與牛奶的紅茶，取代了湯和粥，成為他們早餐固定的內容。紅茶不只是為冰冷的餐點添加了溫暖，也因為當時算不上乾淨的水經過煮沸之後，對於身體而言也是比較安全的飲料。再則，為了讓勞動者遠離酒，特別是琴酒，所以飲茶習慣受到推薦。骨瓷[1]發明之後，在英國國內開始能夠大量生產陶瓷器；而發展出整套的飲茶用具，也是十八世紀後半的事。

這些變化，孕育出了下午茶的習慣。在當時的英國，一般早餐會吃得很豐盛，午餐則簡單地打發，晚上則是過了八點以後才享用遲來的晚餐。為了要填補晚餐之前的空腹，在午後三點到五點出頭之間，一邊吃著麵包、餅乾和點心，一邊喝著茶的下午茶習慣，據說是在一八四〇年代，由第七代貝德福德公爵（Duke of Bedford）的夫人安娜（Anna Russell）所發明的。這個習慣，在十九世紀中葉以降，也「由上而下」逐漸浸透到勞動階級的生活之中，傍晚遲來的「高茶」（High Tea）[2]，成了他們主要的用餐時間。紅茶大幅改變了英國人的用餐模式。

換句話來說，在英國社會，紅茶和咖啡不同，可以說是因為和家庭這具有女性特質的場域產生連結，而逐漸廣泛地浸透到各個階層。這個傾向，在強調「女性的容身之處乃是家庭」的維多利亞時代（一八三七年至一九〇一年），變得更為明顯。

◎「家就是城堡」

十九世紀中葉，在倫敦進行路上觀察和紀錄的亨利．梅休（Henry Mayhew），如此披露了他對於在二十年前幾乎鮮為人知的「路邊咖啡攤」的觀察。

路邊攤要不是在午夜十二點左右出現，不然就是非得要到凌晨三點或四點才會現身。午夜十二點出來的路邊攤深受「夜遊的人們」——換言之也就是放蕩的紳士和品行不端的壞女人——所青睞；而清晨出現的路邊攤，則是為了勞動者的需要。（植松靖夫譯『ヴィクトリア時代・ロンドン路地裏の生活誌』〔維多利亞時代的倫敦巷弄生活誌〕，*The Illustrated Mayhew's London*，原書房）

特別是，在梅休的眼中看來，年輕貌美的妓女為了取暖而聚集到賣咖啡的路邊攤的身影，似乎分外地令人感到憐憫。至少在他看起來，在路邊攤喝咖啡的人們的處境，應該是位於「闔家團圓」的相反邊吧。不只是夜遊的男女，或許連當時居住在不附烹飪設備的租屋，並在露天食堂或是路邊攤購買烹調好的餐點的眾多勞動者，從中產階級的道德觀看來都是相當類似的存在也說不定。

儘管如此，維多利亞時代的中葉，為倫敦街頭增添色彩的路邊攤，會稱為「賣咖啡」而不是「賣紅茶」，這底意味著什麼呢？

實際上，根據統計，直到一八五〇年代為止，換言之也就是梅休記錄前面這段觀察的時期，紅茶和咖啡的消費量，還處於互相抗拮的情況。原因是因為紅茶的價格昂貴。東印度公司對中國茶輸入的獨占權被廢除，是在一八三三年。在此之前，不，其實之後再過一段時間也是，對一般庶民而言，咖啡才是日常的飲料。

另一方面，維多利亞女王即位（一八三七年）的前後，隸屬於社會中間階層的中產階級經歷重組，清楚確立了自己獨特的道德觀——例如，重視家庭、勤勉、自助等值得他人尊敬的特質。不斷地在世人面前展現「家庭形象」的維多利亞女王家族，也是這個新道德觀的象徵。不，正確說來，說不定相反地是敏感察覺到社會變化的女王，將「重視家庭」的這個新道德觀套用在她自己的身上，用來彌補自己身為女性君主的短處，以尋求權力的安定。十九世紀中葉的英國社會，即便是王室也開始追求美滿的家庭，以成為愛家顧家的人為理想目標。既是法國的文學批評家、歷史學家，也是哲學家的伊波利特・泰納（Hippolyte Taine），曾經在一八六〇年代的後半到英國旅行，他在《英格蘭筆記》（*Notes on England*，1872）中敘述道：「對於英國人而言，所謂幸福的家庭，是在傍晚六點回到家後，賢淑的妻子會泡上一壺茶，然後四、五個孩子環繞在膝邊，還有僕人在一旁恭敬地伺候著。」他說的「賢淑的妻子」，就是當時被喚作「家庭的天使」的女性理想形象。也就是，維多利亞時代人們對於他們最重視的「闔家團圓」的象徵認知，不是路邊攤的咖啡，而是在家中飲用的一杯紅茶。

這個認知，和咖啡館衰退後的男性空間發展不無關係。中、上層階級的男人們上俱樂部，勞動階級的男人們則是上酒吧或是勞工俱樂部——在十九世紀英國社會定型的多樣化男性空間，更進一步將紅茶和闔家團圓的概念連結在一起。維多利亞時代，和家人一起喝的一杯紅茶，名符其實地將著名的英國格言——「英國人的家是城堡」——具體地形象化了。

◎茶類獨占權的廢止與銷量擴大

發生在十九世紀後半紅茶「國民化」的導火線，則是與英國在印度殖民地以及錫蘭（現在的斯里蘭卡）開始從事茶樹栽培，和隨之而來的茶葉價格大幅下滑有關。而這又與政府對一直以來獨占印度和中國之間貿易的東印度公司的強化管制政策重疊。也就是說，從紅茶這項物品看來，其交易量、消費量擴大的歷史，與帝國重組之間有著緊密的關係。

十八世紀前半，紅茶的消費量開始超越咖啡的時候，東印度公司從中國獨占輸入的茶葉，也就是當時英國人喝的茶，主要是綠茶，而且還是將製作高級茶用的茶葉摘取後剩下品質不佳的茶葉加以精製，變成大眾取向的便宜綠茶粉。十八世紀中葉因為製茶方法的改良，開始將在知名茶葉產地福建省武夷山採擷的茶葉，經過發酵製作出武夷茶（烏龍茶）。武夷茶再進一步確實發酵、烘焙製作出來的功夫茶，也就是所謂的早餐茶。以前喝綠茶的英國人開始愛上飲用這種「紅色的茶」——名符其實的紅茶——是在武夷茶和功夫茶之間價格差距消失的一七九〇年代以後。

關於茶葉的狀況，在東印度公司對中國的獨占貿易被廢除的一八三三年前後，出現了更進一步的變化。由於在以印度生產的鴉片替代白銀支付購買茶葉的費用一事上，發生了所謂的鴉片問題，導致英國對於與中國之間貿易的未來形勢產生了疑慮，於是，英國便開始在印度殖民地摸索茶樹栽培的可能性。

◎原生種紅茶樹的發現與印度

一八二三年，出生於蘇格蘭的東印度公司軍隊少校羅伯特・布魯斯（Robert Bruce），在印度東北部的阿薩姆（Assam）發現了野生的原生種茶樹，在他死後，他的弟弟查爾斯（Charles Alexander Bruce）花了十多年的時間，獨力成功地完成了原生種茶樹的栽培。幾乎在相同時期的一八三四年，印度總督威廉・本廷克（William Bentinck）所設立的茶業委員會則相當執著於中國種的茶苗；對照之下，查爾斯則是持續主張「在阿薩姆的土地上，要種阿薩姆的苗木」，結果是他的主張奏效。順道一提，印度唯一有中國種茶苗紮根的地方，是北部的大吉嶺地區（Darjeeling）。

在阿薩姆正式展開栽培茶樹之前，首先必須要面對的問題，是確保茶園擁有充足的勞動力。意想不到的是，在印度摸索茶樹栽培的時期，竟與宣告廢除大英帝國內部的奴隸制度的時期重疊（英屬印度地區的奴隸制度最後廢除於一八四三年）。然而，要充分地掌握當地的自由勞動力，是一件極為困難的事。

為了茶的栽培、精製、販售而在一八三九年設立的阿薩姆公司，為解決人力不足的問題，從阿薩姆以外的地區，特別是孟加拉，遷入了大量的勞動者。因此，在印度的農民以半奴隸狀態被僱用時，印度的農業也逐漸地朝向單一作物耕作發展。結果，陷入糧食不足的印度，因為氣候反常和作物歉收，對人們的生活造成了致命的影響。英國正式將印度殖民地化的一八七七年，慶祝維多利亞女王宣布兼任印度女皇的儀式，是在從前一年持續至今的嚴重糧食不足當中舉行的。據說當時餓死的人數超過數百萬人。在掩蓋了這項實情的帝國結構中，實現了讓紅茶成為英國人國民飲料的最終階段——降低販售價格。一八八〇年代，印度和錫蘭生產的茶大量流通，沒有添加任何混合物的美味紅茶也開始出現在勞動者的餐桌上。

「帝國紅茶」（Imperial Tea）——湯瑪斯·立頓（Thomas Johnstone Lipton）親自將這個來自帝國的恩惠，鏤刻在品牌的名稱上。

◎帝國紅茶的誕生與斯里蘭卡

位在印度南方印度洋之上的錫蘭島，在十九世紀中葉之前，以咖啡的一大生產地而為人所知。之後，因為一種稱為鏽病的植物病害，島上的咖啡農園幾乎全毀。而將這些咖啡農園轉換為茶園的是「錫蘭紅茶之父」，蘇格蘭人詹姆斯·泰勒（James Taylor）。一八九〇年，同樣也是蘇格蘭出身的紅茶商人湯瑪斯·立頓，效法泰勒的前例，著手經營茶園，並且創造出了「從茶田直接到茶壺」的宣傳標語。

然而，在十九世紀末的英國社會當中有多少人會懷想起，存在於那道陰影之下、被強制從南印度遷徙到錫蘭島擔任茶園勞動力的泰米爾人（Tamilian）呢？從一八四〇年代起，約莫長達百年的期間，流入這座島嶼的泰米爾移民勞動者，為了和從紀元前就在居住在島上的「斯里蘭卡·泰米爾人」有所區分，而被稱作「印度·泰米爾人」。錫蘭島在咖啡農園時代以短期外出打工的勞動模式為主，但是由於轉換成為需要更安定居住勞動模式的茶樹栽培，在島上定居的移民增加了，因而和當地的僧伽羅人（Sinhalese）之間的摩擦也就變得更強烈。除了語言的差異之外，在人口上占絕大多數的僧伽羅人是佛教徒，泰米爾人則是印度教徒，宗教信仰上的不同也是造成對立的原因之一。

早在獨立以前的一九三〇年代起，印度・泰米爾人的歸屬就已經成為政治上的問題；然而，一九四八年，在錫蘭獨立（一九七二年更名為斯里蘭卡）之際，印度・泰米爾人的公民權也遭到否定，而且因為跟在前一年已經獨立的印度政府之前的協調也沒有進展，於是他們被迫長期處於無國籍的狀態。在沒有任何補償措施、貧困狀態日漸惡化的情況之下，他們逐漸被捲入了因為僧伽羅佛教民族主義和「斯里蘭卡・泰米爾人」的對立而引發的紛爭中。雖然印度・泰米爾人並未涉入知名的斯里蘭卡・泰米爾人的民族主義組織「泰米爾・伊拉姆猛虎解放組織」（Liberation Tiger of Tamil Eelam）的恐怖攻擊行動，但是對僧伽羅人來說，「兩種泰米爾人」之間並沒有差別，隨著紛爭愈演愈烈，印度・泰米爾人當中也出現了許多犧牲者。二〇〇四年十二月的蘇門答臘地震所引發的海嘯災難中，斯里蘭卡出現了將近四萬名死者，在災後復興的過程中，民族對立的情勢更進一步地惡化，迄今依然紛爭不休。[3]

在斯里蘭卡看不見解決之道的民族問題中，感覺更加被棄之不顧的印度・泰米爾人身上所存在的現實，也讓人無法盡情享受帝國紅茶所帶來的紅茶「國民化」的喜悅。

巨大睡蓮與萬國博覽會

◎水晶宮的幕後推手

一八五一年三月，在倫敦海德公園的一角出現了一座巨大的宮殿。這棟在前一年七月開始建造的建築物，是一座在鋼骨結構上嵌入三十萬片玻璃板的宮殿，也被命名為水晶宮（The Crystal Palace），就是世界第一場萬國博覽會的會場。關於在此地舉辦的萬國博覽會到底是怎樣情況，就留給其他的書籍來討論吧。在此，筆者想試著將焦點放在這棟建築物的設計者並不是建築專業人士，而是一位造園藝術家的這項事實上。

在維多利亞女王的丈夫亞伯特親王殿下（Albert, Prince Consort）的斡旋下，開始籌備的第一場萬國博覽會的會場設計，總共徵集到兩百四十五件作品。但

水晶宮　萬國博覽會的主要會場。

是建築委員會全部加以否決，並且在雜誌《倫敦新聞畫報》（*The Illustrated London News*）上公開他們自己的設計圖，引發了噓聲連連。甚至還有後代的建築家寫道：「這是所謂委員會所開的最糟糕惡例。」解救了險些因此中止的萬國博覽會的人，是造園藝術家約瑟夫・帕克斯頓（Joseph Paxton，一八〇一年至一八六五年）。

出生在貝德福郡（Bedford）貧窮村落農家的帕克斯頓，透過自修學會了造園技術，除了受到喜愛園藝的貴族德文郡公爵（6th Duke of Devonshire）的青睞、被委託處理公爵在各地所擁有宅邸的造園工作之外，他還學會了橋梁建造和玻璃工廠之類的技術，最後甚至於還成為鐵路公司的董事。就這層意義而言，他或許正可說是支撐起維多利亞時代繁榮的、從底層磨練出來的自學成材之人。

中村正直所翻譯的《西國立志篇》（*Self-Help*，中文書名譯為《自己拯救自己》），在明治時代的日本深受滿懷建國熱情的年輕人所喜愛，作者山謬爾・斯邁爾斯（Samuel Smiles）與帕克斯頓就是同一個時代的人。再加上斯邁爾斯用來象徵的「磨練」精神，讓在此之前主要由海上交易和守護海上交易的海軍——以紳士價值觀為中心而運轉的人們——所支撐起來的大英帝國，開拓出了另一片新天地。鐵路和車站、醫院和學校等公共設施的建設，或者是植物園、動物園和博物館等知性空間的創造等，都成為其中重要的手段。

賦予主要以造園藝術家的身分揚名、和植物學家約翰・林德利（John Lindley）共同創辦園藝術專門雜誌的帕克斯頓，全世界第一座萬國博覽會場設計者這項歷史性榮耀的，則是連結大英帝國的植物網絡，和其中某種在當時深受注目的植物。

◎巨大植物——大王蓮

大王蓮（最初學名為Victoria Regia，後更名為亞馬遜王蓮〔Victoria Amazonica〕），通稱為「大鬼蓮」，是全世界上最大的睡蓮品種，葉子的直徑可達兩公尺；現在已成為位於南美洲東北部的原產地，蓋亞那共和國（英屬蓋亞那）的國花。

發現這種巨大睡蓮的人，是出生於德國的探險家和博物學者羅伯特・尚伯克爵士（一八〇四年至一八六五年）；而睡蓮的種子被帶回到倫敦的皇家地理協會，則是在維多利亞女王即位的那年，一八三七年。這起事件，為我們刻畫出了兩個和當時大英帝國的擴張密切相關的組織之存在。

一個就是支持尚柏克對蓋亞那探險的皇家地理學會。這個在一八三〇年於倫敦肯辛頓公園附近成立的協會，由對地理上的探險和發現抱持著關心的貴族、軍人、官員和學者所組成，支援著各種前往地圖上未知地域從事探險的行動。因為理察・伯頓（Richard Francis Burton）和約翰・斯皮克（John Hanning Speke）的互相較勁而受到注目的發現尼羅河源頭探險行動，就是其中最典型的例子。

大王蓮的發現者尚伯克，為何會和這個組織產生關係？當時的大英帝國逐漸在「發現未知」中察覺到重大的意義，而其所採取的新策略也忽隱忽現地出現在支援尚伯克的探險行動之中。

身為路德教派牧師之子的尚伯克，前往美國發展菸草栽培事業，結果卻失敗了。之後，他流落到西印度的英屬維京群島，並在此地和皇家地理學會產生了連結。因為他以個人的經費，測量了經常發生船難的阿內加達島（Anegada）的沿岸周邊地形，並製作成地圖，皇家地理協會對於出色的地圖和尚伯克描寫地域的表現力大為感動，便委託他前往英屬蓋亞那進行探險。從一八三五年到一八三九年之間，三度進入蓋亞那探險的尚伯克，是在第二次的探險當中，於一八三七年一月一日發現了大王蓮。

在那之後，不只是皇家地理學會，尚伯特也接受了來自英國政府的委託，更進一步旅行深入地理邊界線曖昧的蓋亞那內陸，持續進行劃定邊界的測量作業。尚伯特加入自己這時的蓋亞那經驗，重新編輯了比他的探險早了將近兩百五十年、也在同樣地區旅行尋找黃金鄉的沃爾特·雷利爵士的記錄《發現地大物博的美麗帝國——蓋亞那》（一五九六年），並附上了詳細的地圖。

尚伯克在測量作業的過程中極為追求正確性，他日後回顧道：「因為過度獻身於地理學的調查，當時的我完全是（地理學這門學問的）奴隸。」因此，他也要求同行的成員都必須要遵守類似於軍隊的紀律，特別是對於負責搬運容易損壞的器材的搬運工和划獨木舟的人員。因為當時的測量技術和所提供的經費都很有限，因此尚伯克的測量絕對稱不上正確無誤，但是英國政府卻仍然依據他所製作的地圖劃定了國界。而判明他的錯誤，則是在一九五〇年代，蓋亞那和鄰國委內瑞拉發生國界紛爭之際。

一八四四年，被維多利亞女王授予騎士頭銜的尚伯克，在巴貝多島、法屬聖多明哥等西印度群島地區擔任外交官，一八五七年甚至還前往曼谷赴任。讓像他這樣的探險家變身為外交官，也是大英帝國所擅長的「魔術」。帝國，在讓像尚伯克之類的探險家擔任外交官與當地人進行交涉時，也逐漸實現了地理上的擴張。

◎植物網絡的帝國

尚伯克最初曾經在英屬蓋亞那的喬治敦（Georgetown），嘗試進行巨大睡蓮的人工栽培，結果以失敗告終。在一八四六年，探險家湯瑪斯．布里吉斯（Thomas Bridges）再次將二十五顆大王蓮種子放入壺中寄送到英國；他寄送的對象，是第一個與帝國擴張相關的組織，皇家植物園（The Royal Botanic Gardens，又稱為邱園〔Kew Gardens〕）。這個位在倫敦西南方約莫十六公里，坐落於泰晤士河畔的廣大空間，是透過植物所建立的帝國網絡的據點。

在來自歐洲以外的物品大量流入的商業革命時代，英國對於歐洲所沒有的野生咖啡、或是可以提取染料靛藍之類的熱帶植物的關心和需求日漸高漲，於是開始進行這些熱帶植物的移植工作。在合成纖維和化學藥品開發出來之前，植物與產業的發展是直接相連的；無須舉出在大航海時代被介紹到歐洲的馬鈴薯為例，便可看出植物與食品和藥物的開發、獨占，皆是密不可分的。對於植物的關心，超越了聚集在皇家學會（Royal Society）的地主紳士們的個人興趣，也和這個島國的出路逐漸結合在一起。因為蒐集全世界的植物資訊、管理與操作植物本身，便掌握了統治全世界的關鍵。特別是，為了「馴化」與歐洲地理環境甚為懸殊的熱帶，有關植物的資訊是不可或缺的。而且幸運的是，植物的種子很容易帶回來。

在失去美洲的一七八〇年代以後，此類見解已經逐漸被納入帝國重組的程序之中，而皇家植物園則說明了此事。這座廣達一百二十公頃、規模傲人的植物園，原本是由喬治二世的長子腓特烈（Frederick, Prince of Wales）經營，後來則由腓特烈的兒子喬治三世繼承。這時業餘植物學家約瑟夫・班克斯（Joseph Banks）出現了，他曾經參與持續在大西洋上進行探險與發現之旅的庫克船長（Captain Cook）的第一趟航海行程（一七六八年至一七七一年）。身為皇家學會會長的班克斯，原本就已經在私下擔任喬治三世與皇家植物園的顧問，後來在一七九七年正式成為這座植物園的負責人。

一般認為班克斯之所以會關心殖民地，是因為他在澳洲的經驗。他是殖民地新南威爾斯的最大支持者，第一梯移民船隊在一七八八年下錨停泊的港灣被命名植物學灣（Botany Bay，Botany是植物學的意思），這個與他相關的地名，或許就是最明顯的證據。他請求殖民地的總督和官員將各地的植物送到皇家植物園，並對植物獵人（Plant Hunter）所採集的各式各樣植物進行品種改良，將植物由野生種轉變成為栽培種，或是對藥草和毒藥等進行研究。根據一八一三年的紀錄，被移植到皇家植物園的植物種類已經超過一萬一千種，其中一部分甚至更進一步，又從皇家植物園移往殖民地的植物園。

皇家植物園的棕櫚室

其中之一，原產於南美洲安地斯山脈的金雞納樹（Cinchona），可以提取出治療瘧疾的特效藥奎寧（Quinine），對於在熱帶擴張殖民地的大英帝國而言，成為相當可靠的武器，支持著非洲大陸的探險行動。

一八四〇年，皇家植物園開始對一般民眾開放，成為第一任園長的威廉．傑克遜．胡克爵士（Sir William Jackson Hooker），確立了與海軍、殖民地部、和印度政府等之間的合作體制，推進大英帝國內部的植物交流計劃。皇家植物園與在熱帶持續擴大的殖民地之間的合作，因為胡克園長所建設的巨大溫室「棕櫚室」（Palm House），而變得更加緊密。誠如其名，這個溫室的一大收藏，就是生長在熱帶的各式各樣的棕櫚類植物；而且除了棕櫚之外，也是研究、調查關於熱帶植物栽培的實驗場域。十九世紀末，以皇家植物園為核心的植物園網絡，已擴大到印度、澳洲和塔斯馬尼亞、牙買加和模里西斯、斐濟群島、馬來半島等地，而其營運則是由曾經在皇家植物園接受過專業訓練的英國人負責。這個網絡，也被稱為「植物帝國主義」。

◎大溫室裡的成功

話說，獲贈大王蓮種子的皇家植物園，立刻在「棕櫚室」中著手進行人工栽培。然而，在溫室中栽培出來的大王蓮，雖然生長出了葉子和莖，卻沒開出最重要的花朵來。傷透腦筋的植物園，在一八四九年，將一株長出雙子葉的大王蓮寄送給帕克斯頓，委託他在他所負責管理的查茨沃斯莊園（Chatsworth House）中進行栽培。

位於德比郡（Derbyshire）的查茨沃斯莊園，即是發掘帕克斯頓身為造園藝術家才能的德文郡公爵所持有的大宅邸和庭園。因為深受公爵信賴而受託管理這座庭園的帕克斯頓，早在一八三七年，就在此地建造了大型溫室。他花了四年的時間所完成的大溫室，有半圓形玻璃屋頂，長為兩百七十七英呎（約八十三公尺）、寬為一百二十三英呎（約三十七公尺）、中央部分的高度為六十七英呎（約二十公尺），並利用七英里（約十一公里）長的鐵管和八台的鍋爐製造出保暖系統。為了預備女王的到訪，還在溫室的中央設計了裝上一萬兩千盞照明設備的馬車走道。雖然皇家植物園是因為聽聞了這間溫室的風評，而委託帕克斯頓進行大王蓮的栽培；不過，實際上其中還牽扯到帕克斯頓的後盾、本身也通曉園藝的德文郡公爵，和同樣也以精通園藝而聞名的諾森伯蘭公爵（Duke of Northumberland）之間的互相較勁。

此時，帕克斯頓為了重現培育出巨大睡蓮的溫暖沼澤環境，製作出了利用水車讓水槽的水產生流動的裝置。或許是這裝置奏效了吧，睡蓮在兩個月便長出了四片直徑約莫十五公分的葉子，再經過一個月後，便在一八四九年十一月開出了粉紅色的花朵。就這樣，在英國首次成功地人工栽培出了大王蓮。在栽培競爭中獲勝的德文郡公爵，將最早綻放的一朵花獻給女王，並命名為「大王蓮」（維多利亞女王）。順道一提，在那之後不久，諾森伯蘭公爵麾下的園藝家，也在公爵所擁有的錫永宮（Syon House，現在是皇家植物園的一部分）成功栽培出了大王蓮。

故事並未在此結束。不過，那是後來為了讓大王蓮繼續順利成長，而需要更大的專用溫室時的事了。當帕克斯頓試著讓女兒安妮（Annie Paxton）站在巨大睡蓮的葉面上時，睡蓮的浮力居然輕輕鬆鬆地支撐起少女的重量。大感訝異的帕克斯頓綿密地調查了大王蓮的葉子的構造，結果發現在那片世界上最大的葉子的背面，布滿了中空的葉脈，是這些葉脈增加了葉子的強度和浮力。而大王蓮本身的構造，也給正在構思大王蓮專用溫室的帕克斯頓帶來了刺激。

溫室的屋頂全部由玻璃構成，而支撐屋頂的橫梁則利用中空的木材，用來做為支撐之用的鐵柱也做成空心結構，以減輕重量——這在同時也帶來經濟上的效益。大王蓮的專用溫室就這麼完成了，而同樣的發想也催生出了成為萬國博覽會會場的水晶宮。

在公開徵選的作品和建築委員會獨自的提案全部都遭到否決之後，帕克斯頓提出了一個前所未聞的方案，計劃在長一千八百多英呎、寬超過四百英呎的巨大建築物的表面安裝上玻璃。不只是因為玻璃直到一八四四年都還被課徵貨物稅的緣故，當時的人們應該也從沒有想到過會有所謂的玻璃建築。然而，帕克斯頓的設計方案在雜誌上發表後，大受好評。因為確定設計的過程所耗費的時間超乎預期，因此工程進行的天數也被迫縮減；然而帕克斯頓採用了類似今日的預鑄工法，利用將玻璃板、玻璃框和框架等都加以規格化，並且事先製作完成後在現場進行組裝的方式，順利突破了難關。其中最大的問題是玻璃材料的調度，不過，這個難題也在支持查茨沃斯莊園溫室建造計劃的錢斯兄弟公司（Chance Brothers and Company）的協助之下，順利地解決了。

就這樣，一棟由空心鐵柱和橫梁所支撐的玻璃建築——從巨大睡蓮發想而來的萬國博覽會場，便於一八五一年，現身在海德公園的一角。帕克斯頓留下了一句話：「大自然是最好的工程師。」

展示物品的帝國

◎巨大的展示櫥窗——水晶宮

在一八五一年五月一日開幕的世界第一場萬國博覽會的展品，分為六大類型：原料，機械，紡織品，金屬、玻璃和陶器製品，雜項製品，雕刻、模型和造型美術品；共有三十個種類，展品總數多達十萬件。加入插圖和解說的正式公認展品目錄，共有三卷，每冊厚達五百頁。其中刊載的物品有美國麥考密克公司（McCormick Harvesting Machine Company）的自動收割機、伊普斯威奇（Ipswich）的蘭塞姆與梅理公司（Ransomes and May）的播種機等農機具。還有信封製造機，能夠在一小時製造兩千七百個隨著郵政制度確立已成必需品的信封。以及大西部鐵路公司集結鐵路大國英國的技術，製造的大型火車頭艾爾斯勳爵號（Lord of the Isles）。在放置大型天文望遠鏡和裝飾時鐘的同一個角落，陳列著義腳、義手、假牙、人工鼻等新式醫療器具。以刀具產業聞名的謝菲爾德（Sheffield）名門羅傑斯父子（Joseph Rodgers & Sons），則推出了專門為運動員設計的多功能萬用刀，不過這把僅為萬國博覽會而製作的刀具，共有一千八百五十一片刀刃，也是一件無視實用性的展示品。

收納這些展品的容器，由三十萬片玻璃組成的水晶宮，或許正可說是一座宏偉的物品展示櫥窗。

實際上，收納了多達十萬件物品的萬國博覽會場，也是大幅改變了人們對於日常司空見慣的物品交易、購物的消費意識，帶來展示革命的場域。水晶宮的主角不是人而是物品；來到這裡的人，全部都自由而平等地肩並著肩、著迷地欣賞著主角們。搭乘剛開通不久的火車，初次拜訪帝國首都倫敦的鄉巴佬們，看到數量龐大的物品齊聚一堂的場面，應該相當的震驚吧！於是，因為這個巨大的展示櫥窗所帶來的啟發，物品開始大幅改變了英國人的生活。

◎現代百貨業的起源——懷特利百貨公司

「我要像這座水晶宮一樣，把所有的東西都聚集在同一下屋簷底下展示！」——有一位鄉巴佬在萬國博覽會場如此喃喃自語。那個男人的名字叫做威廉．懷特利（William Whiteley，一八三一年至一九〇七年），他在一間位於英格蘭北部、約克郡的韋克菲爾德（Wakefield）的雜貨店裡當學徒。因為韋克菲爾德的毛紡織業進入衰退，他正想要到其他的領域鍛鍊自己，而水晶宮的展覽帶給了他很大的刺激。

在學徒合約結束的一八五三年，懷特利來到了倫敦，當時他的身上僅有十英鎊。在倫敦城（City of London）的雜貨批發店就職的他，之後也一邊累積學習經驗，一邊努力節省地儲存資金，然後在一八六三年十一月，於韋斯特波恩格魯夫街（Westbourne Grove）上開了一間小雜貨店，也就是今日所謂的精品店，並僱用了兩名女性店員和一名信差（Messenger Boy）。之後，他接二連三地買下了這一帶的商店，同時也一邊擴充商品類型，首先是充實衣料和服裝部門，接著將商品的範圍漸次地擴展到食品材料、飲料、文具、五金、家具類等，整合出含括食、衣、住等各類商品的綜合雜貨店，也就是百貨公司的形式；進入一八七〇年代，業務範疇甚至還擴大到洗衣、不動產仲介、美容院、銀行存款等。自稱是「全面供應商」（The Universal Provider）的懷特利，打出了「從一支筆到一頭大象」的廣告標語，甚至還設立了葬儀部門。到了一八九〇年，公司的員工已經超過六千人。

懷特利百貨公司並未展開大手筆的宣傳，也沒有刊登報紙廣告，就只是在街頭散發傳單而已。在邁向宣傳掌握了消費關鍵的大眾消費時代，懷特利所貫徹的概念，就是他在那座水晶宮中得到的靈感——盡其可能地在同一個屋簷底下聚集最多的商品，並且展示出商品的魅力。在明亮的照明下，浮現在巨大櫥窗當中的商品；提高購買慾望的櫥窗展示，讓懷特利百貨公司大受好評。

懷特利還在萬國博覽會學到另外一件事，那就是要確實地掌握購物時不可或缺的代步交通工具。在一八五一年舉辦萬國博覽會之際，除了火車之外，甚至於還特別安排了到會場的共乘馬車，對於交通工具的提供掌握得相當徹底。萬國博覽會的入場人數總計達六百零四萬人，即便是將外國人和重複進場的參觀者考慮在內，也至少動員了三百五十萬人，將近當時聯合王國總人口的兩成（將愛爾蘭排除在外的推算比例）。從懷特利將地點選在韋斯特波恩格魯夫街一事，便可以明白他強烈地意識到動線的重要性。

事實上，過去的韋斯特波恩格魯夫街，曾經是雜貨商人之間耳語流傳的「破產街」，當懷特利在那條街上開店的時候，據說同行的業者之間還忍不住笑他為什麼偏偏選在那裡。不過，這個選擇正充分地展現出了懷特利的觀察力和先見之明。韋斯特波恩格魯夫街不但靠近帕丁頓車站（Paddington Station），而且位於逐漸新開發起來的鬧區貝斯沃特（Bayswater），也是個相當方便的地點。他也從這些環境的變化，看出了對流行敏感的人們開始踏足韋斯特波恩格魯夫街之事。而且幸運的是，地下鐵環狀線的貝斯沃特站，就蓋在距離他的店面步行只需兩、三分鐘的地方。加上他還注意到另一個購物的代步工具——共乘馬車，並於一八九〇年代起運行固定每十二分鐘一班、連結帕丁頓車站和店面之間的私人馬車。

懷特利的創意源源不絕。以標籤明確地標示合理價格、接受郵購訂單、為來自外地或海外的顧客提供宅配服務的制度——因為諸如此類的獨特發想，大幅改變了以往著重商品耐用度的購物模式，讓追求流行的感覺逐漸地浸透。在沒必要的地方，創造出「追逐流行」的必要性，開拓潛在顧客，這正是打破「有用／無用」的分界線，將大量的物品聚集在一個屋簷下的水晶宮所傳遞的經驗教訓。購物不是購買力的問題，問題是該如何勾起購買的慾望；萬國博覽會的展示革命，喚醒了人們對於物品的無止盡慾望。

一八九七年，懷特利百貨公司在火災中燒毀。一九一一年十一月，百貨公司重建完工，在倫敦市長的蒞臨之下，舉行了盛大的落成典禮，不過懷特利本人的身影並未出現在其中。因為他在四年前，被主張自己是他的私生子的二十九歲青年射殺了。「悲劇，始於火災。」若說這句在倫敦小兒間輾轉流傳的話語，早已預見了二十五年後，在一九三六年燒毀的水晶宮的命運，會是過度地解讀嗎？

◎肥皂與非洲

在一八五一年的萬國博覽會中，「肥皂和香料」的類別底下，有多達七百二十七家肥皂製造商推出自製商品。其中英國廠商占了半數，而贈送給競賽優勝者的紀念品，就是雅麗與史塔森公司（Yardley & Statham，現在的 Yardley London）的「老布朗溫莎肥皂」（Old Brown Windsor soap）。

英國的肥皂製造歷史，可以追溯到雅麗與史塔森公司尚處於創業期的十七世紀。當時肥皂仍是部分富裕階級的奢侈品，成為大眾化的商品則是在舉辦世界第一場萬國博覽會的一八五一年以後。因為萬國博覽會場所顯示的新挑戰──「如何展示物品」，讓這個業界也逐漸產生了巨大的變化。

十九世紀後半，因為肥皂工業而快速發展起來的，是以英格蘭西北部的蘭開夏郡（Lancashire）為中心的地區；其中，在第一次世界大戰之前遙遙領先其他業者的，就是生產「陽光肥皂」（Sunlight Soap）的李佛兄弟公司（Lever Brothers）。李佛兄弟公司與歐洲食用油業界的對手、以人造奶油而聞名的荷蘭聯合人造奶油公司（Margarine Unie，即是 Margarine Union Limited）合併，成立聯合利華公司（Unilever PLC），則是在經濟大恐慌爆發不久前的一九二九年九月。

在一八七〇年代取代雅麗與史塔森公司在業界的地位、生產出成為國民肥皂的「陽光肥皂」的李佛兄弟，原本是蘭開夏郡博爾頓（Bolton）一位食品雜貨批發商的兒子。最初從事肥皂切割與包裝工作的他們，後來開始參與食品雜貨的經營，推出了一款特別訂購生產的肥皂「李佛純蜂蜜香皂」（Lever's Pure Honey），並在一八七五年商標法施行之際，以「陽光」（Sunlight）申請商標登錄，大大地展開宣傳。液態油脂成分多於動物油脂、泡沫也多的「陽光洗衣皂」（Sunlight Self-Washer）大熱賣。一八七七年，哥哥W・H・李佛（William Hesketh Lever）成立了李佛公司，以「陽光肥皂」為主力商品，開始從事批發生意，然而當時卻出現了肥皂表面出油、發酸變質、散發出臭味等問題。李佛公司從女性顧客的抱怨中得到了靈感，放棄以往切割棒狀肥皂販售的作法，嘗試以大小適宜的模型來製作肥皂，而這個作法獲得了極佳的成果。他在弟弟詹姆斯（James Darcy Lever），以及曾經在溫莎公司的肥皂工廠擔任廠長及研究員的珀西・溫莎（Percy Windsor）的協助之下，在一八八五年開始製造肥皂。經過反覆地實驗，最後誕生出來的新「陽光肥皂」，配合了許多植物性油脂，溫和的觸感受到相當大的好評。

就在「陽光肥皂」於一八九〇年誕生時，他們也成立了李佛兄弟股份有限公司。該公司在維持品質的同時，也想要更進一步擴大生產，於是他們便注意到製造肥皂所需的重要油脂原料，特別是植物性棕櫚油的豐富產地西非，立即提出了在奈及利亞發展棕櫚油農園的計劃。然而，這時卻在意想不到之處出現了阻力。

因為腓特烈・盧嘉（Frederick Lugard）在成為北奈及利亞保護領（Northern Nigeria Protectorate）的第一任高級專員後，標榜「間接統治」，即是主張盡量不要介入當地體制的殖民地統治手法，於是由英國人經營農園的作為，便與這項政策形成牴觸。而奈及利亞的南部，在與歐洲長久的交易歷史中，由當地人所經營的農業生產已發展出相應的規模；因此，殖民地政府比起開放新的英國資本家進入，更希望提升基礎已穩固的當地農民的生產力。

一九〇九年，李佛意外地接獲比利時政府的徵詢，詢問他們是否有意願在剛果開發農園。不過，這當中也有問題存在。一八八五年，在歐洲列國進行瓜分非洲的柏林會議（Berlin Conference）中，被劃分為比利時王室私有財產而成立的「剛果自由邦」（Congo Free State），已經被與比利時國王利奧波德二世（Leopold II）勾結的外資企業，徹底地掠奪殆盡；特別是在英國外交官羅傑・凱塞門（Roger David Casement）和新聞記者E・D・莫雷爾（Edmund Dene Morel）揭露了當地人所遭受的壓榨與虐待情況後，引發了國際的譴責聲浪。以他們兩人為中心的二十世紀初期剛果改革運動支持者中，有以這個事件為題材撰寫了《黑暗之心》（*Heart of Darkness*，1899）的作家約瑟夫・康拉德（Joseph Conrad）、以《湯姆歷險記》（*The Adventures of Tom Sawyer*）而聞名的美國作家馬克・吐溫（Mark Twain），和曾經在德雷福斯事件（Affaire Dreyfus）中大顯身手的諾貝爾文學獎得主、作家安那托爾・法朗士（Anatole France）等人。為了化解逐漸高漲的批判聲浪，比利時議會決定正式將剛果變成殖民地（一九〇八年），以改變形象、重新分配利權、進而招徠企業進駐；李佛就是在這樣的情勢中，接獲了比利時政府的徵詢。若順勢接受了比利時政府的邀請，就等於是成為英國率先挺身譴責的、惡名昭彰的「剛果掠奪」的幫兇，那麼輿論的攻擊必然接踵而至。

雖然如此，李佛還是決定進入比屬剛果發展，一九一一年，他們和比利時政府之間締結了開發協定。李佛有無論如何都非得盡快設法確保植物性油脂原料棕櫚油來源的理由，那就是與該公司競爭激烈的老店梨牌香皂（Pears Soap）的存在。

◎商品廣告與包裝戰略

為了對抗李佛兄弟公司，於一八五七年起參與梨牌香皂共同經營的女婿T・J・巴瑞特（Thomas J. Barratt）所採取的戰略，就是在產品的包裝上使用著名畫家的畫作，企圖牢牢地抓住「家庭的天使」們的心，而實際上成效也極佳。其中最出色的作品，或許就是約翰・艾佛雷特・米萊的《肥皂泡泡》（*Bubbles*，一八八六年）。如同《雷利的少年時代》一般，米萊的畫作在一八六〇年代之後人氣急速高漲，可以說是因為他費盡心思地研究了孩童的表

梨牌香皂的海報　買下約翰・艾佛雷特・米萊所畫的《肥皂泡泡》的梨牌香皂，在複製畫作中置入商品的名稱，轉作為宣傳海報之用。米萊雖然對此相當憤怒，但是這幅廣告的風評極佳；之後，便開始流行利用繪畫來做宣傳。

現方式吧。《肥皂泡泡》的模特兒是米萊四歲的孫子。畫中做復古時尚風格打扮的男孩模樣，在維多利亞時代的英國社會中驚人地暢銷，可說是到了無人不知無人不曉的地步。買下這幅畫的《倫敦新聞畫報》的社長，在耶誕節的增刊號上彩色複製刊登了這一幅畫作，人們將複製畫作裝飾在家中的牆面上，或許也是促使畫作大受歡迎的原因之一。不過，據傳後來成為這幅畫作持有者的梨牌香皂，擅自將「梨牌香皂」的文字放入畫中，令米萊心頭大怒。

發人興味的是，梨牌香皂所採用的插畫當中，也有很多作品會令人強烈地意識到非洲的存在。其中並不是只有像「黑人也會變白」之類的，天真到令人吃驚的廣告文案。如「使用肥皂，是富裕與文明、維持人們健康與淨化身心的手段」的廣告文案中，謳歌著肥皂、以及肥皂所帶來的清潔感與文明之間的密不可分的關係，並且肯定了將非洲殖民地化的大英帝國。由此可知，肥皂和帝國之間的關係，並不只是原料的來源而已。

一八九七年，慶祝維多利亞女王即位六十周年，梨牌香皂和陽光肥皂的包裝上都妝點上了女王的身影。「如何展示物品」的競爭，也將女王收納在包裝之上，並且加以消費。

"Even if our invasion of the Soudan has done nothing else it has at any rate left the Arab something to puzzle his fuzzy head over, for the legend
inscribed in huge white characters on the rock which marks the farthest point of our advance towards Berber, will tax all the wits of the Dervishes of the Desert to translate."—Phil Robinson, War Correspondent (in the Soudan) of the Daily Telegraph in London, 1884.
Advertisement in 1887 for 'The formula of British conquest' – in this case trading Pear's soap in the Sudan
Source: The Illustrated London News Picture Library

「梨牌香皂最好」　包裝構圖上描繪出蘇丹內陸的意象和原住民崇拜的姿態，標語則是「英國征服的慣用語」。

1 bone china，一種在燒製的瓷泥中添加動物骨灰，以改善其玻化和透光度的軟性陶瓷。骨瓷的潔白溫潤可人、較之白瓷的冷白更適合做高檔日用餐具。同等厚度的骨瓷比軟質白瓷強度更好，更不容易崩口撞碎，可以做得更薄更輕。

2 不同於中上層階級坐在起居室或戶外的矮椅矮桌上飲用下午茶，勞工階級在傍晚六七點時在廚房或餐廳的高椅高桌上，食用晚餐，佐以熱茶。

3 編按：印度．泰米爾人生活在高地區，且生活受奴役，範圍受控制，相當離群索居，與住在村莊中，占了百分之七十的僧伽羅人相當少往來。僧伽羅人主要起摩擦對象是斯里蘭卡．泰米爾人（約百分之十二），原因是長期歷史上（大英帝國殖民之前就有衝突）的種族加上宗教信仰上的衝突。

當然，印度．泰米爾人的政治問題、生存問題是大英帝國殖民活動埋下的根。一九六四年後大量印度泰米爾人被遣送回印度，一九九〇年代大部分留在斯里蘭卡的印度泰米爾人得到公民權，至今他們依舊是斯里蘭卡最貧窮的族群。不過，也有專家認為，從斯里蘭卡本身歷史上的文化深沉性與複雜性來看，僧伽羅人和斯里蘭卡．泰米爾人間長期以來的嚴重衝突和恐怖攻擊，並不能完全歸因於大英帝國的原罪。

第六章 女王陛下的大英帝國

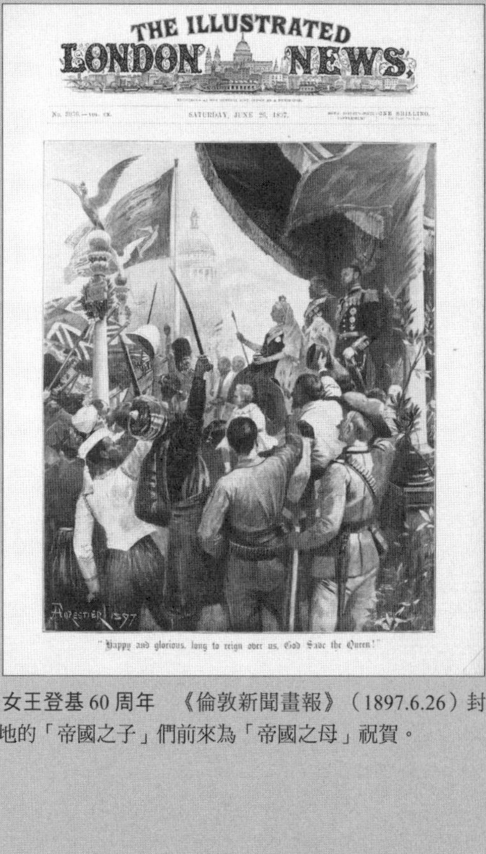
THE ILLUSTRATED LONDON NEWS,

SATURDAY, JUNE 26, 1897. ONE SHILLING.

"Happy and glorious, long to reign over us, God Save the Queen!"

慶祝維多利亞女王登基 60 周年　《倫敦新聞畫報》（1897.6.26）封面上的畫作。
來自各個殖民地的「帝國之子」們前來為「帝國之母」祝賀。

女王、帝國、君主制

◎兩場登基紀念典禮

從明治十年到二十年代之間，日本正試圖創造「皇位繼承僅限於父系男性」的「新傳統」；恰巧在同一時期，英國王室也持續創造著新的傳統。一八八七年的女王登基五十周年紀念慶典（Golden Jubilee，金禧紀念），和十年後的登基六十周年紀念慶典（Diamond Jubilee，鑽禧紀念）等壯麗的皇家典禮，即是其間所創造出來的成果。

關於五十周年的典禮，有一位女王傳記作家寫道：「當計劃還在提出階段，國民不分階級，便都已熱切期待著即將到來的慶典。」上面還記錄到，典禮當天，貧民區的孩童們被聚集到海德公園，分發給他們印上了女王容顏的馬克杯，而勞動者們也蜂擁向做為禮品的便宜紀念瓷器和女王的照片。持續至今的「王室商品化」，亦即利用王室的商業戰略，在此逐漸正式地搬上檯面。

另一方面，在一八九七年六月二十二日舉辦的後者——登基六十周年紀念慶典，比前者更為盛大華麗，並且散發出濃厚的「帝國慶典」氣氛。有「第二國歌」之稱的《威風凜凜進行曲》（*Pomp and Circumstance Marches*）的作曲家愛德華・艾爾加（William Elgar）

所創作的紀念讚歌《帝國進行曲》(*Imperial March*)將慶典的氣氛帶入高潮，而在帝國首都倫敦遊行的殖民地軍隊隊伍，也令沿途圍觀的群眾沸騰不已。傳達典禮情況的《倫敦新聞畫報》(一八九七年六月二十六日號)的封面，大張旗鼓地報導著不只是英國國民，也深受「帝國之子」們所愛戴的、身為「帝國之母」的女王。

維多利亞女王是「帝國之母」——這個說法於一八七七年，在當時擔任首相兼保守黨黨魁的班傑明・迪斯雷利(Benjamin Disraeli)主導下，將女王賦予「印度女皇」的稱號以後，就可以頻繁地看見。在此之前，例如在舉辦世界第一場萬國博覽會的十九世紀中葉英國社會，大英帝國的存在還未必能說是已經牢牢地掌握住人心。根據帝國史學家貝爾納・波特(Bernard Porter)的說法，直到接近十九世紀末的尾聲，絕大多數的英國人，特別是每日汲汲於營生的勞動者們，對於帝國的存在及其意義，幾乎根本不甚關心。劍橋大學近代史皇家講座教授J・R・西利(John Robert Seeley)對此深感憂心。他出版了授課講義《英格蘭的擴張》(*The Expansion of England: Two Courses of Lectures*，1883)，希望能夠讓廣大的國民理解「帝國並非是在英國人發呆之際創造出來的」。從這些事看來，將女王視為是「帝國之母」的目光，似乎可謂是在她成為「印度女皇」以後，於登基五十周年紀念慶典、六十周年紀念慶典的經驗中，逐漸廣泛定型下來的。

發人興味的是，這個試圖在王室傳統中添加入新要素的時期——也就是從女王兼任印度女皇的一八七七年開始到她登基六十周年的一八九七年為止的這段時期，與被稱為「大蕭條」（Great Depression）的經濟停滯是重疊的。因為一八七三年始於德國的經濟大恐慌，英國經濟歷經了二十多年的慢性長期不景氣。大蕭條，是因為後起的工業國家，特別是緊追在英國之後的德國和美國加入世界市場，導致經濟發展全球化所引發的。英國也因此喪失了「世界的工廠」的地位。在被迫面對本國工業產品國際競爭力低落的局面之際，英國找到的解決之道，就是轉身變成「世界的銀行」。

伴隨著財政軍事國家的發展同時成長起來的倫敦金融中心——倫敦城，在十九世紀後半洋溢著自由的氛氛，像羅斯柴爾德（Rothschild）之類的外國金融資本家也被允許進入倫敦城。以此地為中心向全球布局的金融服務網絡，在十九世紀末到二十世紀初期，為英國的經濟帶來了安定與繁榮。在這個從「世界的工廠」轉身為「世界的銀行」的構造轉換時代，創造出了兩場彰顯女王登基之事的皇室典禮，加強了英國社會對於帝國的廣泛關心。

而且，正是在這個被稱為「帝國的時代」的時期，國民和王室之間的關係也大幅地改變了，那就是將女王當作時代的象徵——「帝國之母」。換言之，大英帝國的存在，透過女王而更加鮮明地展現在國民的面前；同時，女王的存在，也因為強化了與帝國之間的關係，成為國民敬愛的對象，而變得更為明確了。這個現象，不只是出現在將女王一家視為理想家庭模範的中產階級身上而已，連在一八七〇年代後半起，便會在表演開演前吶喊著「為女王陛下乾杯！」的演藝劇場常客和勞動者們也都是如此。

為國民所敬愛的英國君主——這是在喬治四世（George IV）死去（一八三〇年）到喬治五世（George V）生病的期間，所出現的一大變化。對於此事，政治學者哈羅德・拉斯基（Harold Laski）說，「只能認為是政治上的奇蹟」。在這流逝的百年時光中，維多利亞女王在位的期間（一八三七年至一九〇一年）就超過了一半以上。而且，考慮到在維多利亞女王的加冕典禮（一八三八年）上可以看見的諸多疏失，和當時歌謠所吟唱的女王夫妻不受愛戴的情況，再對照經過半個世紀後所舉辦的兩場皇室典禮中見到的國民對女王的狂熱支持，看起來或許會顯得有些奇異。也正因為如此，這兩場紀念典禮，可謂是說明了「新傳統的創造」和君主制在本質上的大幅轉變。而這又是如何發生的？

◎女性君主統治下的英國

一般常說，英國是「繁榮於女王的時代」。一世紀中葉時，凱爾特布立吞人（The Britons）的女王布狄卡（Boudica），曾率眾起義反抗羅馬總督的壓制統治。自那時以來，在神話或民俗的世界中，國民對於君主的印象便和女性的形象（Figure）強烈地連結在一起。這跟親臨「現場」、見證英國君主制重組的，恰好都是女性君主的事實，或許不無關係。[1]

在維多利亞女王登場以前，這個島國曾經四度奉女性君主為國王。都鐸王朝（House of Tudor）的瑪麗一世（Mary I）和後來繼位的同父異母的妹妹伊莉莎白一世（Elizabeth I），皆是在因宗教改革導致社會情勢宛如鐘擺大幅左右擺盪的狀態之下，登基成為君主。兩人的形象產生了鮮明的對比，可謂是環繞著成為嶄新愛國心基礎的新教的「光與影」。例如，像是為了恢復天主教而鎮壓新教的「血腥瑪麗」（Bloody Mary），對比於為了對抗天主教大國西班牙的威脅而創造出新教的「國民」、摸索邁向海上帝國之道的「賢明女王貝絲」（Good Queen Bess）、「榮耀女王」（Gloriana）等。

在因為宗教對立而大幅改變了王位繼承模式的光榮革命時代，身處其境的也是兩位女性君主，那就是因為這場政治革命而退位的詹姆士二世的兩個女兒——長女瑪麗二世和次女安妮女王。蘇格蘭和英格蘭，這兩個長年關係微妙的鄰居正式合併，形成現在的聯合王國架構，也是在安妮女王統治的時期。

這四位女性君主有一個共同點，那就是都未曾留下能夠繼承王位的子嗣。因此，她們也分別為兩個王朝——都鐸家族和斯圖亞特家族，帶來了斷絕的危機和朝代交替的劇碼。

確實，在王位繼承上，君主的性別也還是會被視為問題。例如，在都鐸王朝，弟弟愛德華（六世，Edward VI）的繼承順位，優先於瑪麗和伊莉莎白兩位同父異母的姊姊；今日在英國也依然貫徹著在兄弟姊妹之中以男性為優先的原則。雖然如此，在登基之際，君主身為女兒身一事的合法性並未受到質疑。在確定王位繼承順位之際，一直是遵守著「嫡出」，以及擁有繼承權的女性不會因為兄弟以外的男性而順序被往後移的原則。之後，歷經了確定將天主教徒自王位（以及王位繼承）上排除的光榮革命，在一七〇一年，明文規定王位繼承「限定於繼承斯圖亞特家族血統的新教徒」的原則。具體而言，即是無視於詹姆士二世的兒子和孫子（那位英俊王子查理）的存在以及他們對繼承王位的請求，而讓新教徒的安妮優先繼承。

於是，君權神授說（支持君主專制的思考方式）所謂的「神所命的君主」被取代了，「人類所命的君主」的時代到來了。在那當中，也產生了重視「國民的意志（議會）」的空間。換言之，即是「王位繼承之決定，雖在於國王是否為新教徒；不過，國民決定是否效忠國王，則在於國王是否遵守國家體制。」在安妮死後，根據《王位繼承法》，從具有王位繼承資格的人選當中慎重地排除天主教徒之後，結果由詹姆士一世的孫女索菲（Sophia of Hanover）的長子格奧爾格．路德維希（Georg Ludwig）即位成為喬治一世（George I）。此後，斯圖亞特王室便由母系的漢諾威王室所接替。

維多利亞女王雖然也是漢諾威王室的成員，不過她登上王位的過程有些特別。她是在《王位繼承法》、以及喬治三世追加的「出生在英國」的條件基準之下，一邊仰仗著議會所代表的國民裁定，一邊凌駕了喬治三世的不肖子們——那些維多利亞稱作「壞心眼的叔叔們」的男性繼承者，而登上王位的。於是，由於她身為第一個在「公共領域」（Public）的業績和「私人領域」（Private）的生活態度都受到深深關切的英國君主，因而連她載上王冠的內情也都被隱藏了。

◎卡羅琳王妃事件

在維多利亞女王即位的稍早之前，發生了一件對女性這個性別成為君主一事具有正面影響的事件。那就是卡羅琳王妃（Caroline Amelia Elizabeth）事件。

卡羅琳王妃是喬治四世的妻子。說到喬治四世，是一位相當不受歡迎的國王，對於他的死，就像《泰晤士報》的主筆所譏諷的，「不孝之子、最差勁的丈夫」、「有誰會為他掉眼淚呢？」因荒淫無度、紙醉金迷而積欠下巨額債款的王儲喬治，以一筆勾銷借款為交換條件奉命正式結婚，對象是他的表妹卡羅琳。然而在獨生女夏洛特（Princess Charlotte of Wales）誕生之前就感情不睦的兩人，在女兒誕生後三個月的一七九六年四月就分居了，之後喬治便開始和情婦同居。此事成為國民不滿的焦點。

兩人分居的時代，也是與帝國重組同行並進的政治改革、道德重整和社會改良的時代。在對王儲的批評聲浪日漸高漲中，王妃卡羅琳則逐漸成為以擴大選舉權和無記名投票等政治改革為目標的勞動者和工匠們之間共鳴的對象。於是，王儲夫妻不和的王室隱私，便逐漸地被暴露在國民的面前。

發人興味的是，對於遭到丈夫喬治四世拒絕出席加冕典禮的卡羅琳王妃，廣泛階層的國民都認為她是「被丈夫虐待的妻子」而寄予同情。喬治四世曾經以妻子不貞為理由，向議會提出和卡羅琳離婚的請求，但是被議會否決。而且不只如此，甚至還發生了推舉卡羅琳為正當王位繼承人的共和主義運動。據說在將卡羅琳摒除在外的加冕典禮結束後，前往倫敦的喬治沿路遭到的罵聲不絕。

卡羅琳王妃事件還有伏筆。那就是卡羅琳和喬治之間所生的女兒——夏洛特公主之死。夏洛特是維多利亞的堂姊，她拒絕了父親喬治所推薦的結婚對象，遵從自己的意志，選擇與薩克森—科堡家族（Saxe-Coburg）的利奧波德（Leopold，後來的第一任比利時國王）結婚。兩人在倫敦的近郊展開了新婚生活。身懷六甲的夏洛特，看似過著幸福美滿的日子。然而，隔年一八一七年十一月，身為王位第一順位繼承人的她，歷經了超過四十個鐘頭的陣痛，最後產下了一名夭折的男嬰之後，便結束了年僅二十一歲的生涯。這是身為女性才會有的悲劇。因為她被期待取代聲望低落的父親喬治四世成為「王室的救世主」，故而她的死在全國帶來深切的悲傷與失望。各地都為她舉行了追悼，除了設置在溫莎的聖喬治禮拜堂（St George's Chapel）內部的大理石紀念雕像之外，還製作了紀念她的勳章。《泰晤士報》除了刊登〈悲傷如此強烈地在所有的人們之中蔓延的經驗，是迄今未有之事〉的社論之外，還發表了後續評論，指出夏洛特公主之死之所以會令人感到惋惜懊悔，是因為她擁有了完美的家庭生活。之後對於喬治四世之死的嚴苛評論，在此也埋下了伏筆。

而且不僅如此，在夏洛特公主死亡的一八一七年，漢諾威家族面臨了沒有任何一個人擁有具有王位繼承權的孩子的非常情況。喬治四世的弟弟們為了生下能夠繼承的子嗣，急急忙忙與情人分手，和外國的王室之女結婚的卑鄙模樣，與卡羅琳王妃和夏洛特公主深受國民愛戴的情況，形成了強烈的對比。而卡羅琳王妃在被摒除於加冕典禮之外的隔年，亦即一八二二年，因為心力交瘁而過世；然而關於這個事件的記憶，在那之後過了好一陣也都未曾淡去。據說在一八二〇年代中葉，甚至於還能見到試圖回復卡羅琳王妃的名譽和守護她身為王妃的權利的行動。

環繞著她們所發生的一連串事件清楚地說明了，變化逐漸降臨在維多利亞女王於十多年後繼承的君主制度中。國王（或國王一家）的私生活開始被攤開在國民的眼前，國民將國王一家和理想家族的形象重疊，故此君主再也不能忽視國民的情感。當時，對於兩名不幸女性的記憶——一人是受到丈夫不合情理的虐待，另一人則是因為生產過程所帶來的悲劇——扣住了廣大的民心，也明確地顯示出國民開始對理想君主寄予的要求，就是身為家庭一分子的道德。王室一家的道德改革，在繼喬治四世之後即位的弟弟威廉四世（William IV）的努力下稍微有所好轉，但因威廉的兩個女兒都已過世，所以便由姪女維多利亞繼承。於是維多利亞女王，就以國民曾經對夏洛特公主寄予期待的「王室的救世主」的角色，在一八三七年加冕為王。

◎表象的維多利亞女王

維多利亞女王的時代，乃是英國歷經工業化和都市化，中產階級在政治上、社會上的發言權逐漸增強的時代。那也是一個徹底以男性為中心的社會，男性優於女性、女性附屬男性的想法變得表面化，要跨越「主動的男性／被動的女性」的分界線相當困難。冠上她的名字的時代，在社會基本的部分「男性特質」被理想化，同時也將女性視為是「道德的守護者」，擺放在周邊的位置。[2]

在人們對於兩位不幸女性的記憶尚未消褪的當時，國民，尤其是中產階級對於女王，除了期待她在「公共領域」扮演起君主的角色之外，同時也期待在「私人領域」上看見她展現出身為丈夫的賢淑妻子、孩子們慈愛的母親的形象。女王是如何整合「身為君主」和「身為女性」的雙重角色，又是如何消解傳統社會概念中，男性領域和女性領域之間的矛盾？

在這裡成功地達成此一重大任務的，就是繪畫和照片中所展現出的女王形象。在自一八三〇年代起急速發展的自由主義經濟中，「對於知識的課稅」被廢除，報紙、雜誌和書籍陸陸續續地發行。在一八四〇年代也讓人預感到照相時代即將到來，繪畫的複製技術也進步了。女王沒有忽略這些變化。提到利用媒體這一點，維多利亞女王應該可說是一名相當具有現代特質的君主。

例如，女王在一八四〇年結婚以後，幾乎完全沒有單獨出現在繪畫或是照片之中。她始終與丈夫亞伯特親王共同以「女王夫妻」，再加上九個孩子們在一起的「女王一家」（The Royal Family）的形象，出現在國民的眼前。據說，指示人氣畫家以「幸

「女王一家」　1846 年維多利亞女王的家庭，強調「幸福的女王一家」形象的作品。請留意親王落坐在畫面的右邊，也就是原本應該是王妃所坐的位置上。

福的女王一家」為構圖，鮮明反映出近代家庭以孩子為中心的中產階級價值觀的，就是維多利亞女王本人。在各式各樣呈現於廣大國民目光下的繪畫和照片當中，女王在丈夫孩子們的位置配置、視線的連結方式，以及畫面中種種物品的陪襯下，展現出身為掌管「丈夫與孩子們環繞身邊的幸福中產階級家庭」的妻子和母親的形象。

在《倫敦新聞畫報》和《畫刊》（*The Graphic*）等中產階級喜愛閱讀的插畫雜誌，或是從一八五〇年代起在中產階級（特別是女性們）之間蔚為風潮的名片照（Carte de Visite）中，「家庭的女王和其幸福的家族」也頻繁地登場，公開展現在國民的眼前。構圖當中所展現出的，不只是「賢妻良母」的女王形象，就連愛護動物的中產階級價值觀，也被以「在溫莎城堡中飼養了六十隻狗的女王一家」形式呈現出來。還有，在多次家族同行的視察旅行中，女王一家也扮演著「夫妻情深、以孩子為中心，氣氛融洽的家族形象」。特別是第一屆萬國博覽會的開幕式，更是向國內外炫耀身為英國進步與繁榮的象徵——「幸福的女王一家」的絕佳良機。

在另一方面，不論哪一幅畫面的構圖，都嚴謹地遵守著國王在畫面的左邊、王妃在右邊的歐洲圖像學上的慣例，確實的確保住她身為君主的立場。在眺望這個構圖的國民視線中，君主的「公共／私人」領域的界線不斷地被曖昧化。然而，也因為君主是女性，所以這個界線的流動也才未對於「女性化特質／男性化特質」的社會共識招來混亂。

根據近年的傳記記載，女王很愛笑，非常喜歡唱歌跳舞、夜生活和社交活動，因此可以明白她也有喜愛感官享受的一面；不過當時關於女王的表象和述說中，這些面向卻幾乎完全被抹去。於是，展現在國民面前的女王，是一個對「既是我的父親，也是我的保護者、領路人，對我的一切提供建言的人，是我的母親同時也是丈夫」的亞伯特，扮演著順從的妻子、謹言慎行，並且努力忠實地實踐自己身為君主的義務，認真且進退得宜的人。因為她身為母親、妻子的女王形象太過於強烈，以至於在今日，「真實的她」與「看起來的她」之間的落差本身——例如，「討厭小孩」和「充滿慈愛的母親」——成了傳記作家和研究者們所關心的焦點。

◎身為女性的戰略

人類，任誰都有「真實的自己」與「呈現在眾人眼中的自己」；而且，兩者之間並沒有太明確的界線。因此，前者接受後者作為主體，絕對不是什麼不可思議的事。維多利亞女王的迷人之處，或許也就是這一點。

由於身為女性，所以女王的權力本身就受到限制。因此，女王在「公共領域」，也就是在政治上的參與程度，並不和男性相等；反而是在「私人領域」中，也就是接受當時道德對女性所要求的家庭角色，順利將國民的視線從君主制本身上移開。換言之，女王即是藉由積極地在媒體上展現出「國民想看見的自己」，來迴避掉對於君主制的批判。她靈活運用「公共領域／私人領域」的差異，精心營造的呈現方式，或許因此讓君主的權限本身變得比以前更小；然而，正因如此，即便是在進入二十世紀之後，歐洲各國的共和制逐漸凌駕了君主制，英國卻依然能夠保存和維持君主制。

維多利亞女王有趣的地方就這在一點上。換言之，即是因為她身為女性，才讓君主制本身獲救，順利地過渡為象徵性的君主制。而那也是因為經由十九世紀初期的王室醜聞，讓國民追隨女王的目光，投注在她擁有一個健全家庭的私人領域，更勝於她在政治或外交等公共領域的表現。對於國民而言，重要的並不是女王擁有何種權力，而是她對於國民的社會和生活所發揮的「影響力」。也正因為如此，讓女王的私生活不斷展現在國民眼前是必要的。

人們對於君主的關注，不是在公共領域而是轉移到私人領域；期待的不是政治上強而有力的存在，而是擁有道德的愛家之人——維多利亞女王，可以說是讓君主的樣貌徹底地改頭換面。而這個轉換的完結篇，就是在本章開頭看見的壯麗的「帝國慶典」——女王登基六十周年紀念慶典；不過在這之前，女王還有一件強烈引起國民關心的私人事件。那就是因為丈夫亞伯特的猝死，讓她成了未亡人之事。

◎女王的隱遁

一八六一年十二月，亞伯特親王因為感染傷寒而猝死，享年僅四十二歲。這個時刻，英國的君主制面臨前了空前的危機。因為成為未亡人的維多利亞女王，從所有的公務場合消失了。

女王的隱遁，大幅超過當時認定的未亡人服喪期兩年。例如，從一八六二年以後，在剩下來四十年左右的在位期間，她在公務的議會開幕式上現身，僅僅只有六次。寫下《英國憲制》（*The English Constitution*，1867）一書的沃爾特．白哲特（Walter Bagehot），曾經感嘆由於女王的隱遁而導致宮廷的社交機能喪失，並留下一句名言：「不管女王蜂去了何處，蜂巢中的蜜蜂依然活著。」而且，應該要代理女王執行公務的孩子們，以知名的放蕩王儲愛德華（後來的愛德華七世〔Edward VII〕）為首，全都是一群惹事生非的麻煩人物，根本無法期待他們有能力填補女王不在的空隙。一八六〇年代末，自由黨的首相格萊斯頓（William Ewart Gladstone），在寄給外交大臣的信件中寫道：「女王不見身影，而王儲無法令人尊敬。」

在這樣的情況之下，供養女王一家的費用便成為議論的問題，也就是包括溫莎城堡、白金漢宮和女王專用遊艇等維護費用在內的王室經費。在一八六〇年代的英國，共和主義再現，而女王的隱遁給了他們「即便是君主不在，英國也能夠順利運轉」的說詞，最後終於發展成了不需要君主制、廢除君主制的論述。而蘇格蘭侍從約翰．布朗（John Brown）和女王之間的關係（包含性關係在內），或許也加深了國民的不信任感。這個時期，英國君主制面臨了消滅的危機，從保守的《泰晤士報》在評論中指出女王身為「公眾人物」的義務，且論述道：「如果漠視這項義務，那麼君主制本身也就會消失了」的情況，也可以想像得到。

然而，這時奇妙的事發生了。共和主義的急先鋒約翰・布萊特（John Bright）卻表述到：「不管是女王，還是勞動者的妻子，對於失去了所愛的人的悲傷，我們應該要寬懷大量地予以同情」，維護女王的隱遁。相對於《泰晤士報》重視女王為身為「公眾人物」的角色，布萊特則從「私人」的角度來看待女王。這時，雖然君主的「公共／私人」的界線仍然搖擺不定，不過我們已經知道，在那之後的君主制是朝向後者發展，也就是「君主角色的私人化」。布萊特還這麼說：

> 對於王室家族的思考方式，實在相當發人興味。經由這樣的思考，可以將高高在上的君主拉到一般市民生活的層次。英國人對於王儲結婚所表現出來的狂熱舉止，雖然顯得孩子氣；不過，至少占了人類半數的女性，對於王儲結婚一事的關注度，比對內閣的關注高出了數十倍。

換言之，「君主角色的私人化」是伴隨著「君主制的女性化」而來。幾乎從女王隱遁的相同時期起，在女性的新消費空間，如懷特利百貨公司之類的地方，從家庭用品的包裝開始，處處充斥著女王的形象，這也充分地說明了英國君主制的女性化傾向。

◎一邊追悼一邊統治

那麼，隱遁的女王在做什麼呢？

在一八六三年十月，女王睽違許久地在公共場合現身時——在亞伯丁（Aberdeen）的亞伯特紀念像揭幕儀式上，答案揭曉了。是的，她在追悼丈夫。一八六七年五月，皇家亞伯特音樂廳奠基典禮之際的演說，也是女王現身在公共場合的稀有例子。一八七二年七月一日，位於倫敦肯辛頓花園（Kensington Gardens）的亞伯特紀念碑（Albert Memorial），耗費了十二年的歲月終於完成。從一八六〇年代到一八七〇年代之間，全國各地也都有亞伯特的紀念碑揭幕。

根據事後判明得知，在亞伯特死後不久的一八六二年一

亞伯特紀念碑（左圖）與皇家亞伯特音樂廳（右圖）

月，女王就已開始仔細研究他的銅像製作的設計，並且預備訂製。而且不是只有建立紀念碑。在準備建立巨大紀念禮拜堂的溫莎城堡內，在女王的委託之下，拍攝了女王一家環繞著亞伯特的半身像、訴說著對他回憶的照片，並且向廣大的國民公開。而且，女王還出版了《蘇格蘭高地日記》（*Leaves from the Journal of Our Life in the Highlands from 1848 to 1861*，1868），回憶她與丈夫在蘇格蘭共度的時光，更在一八八四年出版了續集。據說，女王對於當時開始流行的製作追悼紀念冊也相當熱衷。

在諸如此類的追悼形式中，追悼丈夫的未亡人——維多利亞女王的形象，或許比被追悼的丈夫亞伯特更鮮明刻劃在人們的記憶之中。女王在「獻身的妻子、充滿慈愛的母親」的舊有形象之上，又擔負起了國民所期待的未亡人的理想形象——「悲傷不已、垂首思念丈夫的未亡人」。

女王的隱遁——在君主的公領域（政治和宮廷儀式）中看不見女王的身影，並不意味著女王就不在場。因為在這些場合當中，慎重地布置了多層讓人「能夠看見」女王不在的構造。透過「追悼的未亡人」這種「看不見的看見方式」，讓女王確確實實地被國民給看見了，而且也加深了親近感。

完成塑造「追悼的未亡人」的最後一道工程、將她視為「帝國之母」大力宣傳的，則是贈與女王「印度女皇」這個稱號的保守黨黨魁班傑明．迪斯雷利。

實際上，在一八七四年起到一八八〇年四月為止的迪斯雷利內閣時代，女王已經逐漸重新恢復執行公務。她多次將在庭院中採擷的櫻草（Primula）贈送給迪斯雷利的逸聞，在日後也成為讓保守主義廣泛地滲透到大眾之中的民間組織「櫻草會」（Primrose League）誕生的契機。迪斯雷利充分地利用這份親密感，更積極地營造出將女王和大英帝國結合在一起的公共記憶，試圖藉此凝聚帝國的向心力；而其中利用的女王形象就是「一邊追悼一邊統治、慈愛的帝國之母」。

為了維護這個形象，例如一八八五年一月，前往蘇丹鎮壓叛亂的戈登將軍（Charles George Gordon）因為派遣的救援軍隊耽擱而死於非命時，和阿富汗戰爭同樣地，強力拒絕軍隊自蘇丹撤退的是女王本人這一現實也被隱蔽了。真是巧妙的「一邊追悼一邊統治的帝國之母」。表象上的女王，是一名慈善的母親，心繫於活躍在殖民地的「兒子們」，或是如「大英帝國的長女加拿大」的「女兒們」的身上，和「追悼服喪的未亡人」的形象之間全然沒有任何矛盾，繼續支撐起「帝國的時代」。

◎受愛戴的英國王室

還有另一件發人興味的事，就是「帝國之母」的女王形象，是透過積極喚起國民注意力的形式而創造出來的。戈登將軍死前不久，因為第三次《改革法》（Reform Act，一八八四年）的通過，擁有選舉權的人當中，勞動者開始超過半數。啟動舉辦以女王為主角的壯麗王室典禮的計劃，並且設計成任何人都能夠參加的形式，也是為了逐漸將勞動者轉變成「充滿道德與愛國心的國民」的作業。因此，即將成為典禮舞台的帝國首都倫敦，也開始推動改造計劃，原本私有地眾多的倫敦，增加了許多公共空間和周邊道路；沿途擠滿了國民、為眼前的王室典禮而狂熱的構圖，也由此誕生了。

結果，維多利亞女王在一九〇一年移交給後繼者兒子愛德華七世的君主制，和她在一八三七年所繼承的君主制，在性格上已經完全截然不同。因為君主的重心已從政治權力的主體，移轉為可親、可敬、可愛的對象，變成一個統一全國人民的象徵性存在。

在兩次大戰中間開始播送的BBC廣播電台，和接續而至的電視直播等，媒體的發達更進一步地促使國民及帝國的臣民前來「參加」王室的典禮。千萬不能誤會，前王妃黛安娜（Diana Frances Spencer）為了甩開狗仔隊的追蹤而導致的悲劇，和培育出稱呼她為「人民的王妃」的土壤，也都是在這一條延長線上進一步延伸出來的。生前的黛安娜被批評利用各式各樣的媒體接近民眾，然而其實並非如此。今日利用媒體支持英國王室的傳統，本身就是隱遁的女王，在十九世紀末到二十世紀初期以「帝國之母」的身分復活之際，以喚起民眾注意力為方針，重新創造出來的。就這層意義而言，黛安娜前王妃不但不是傳統的破壞者，反而是不折不扣的忠實繼承者。

基於女王陛下的請求

◎「致贈給女王的禮物」

美國的紀實文學作家沃爾特・D・麥爾斯（Walter Dean Myers）正在瀏覽倫敦舊書店的商品目錄時，注意到一篇介紹文。文中提到發現了一束信件，據說是一位十九世紀中葉的黑人少女所寫的，她在將遭到殺害之前被從非洲救出，之後便生活在英國。前去舊書店拜訪的麥爾斯，看到了一份放入大約五十封信件和報紙報導之類的檔案資料夾。信件彷彿像是捨不得紙張似地，先是橫著書寫到最後一行之後，又再轉了九十度繼續往下寫，非常難以閱讀。他從夾在檔案中的報紙報導，發現了「莎拉・福布斯・博內塔」（Sara Forbes Bonetta）這個名字。這個人是誰？他從來沒有聽過。從這一把信件中，又會浮現出怎樣的故事？……於是，麥爾斯便以這個名字為線索，開始著手重新構築信件主人的人生。而他所寫成的故事，就是《基於女王陛下的請求》（*At Her Majesty's Request: An African Princess in Victorian*

England，1999）一書。因為這本書，喚醒了人們對於這一位在維多利亞女王身邊的非洲少女的記憶。

在麥爾斯出版這本書的前一年，一九九八年，正好是牙買加移民所搭乘的帝國疾風號抵達英國五十周年。帝國疾風號的記憶，不只是讓「奴隸貿易的過去」再度浮上英國社會的表面而已。對在第二次世界大戰後、移民到過去的宗主國英國的舊殖民地的人們和其後代子孫而言，這半個世紀的歲月，或許也是他們對於自己在英國社會當中的存在，進行思考、煩惱並且開始述說所需要的時間。在「英國曾經是帝國的過往」再度受到注目的二十世紀末，莎拉留下來的這一束信件，或許正是那段短暫展露容顏的過去所送給我們的禮物。

禮物——實際上這個字眼，對於思考信件的主人，也就是名為「莎拉・福布斯・博內塔」的非洲少女的人生，是很重要的關鍵。根據當時報紙的報導，一八五〇年六月，這名少女，在因奴隸貿易而繁榮的西非達荷美王國，正要被當作活人祭品獻祭祖先之際，被在西非沿岸負責取締奴隸貿易的英國海軍軍官腓特烈・E・福布斯（Frederick E. Forbes）救出，之後便以「致贈給女王的禮物」的身分來到英國。「致贈給女王的禮物」這個說詞，在那之後也一直如影隨形地跟著她；而這句話是出自於福布斯在自己的著作《達荷美與達荷美人》（*Dahomey and the Dahomans*，1851）中所寫下的字句。

這本書雖然是福布斯根據自己的航海日誌所撰寫的，不過書中的內容，記載了關於軍事獨裁國家達荷美王國和生活在當中的人們的風俗習慣和儀式，充滿了濃厚的田野調查趣味。關於這名來自西非的年幼的黑人少女是怎樣的一個人物，在該書最後以四頁篇幅記載的莎拉救出劇碼中，或許已提供了基本框架，並且在某種程度上也將被救出後的「莎拉的故事」加以定型了。

另一方面，收下少女這件「禮物」的維多利亞女王非常喜歡她，命令王室的私人秘書撥出養育她的費用。之後，少女的命運，便與成為她後盾的維多利亞女王緊緊相繫。運用王室檔案館和當時報紙報導的資料補充不足之處、重新構築了莎拉人生的麥爾斯，之所以會選擇用「基於女王陛下的請求」這句話當作書名的標題，或許也是因為這個緣故。那個故事的內容，可以歸納如下。

成為「少女祭品」的莎拉・福布斯・博內塔

◎「少女祭品」莎拉的人生

少女，隸屬於一個名為愛葛巴多（Egbado）的民族，是以現在奈及利亞西南部的優魯巴地區（Yoruba land）為據點的優魯巴族的分支，生活在奧凱歐登（Oke-Odan）聚落。當時的優魯巴地區正處於內憂外患之中，北方有伊斯蘭教勢力、南方沿岸有來自包含英國在內的歐洲各國的入侵，而各部族則陷入互爭勢力的內亂狀態。

一八四八年，達荷美的奴隸獵人襲擊了少女生活的村落，帶來毀滅性的破壞。她的雙親、兄弟姊妹和親戚全部都被殺了，成為俘虜的村人大部分都在達荷美的港口城市威達，被當作奴隸賣給歐洲商人。其中，這名年幼的少女（和其他數名被挑選出來的俘虜），受到了特別的處置。福布斯如此描述了箇中緣故。

> 在（達荷美）國王強烈的希望之下，留下原本出生良好的俘虜，在已過世的貴族墳前當作活人祭品獻祭，是一項慣例。因為這個目的，她被扣留在宮廷中長達兩年的時間。沒有被賣給奴隸商人一事，即是少女出身良好的證據。

再加上，她的臉頰上有遵循當地風俗習慣特意刻上的細小傷痕，這也說明了她是愛葛巴多部族族長的女兒。

福布斯會注意到被幽禁在達荷美的王宮之中的她，似乎完全是一個偶然。即便在宣布廢除大英帝國內部的奴隸貿易和奴隸制度之後，西非沿岸依然私下偷偷地繼續進行奴隸買賣；而海軍軍官福布斯，當時正負責取締奴隸買賣的沿岸警備工作。從一八四九年到一九五〇年之間，他曾經兩度赴達荷美王國的首都阿波美（Abomey），嘗試說服當時的國王吉佐（Ghezo）放棄奴隸貿易。他和少女的邂逅，是在第二次拜訪時，在這位黑人國王的招待之下所出席的供養祖先儀式上，少女被當作活人祭品帶出來的時候。

將少女當作黑人國王的「禮物」救出的福布斯，讓她乘上自己所指揮的軍艦博內塔號（HMS Bonetta），前往現在奈及利亞的港口城市巴德格利（Badagry），暫時將她交給當地的英國海外傳道會（Church Mission Society，CMS）代為照顧。少女似乎連自己的名字都想不起來（福布斯這麼以為），於是他將少女命名為「莎拉．福布斯．博內塔」，也就是在這個時候。從這一刻起，少女便踏上了身為「莎拉．福布斯．博內塔」的人生。

一八五〇年十一月，在她初次謁見之際，收下這份「禮物」的女王，下令讓她學習英語、鋼琴和法語等，和上層階級家庭的女兒一樣，接受相同的教育。隔年，她被送往位於西非獅子山中心地區自由城的CMS女校，目的是為了讓她成為「將野蠻文明化」的傳教士。這也吻合了CMS會長亨利．維恩（Henry Venn，與他同名的祖父就是成立克拉朋聯盟的核心人物），希望將設置在非洲各地的傳道所交給當地非洲人負責的心願。

後來不知何故，一八五五年，莎拉返回英國，再度回到女王的庇護之下。她被寄放在一位名為詹姆斯．F．舍恩（James Frederick Schön）的CMS宣教士（即是與第一位在奈及利亞成為黑人主教的塞繆爾．克勞塞〔Samuel Ajayi Crowther〕共同前往尼日河流域探險而聞名的人物）的家中，度過了數年的時光。從被發現的信件當中可以得知，她稱呼舍恩夫人為「媽媽」，過著滿足的生活。

而同時，莎拉和女王一家人也有親密的交流。在女王的長女維多利亞和次女愛麗絲的結婚典禮（分別是在一八五八年、一八六二年），或是女王的親生母親肯特公爵夫人（Duchess of Kent）和丈夫亞伯特的葬禮（分別是在一八六一年的三月、十二月）當中，也都確認都有莎拉的身影。

然而，一八六一年的春天，莎拉突然在女王的命令下遷居到布萊頓（Brighton）。不久之後，一八六二年八月，她在這個以海水浴場聞名的城市舉行結婚典禮的報導，占據了各家報紙的版面。新郎名為詹姆斯．皮森．拉布羅．戴維斯（James Pinson Labulo Davies），是一位以拉哥斯（Lagos）為據點經營海運事業的人物。身為解放奴隸之子的他，在西非沿岸和尼日河流域從事廣泛的交易活動，因為和CMS會長維恩之間堅固的師生關係，故以「CMS的模範生」廣為人知。戴維斯雖然是再婚，不過女王似乎很滿意他的經歷。根據布萊頓當地報紙的報導，兩人的結婚廣泛引起了英國社會的注目，在婚禮舉行的當天，為數甚多的群眾為了一睹這對佳偶的風采，蜂擁而至。婚禮結束後兩人在照相館拍攝的照片，和莎拉被打上「非洲公主」之名的肖像照片，也都相當暢銷。

◎母親和女兒的「帝國」

婚禮的隔月，莎拉和戴維斯便啟程前往獅子山。隔年一八六三年，莎拉因為懷孕和生產的緣故，遷移到戴維斯的活動據點拉哥斯。維多利亞女王將誕生的女孩命名為「維多利亞」。像莎拉這樣由女王自己親自擔任監護人的原住民生下孩子後，女王賜給男孩維克多（Victor）、女孩維多利亞的名字，是很常見的情況。例如，同樣是在一八六三年，對於在訪問倫敦期間所誕生的紐西蘭毛利族酋長哈・波馬爾（Hare Pomare）之子，女王為了緬懷亡夫亞伯特，便賜予他亞伯特・維克多（Albert Victor）之名。理應隱遁的未亡人，業已是「帝國之母」了。

一般認為，在那之後又生下了兩個孩子的莎拉，在拉哥斯致力於當地的女性教育；不過，關於這方面的情況，留下的史料相當稀少。最後的一封信件，是在一八八〇年三月九日，莎拉為了肺結核的療養而赴葡萄牙領地馬德拉群島（Madeira Island）時所寫的，之後經過不到半年的八月十五日，莎拉便病逝於島上的中心都市豐沙爾（Funchal）。從女王的日記當中可以得知，向女王傳達莎拉的死訊的，是在八月二十四日的早晨偶然也正要前往謁見女王的長女維多利亞。

早餐後，我見到了可憐的維多利亞・戴維斯。這個授予了我名字的黑色孩子，現在十七歲。我在今晨被告知，她重要的母親在豐沙爾過世一事。真是可憐啊，那個孩子情緒相當激動，沉浸在悲傷之中。

在這之後，女王便立即安排維多利亞進入徹騰姆女子學院（The Cheltenham Ladies' College），這是一所專供上層階級家庭的女兒就學的名門中等教育機構，並且負擔所有的學費。以成為維多利亞的監護人、為她負擔教育費的形式，女王和莎拉之間的關係，也由和維多利亞之間的關係所繼承。根據王室檔案館的史料所傳達的訊息，後來與拉哥斯的原住民醫生結婚的維多利亞，在第一次世界大戰期間，也和女王的孫子，也就是當時的國王喬治五世有頗有深交。

◎黑人國王，謁見白人國王

試著換個角度來看，英國人從「致贈給女王的禮物」莎拉的身上，看見了什麼？她對於英國人的想像力，又帶來什麼樣的刺激呢？

這大概可以整理成以下三點。第一是，救出莎拉，讓他們再度確認了自己是救濟奴隸貿易犧牲者的「慈善的博愛主義帝國」。第二是，意識到英國人是肩負著將救出的「野蠻的」非歐洲人「文明化」使命的國民。第三是，莎拉的存在證明了「文明化」的可能性。因此，接受莎拉這份「禮物」、撥出教育費用（或者可說是文明化的費用）、之後也和她保持親密交流的女王，就是「廣施恩澤和滿懷慈愛的大英帝國」的象徵。

將這一切以具體的形式表現出來的，是畫家湯瑪斯・J・巴克（Thomas Jones Barker）的大作《英格蘭偉大的秘密》（The Secret of England's Greatness）。這幅現在展示在英國國家肖像藝廊（National Portrait Gallery）二樓的畫作，正式的標題在一九九〇年代中葉被「發現」之前，因為其構圖的形式，一直被稱作「在謁見大廳，致贈非洲國王聖經的維多利亞女王」。

畫作前方被描繪得特別明亮的人物，即是維多利亞女王。畫面的左後方是她的丈夫亞伯特，而在更後方還可以看見一位宮廷女侍。站立在畫面右後方的兩位人物，則是首相巴麥尊勳爵（3rd Viscount Palmerston）和外交大臣羅素勳爵（Lord John Russell）。握在女王手中的書籍，從封面上的英文（The Holy Bible）可以看出是《欽定版聖經》。

跪著將右手伸向聖經的人物，從他的外表看來，有可能是從撒哈拉以南的非洲而來的國王（或是貴族之流的上層階級）。這幅畫的構圖，被認為是這位黑人國王向白人國王維多利亞女王詢問：「英格蘭偉大的秘密是什麼？」而答案別無其他，就是白人國王致贈給黑人國王的「禮物」，即是女王正要遞給這位黑人國王的《欽定版聖經》。在一六一一年發行的《欽定版聖經》被定位為是當時的新教國家英格蘭、以及

《英格蘭偉大的秘密》（The Secret of England's Greatness）

一七〇七年以降的聯合王國英國認同的根本。一般認為，十八世紀末以降，包含CMS在內的民間傳教組織陸陸續續創立、展開傳教活動，並且與帝國重組的過程相互結合，再加上英國社會對於「文明化的使命」的意識覺醒和滲透，在種種情況的重疊之下，《欽定版聖經》便轉變為「英格蘭偉大的秘密」。

畫作的構圖本身雖是創作者巴克的想像產物，不過從畫中被明確地描繪出來的登場人物，可以在某種程度上鎖定刺激巴克想像力的時期。畫作繪製的時期是在一八六一年前後，而巴麥尊勳爵和羅素勳爵的搭檔組合只出現在第二次的巴麥尊內閣（一八五九年六月至一八六五年十月），再加上畫中還有在一八六一年十二月死亡的亞伯特；將這幾點放在一起考量，便可推論出這幅構圖所設定的時期，應該是一八五九年六月到一八六一年十二月的兩年半左右之間。

這段時期，與莎拉在英國生活的期間（一八五五年六月至一八六二年八月）正好重疊，這只是單純的偶然嗎？

還有一點希望大家注意的是，致贈《欽定版聖經》給黑人國王當作「禮物」的女王（白人國王）的這個構圖本身，並不是巴克的原創概念。實際的事件，在一八五〇年前後的時期，早就曾經發生於CMS在西非的一大傳教據點，也是莎拉的出身地優魯巴的傳教活動中。一八四八年三月，女王經由CMS會長，收到了一位當地的首長請求通商與維持友好的信件；根據紀錄，這時女王便贈送了那位首長《欽定版聖經》。

白人國王致贈給黑人國王「禮物」的記錄——這說明了什麼？

◎翻轉後的構圖——送給白人國王的「禮物」的意義

清楚的是，巴克的畫作可能是翻轉了莎拉的故事。

莎拉，是黑人國王達荷美國王，致贈給白人國王維多利亞女王的「禮物」。然而，在巴克的畫中，卻是黑人國王從維多利亞女王的手中收到了《欽定版聖經》這份「禮物」。這兩份禮物分別各自蘊藏了何種意味？

關於巴克的畫作，蘊意相當地清楚。女王遞出的英譯版的聖經，表現的是大英帝國擴張的原動力，也就是提到「英格蘭偉大的秘密」時，經常會被援引為例的「三個C」——商業（Commerce）、基督教（Christianity）、文明（Civilization）。因為「三個C」被配置在畫作的中心，於是白人國王致贈給黑人國王的「禮物」是「文明」的訊息，顯得格外地強烈。

那麼，相反地，黑人國王致贈給白人國王的「禮物」意味著什麼？而被當作「禮物」的黑人少女到底又意味著什麼？在思考這些問題的時候，似乎有必要試著重新檢討以「禮物」這個形式將黑人少女救出的這件事本身。

從先前福布斯的記述中可以確認的是，少女因為遵從當地的理解和慣例而保存了性命，並且在被當作「禮物」交給福布斯後，福布斯自己為少女命名，這個行為是依循著當時奴隸貿易的習慣（買下奴隸、成為新的奴隸主者會為那名奴隸命名）。除此之外，若再加上多名活人祭品當中，只有少女在完全偶然的情況下被救出之事，很明顯地「救出」的主導權並不在英國這邊，而是掌握在達荷美手上。換言之，救出莎拉，所依據的並非是「慈善的大英帝國」的邏輯，而是福布斯在著作中強調的「野蠻而殘酷的達荷美王國」的邏輯。

應該要回想起來的是，英國在還不太遙遠的過去，是為達荷美王國帶來利潤的奴隸貿易的共犯，與「殘酷而野蠻」的活人獻祭儀式並非毫無關係。實際上，在為了向祖先感謝奴隸貿易的繁榮而獻上活人祭品的儀式中，福布斯並不是第一位被以賓客的身分邀請出席的英國人。福布斯救出莎拉的儀式現場，裝飾著色彩鮮豔的布匹和旗幟，增添了觀賞的氣氛，而福布斯並沒有忽略了，旗幟當中「『一如往常地』有數面『聯合傑克』[3]」一事。福布斯加入著作中的插畫，清清楚楚地畫上了兩面聯合傑克的旗幟。這就是英國身為奴隸貿易共犯的證據。或許正因為如此，福布斯才有必要故意以「野蠻而殘酷」來描繪達荷美王國和達荷美王國的人們。換言之，從「野蠻的達荷美王國」「救出」莎拉，即是大英帝國從奴隸貿易的共犯者，轉身變成取締奴隸的慈善救濟者的一場精彩演出。

然而，這一場變身，實際上早已經被將救出的少女解釋成「致贈給女王的禮物」的福布斯自己本身所推翻了。換句話來說，對取締奴隸貿易的英國海軍而言的「救出」，就達荷美國王的立場看來，除了單純的奴隸買賣以外什麼都不是。因為是依據達荷美的邏輯行事，所以「救出」就必須非得是「禮物」不可。

也因為如此，在二十世紀末被喚醒的，關於「莎拉．福布斯．博內塔」這名非洲少女的記憶，並非只是一則某位黑人少女被大英帝國所拯救的單純故事。毋寧說，正是這一名曾經在英國國內媒體上很有名氣的少女，拯救了伴隨著奴隸貿易和奴隸制度的廢止而滋生的大英帝國的新認同——博愛主義的帝國、自由主義的帝國、救濟陷入苦境的原住民的帝國。

於是，莎拉的存在暴露出了被利用來作為帝國擴張的藉口的「野蠻的文明化」，以及「拯救／被拯救」或是「救得了／救不了」之間的界線，是極其曖昧不明的。與此同時，我們還需留意到，對於莎拉而言，收下她這份「禮物」的女王，是否真的是一位「慈善的帝國之母」，這一點也尚得存疑。例如，為何女王會強硬要求在舍恩夫人身邊過著幸福生活的莎拉遷居到布萊頓，讓她跟「CMS的模範生」結婚呢？因為母親並非只是慈善而已。

更重要的是，根據英國人留下來的資料所重新構築的「莎拉．福布斯．博內塔」的故事，應該也只是「她的故事」的一部分而已。我們所看到的「帝國演義」，到底是由誰、用怎麼樣的方式書寫下來的呢？我們必須要相當地留心。因為大英帝國將「黑人國王致贈給白人國王的禮物」推到一邊，忘卻了莎拉的存在，卻只留下刻劃「白人國王致贈給黑人國王的

1 審訂語：Boudica 並沒有一直在英國的神話或民俗中，也沒有一直和君主的形象連結在一起。關於她的事蹟，目前只知道羅馬作家曾經記錄下來。英格蘭文藝復興時代才重新熱衷古典時期的英人歷史故事和神話，十六世紀後出現英格蘭文人以 Boudica 反抗事件為主題，寫下詩文。後來是再到維多利亞時期，Boudica 的名字意思就是 Victorious，和維多利亞女王名字同義，故出現大量相關文學作品，至今 Boudica 一直在英國文化上具重要象徵意義。

2 審訂語：道德議題在西歐宗教和政治思想都是核心議題，十八世紀到十九世紀許多對於社會和政治的改革，都是以道德為基礎，女性能夠出現在出版界教育界社會運動中，也是以改善道德作為盾牌，擋下對於女性出現在公共空間的批判。所以近代女性懂得利用「道德守護者」論點和形象，事實上不會被置於社會的邊緣，是可以做出社會改革。這邊作者想說的，或許是理想上被視為「道德的守護者」，是好母親好女兒，不宜拋頭露面備受外界社會污染，故這樣的女性只能在私領域守護道德，將女性置於家中。（不過，「家」也不是社會的邊緣，「家」一直到十九世紀，都是社會中的基本團體單位，孕育好國民的重要場所。）

3 「聯合傑克」（The Union Jack）為英國國旗的俗稱。

第七章
帝國的樂趣

19 世紀末的大英博物館埃及陳列室　圖中可見在 1890 年開始裝設的電燈照明設備。

大英博物館是神祕的寶庫

◎不幸木乃伊的詛咒

在大英博物館二樓的第二埃及陳列室中，收藏編號二二五四二的木棺（木乃伊），據推斷是第二十一王朝時代（西元前一〇五〇年左右），服侍阿蒙—拉神（Amun-Ra）的女巫之所有物，在一八九九年成為大英博物館的埃及收藏品之一。之後，這件明明只是一塊棺木，卻被稱作「不幸的木乃伊」（Unlucky Mummy）的藏品，因為各式各樣的神祕事件，不僅在英國，也受到了全世界的矚目。

關於這件棺木所招來的「不幸」，有如下的傳說。在十九世紀初，三個英國人在底比斯購入這件棺木，在運往英國的途中，一個人因為槍枝走火失去了一隻手臂，另一個人下落不明，剩下的一個人因害怕所以把棺木給賣掉了。之後，接手棺木的三個人在不明原因之下死亡，第七名所有者在熟人的建議下立刻放手。接受第八名所有者委託拍攝照片的攝影師，也在不久之後死亡；而且在顯影之際，還出現了一張苦悶不堪的醜陋面孔，和雕刻在棺蓋上的容顏完全不一樣。據說，大英博物館從第九位因為不明原因而病倒的持有者手上收下棺木之後，每天夜裡都會從陳列室裡傳出女性低聲啜泣的聲音，警衛人員也因此而討厭巡邏。

對於詛咒束手無策的大英博物館決定將棺木賣給美國的收藏家，於是一九一二年，這只棺木搭乘上了展開處女航的豪華客輪鐵達尼號。然而，船隻卻與冰山相撞，觸礁沉沒，成了導致死者超過一千五百多名的重大悲慘事故。不過，只有木棺的蓋子奇蹟似地被打撈了起來，雖然被送到美國的某家博物館，但是在那裡也因為詛咒揮之不去，結果最後被送回大英博物館——這就是煞有介事地纏繞著「不幸的木乃伊」的傳說。

實際上，這只木乃伊在一八九九年被大英博物館收藏以後，根本就沒做出任何壞事，而且跟鐵達尼號的沉沒也完全扯不上任何關係。儘管如此，纏繞著「不幸的木乃伊」的傳說卻完全沒有斷過。會在長一百六十二公分的木製蓋板上穿鑿附會出「木乃伊的詛咒」的原因是什麼？

被稱呼為「不幸的木乃伊」的棺木蓋板　出土於埃及底比斯，是女性木乃伊棺木內棺的蓋板。

◎大英博物館的誕生

大英博物館，不但是全世界第一座由國家設立的公共博物館，同時也設置了圖書館。位在布魯姆斯貝里（Bloomsbury）的博物館，目前有超過七百萬件的文化遺產；位於南肯辛頓（South Kensington）的分館自然史博物館則收藏了七千萬件左右的標本；座落於聖潘克拉斯（St Pancras）的大英圖書館所收藏的印刷品和手抄本之類的文本，多達一億五千萬冊。果真是「人類智慧的寶庫」。

大英博物館是在一七五三年，接受著名的收藏家漢斯·斯隆爵士（Sir Hans Sloane）的遺囑，依據議會決議通過的特別立法（即是所謂的大英博物館法）而創設的。斯隆是一位出身於愛爾蘭的內科醫生，也是繼牛頓之後擔任皇家學會會長的博物學者。他的蒐集，始於他在一六八七年前往西印度群島時。攜帶著在當地蒐集的動植物標本回國的他，和一位富有的孀婦結婚，之後便充分利用資金逐漸增加收藏。藏品

大英博物館最早的場館　於 1759 年 1 月 15 日在倫敦市區附近的蒙塔古大樓（Montague Building）成立，並對公眾開放。

的內容有大量的書籍、中世紀歐洲與伊斯蘭的手抄本、中國的繪畫、美洲印地安人的民藝品等，類型相當地廣泛。尤其是當中種類繁多的動植物標本，據傳和斯隆頗有深交的班傑明・富蘭克林、伏爾泰（Voltaire）、海頓（Haydn）和韓德爾（Handel）等人都曾經賞玩過。

那個被稱為啟蒙運動的時代，是一個對於知識充滿了慾望的時代。所有的物品都成為收藏的對象，將物品分類、命名、依序排列，並且有系統進行理解的想法，擄獲了知識分子和文化人的心。人種概念——多樣地蒐集人類，並且加以分類、命名、依序排列的思考方式，也是這個時代的產物。

在一七四二年以八十二歲之齡退休的斯隆，因為擔心龐大的收藏散逸而寫下了遺囑，他指定有識之士組成「財產管理人」團體，並指示收藏品的管理方式。斯隆在一七五三年一月死亡後，財產管理人團體便遵照他的遺囑，對於即將被繼承的財產，表明了獨特的執行方針：

一、一旦入手的收藏品，將完全保持原來的狀態，並且永久保存（因此，像本章開頭介紹到的逸聞那樣賣掉收藏品是不可能的事）。

二、一般市民得以自由參觀收藏品。

在此前提之下，財產管理人對國王和議會提出請求，希望能夠以支付兩萬英鎊給斯隆的繼承人為條件，換取財產管理人和其後繼者們永遠不對收藏品放手。這項請求經過議會的承認，並在一七五三年六月獲得國王的批准後，便任命理事會取代財產管理人。九萬五千英鎊的營運資金由公營彩券供應，博物館自一七五九年一月起也對一般民眾開放。不過，一八一〇年以前因為必須要事先申請，所以參觀的人並不太多。一七七〇年代庫克船長進行環球航行以後，關於民族學、自然史方面的事物雖然增加了，但是要讓一般普通的民眾能夠享受這個知性空間的樂趣，除了動植物的標本、古文書和遺跡之類的文物之外，還需要一些「其他的元素」。

◎對埃及開眼

帶來那個「元素」的，就是發生在歐洲的最後一場對法戰爭。一八〇二年，由隨同拿破崙遠征埃及的法國學術調查團，也就是通稱的「學者軍隊」所發現的羅塞塔石碑（Rosetta Stone），根據投降協定的第十六條（亞歷山卓降書〔Capitulation of Alexandria〕）轉交給英國王室後，當時的國王喬治三世便將羅塞塔石碑連同其他出土文物一起捐贈給大英博物館。之後，英法之間對於解讀雕刻在羅塞塔石碑上的古埃及象形文字（Hieroglyph，聖書體），展開了激烈的競爭，大英博物館的埃及收藏也因此大受注目。英國人可說是在這種情況之下，才開始意識到埃及這個「新的神祕空間」。

不過，當時英國的起步，相較於法國晚了許多。拿破崙下台後，羅浮宮美術館便毫不耽擱地立即建起了專門的陳列室，用來展示埃及藏品；相對之下，大英博物館在十九世紀前半，卻連專門處理古埃及文物的部門都沒有設置。雖然漢斯・斯隆所留下來的收藏當中早已包含了來自埃及的出土文物，而且在博物館開設三年後，也很快就有人捐贈了木乃伊，然而，大英博物館真正地注意到神秘埃及的魅力，可說要到一八三五年之後。那年，在一八二六年就任文化遺址部門（古文物部門）部長的愛德華・霍金斯（Edward Hawkins）帶領之下，大英博物館於拍賣競標中購得駐開羅英國總領事亨利・少特爵士（Sir Henry Salt）的大多數埃及藏品。特別是在英國獨占埃及的一八八二年之後，大英博物館更加速充實了埃及的收藏。

這段期間，英國人對於埃及並

羅塞塔石碑

非漠不關心。毋寧說是人們對於埃及的關心和想法，是在大英博物館以外的地方，而且還是以打動了比大英博物館當時的常客還要更低階層的民眾的形式，在英國社會中慢慢地成熟；最後，終於培育出了在大英博物館陳列室中爆發的埃及熱潮。醞釀出這種草根關注的，就是十九世紀前半，於倫敦匯聚了大量人氣的珍稀展示館——埃及館（Egyptian Hall），和在該館舉辦的「埃及展」。

◎埃及館的埃及展

埃及館的正式名稱為倫敦博物館（London Museum）[1]，是利物浦的娛樂業者，同時也是知名的旅行家和博物學者威廉·布洛克（William Bullock），於一八一二年在倫敦最繁華的皮卡迪利大街興建完成。建築的立面，鑲嵌上了伊西斯（Isis）、歐西里斯（Osiris）兩位埃及神祇的巨大裸像和人面獅身斯芬克斯（Sphinx）以及古埃及象形文字等裝飾，令倫敦市民大為驚奇。內部則擁擠的擺滿了布洛克所蒐集的世界各地的珍奇動物、鳥類與魚類的標本和化石、工藝品以及美術品等。一八一六年，他在館內展示了自己從王儲（日後的喬治四世）手上購買的拿破崙的愛用馬車，也在喜愛新鮮的倫敦市民當中大獲好評。而這個內容龐雜的展示館，在一八二〇年接到了一個大型的計劃案。

提出計劃案的人，是一名叫做喬凡尼．巴提史達．貝爾頌尼（Giovanni Battista Belzoni）的男子。他出生於義大利東北部的帕多瓦（Padova），在拿破崙戰爭期間逃離義大利，流亡到英國後，便善用一九八公分的身高和魁梧身材，成為一名在街頭賣藝的「大力士」，走遍歐洲各地。

一八一五年，前往埃及的貝爾頌尼，意外地得到了一個很有價值的情報。那就是聽說瑞士人約翰．路易．布克哈特（Jean Louis Burckhardt）不久之前在底比斯發現了拉美西斯二世（Ramesses II）的巨大半身像，但因為無法移動而被放置於原地。他運用（自稱）在羅馬學到的水力學知識，成功地移動了這座巨大的石像。在以收藏埃及文物而聞名的英國總領事亨利．少特援助的搬運資金之下，一八一八年，半身像順利地抵達了大英博物館。

因為這個契機，總領事少特便開始委託貝爾頌尼進行埃及的發掘調查。他接二連三地發現沉沒在尼羅河之中的阿布辛貝神殿（Abu Simbel Temples）、位於盧克索（Luxor）的皇家陵園帝王谷（The Valley of the Kings）等遺跡，並在一八二〇年，帶著發掘出來的大量遺跡當作伴手禮，凱旋地回到英國。再也沒有別的地方，比埃及館更適合作為展示這些成果的場所了。

於一八二一年五月一日，對一般大眾開放的埃及館的埃及展，掀起了驚人的熱潮。據說現場的盛況，絲毫不遜色於一九七二年初次在大英博物館公開、吸引了多達約一百七十萬名入場者的圖坦卡門展（The Tutankhamun Exhibition）。其中最引人注目的，是以六分之一的比例復原的塞提一世（Seti I）陵墓的石膏複製品，和吉薩金字塔群的第二座金字塔的模型，大小是實際規模的一百二十分之一。而周圍隨意擺放裝飾的法老王和埃及眾神的雕像、記載在莎草紙上的古文書等文物，也助長了埃及熱潮。

不過，這時布洛克的埃及館所展示的，不過是英國人想像的和他們想看見的「埃及」罷了。根據娛樂史專家的說法，參觀過這場埃及展的人們當中，只有極少數人知道埃及的所在地。儘管如此，貝爾頌尼策畫的這場埃及展，還是屬於當時英國人的「埃及經驗」。而因為這場展覽而沸騰起來的埃及熱潮，也讓廣泛階層的英國人漸漸更為親近大英博物館這個知性空間。在埃及館的埃及展成功圓滿閉幕的兩年後，大英博物館跟少特和貝爾頌尼，購買了那批展品當中的雕刻類文物。

◎展示木乃伊

被認為是由十二世紀的阿拉伯內科醫生開始當作藥物使用的木乃伊粉末，在中世紀歐洲各地的藥鋪都有販售。根據大英博物館專家的調查，伊莉莎白一世時代的哲學家和大法官弗朗西斯・培根（Francis Bacon），也是曾經對木乃伊的藥效提出保證的一人。不過，真相似乎是因為服用了碾碎的木乃伊粉末後，會讓人感覺很不舒服，到了幾乎忘記原本疾病的地步。相反地，當時統治埃及的鄂圖曼土耳其蘇丹，卻對木乃伊藥粉的效用感到懷疑，並在十七世紀末，發布了禁止木乃伊交易的通告。正是這項通告，讓買賣藥用木乃伊的熱潮逐漸冷卻的十八世紀初期，孕生出了「木乃伊的詛咒」之說，同時也讓木乃伊反而因為本身的文物價值，逐漸地「商品化」。

一八五一年，受到在倫敦舉辦的世界第一場萬國博覽會的刺激，大英博物館的入館人數突破了一百萬人。隔年，羅伯特・史默克爵士（Sir Robert Smirke）設計的博物館本館完成，也為持續增加的埃及收藏品提供了充分的收納空間。之後，一八八〇年代，英國在納入統治之下的埃及正式展開發掘調查；與此同時，木乃伊和木棺、雕像以及莎草紙等出土文物，也陸陸續續被運入博物館。當時的維多利亞時代人們，對於將這些文物分類後放入櫃中展示這個形式本身，展現了強烈的堅持。而這也證明了為數龐大的收藏品，並不是被當作古代美術品，而是被當作考古學、民族學和人類學的研究對象，讓人們開始意識到其中所蘊藏的學問價值。大英博物館傲視全世界的埃及收藏就這麼誕生了。其中的大功臣沃利斯・巴奇爵士（Sir E.A. Wallis Budge），也是在木乃伊身上發現學問價值的維多利亞時代人之一。

一八八三年，二十六歲的巴奇成為大英博物館的一名助手，並於一八九四年就任了在兩年前變更名稱的埃及・亞述文物部門（Egyptian and Assyrian Antiquities）的部長，他一直擔任這個職務到一九二四年為止。他自一八八六年第一次進入埃及以來，光是正式拜訪埃及就有十六次。他每次拜訪埃及時，就會購入包括木乃伊在內的大量收藏品，持續地送往博物館。他是一位優秀的埃及學者，同時也基於大英博物館的部長職責，撰寫了許多以一般讀者為取向的解說書籍，在提升英國人對於埃及的知識和興趣方面所樹立的功績上，獲得極高的評價。他在退休後所撰寫的著作《木乃伊》（*The Mummy: A Handbook of Egyptian Funerary Archaeology*，1925），銷售情況極佳。

另一方面，指責巴奇是「掠奪者」、「褻瀆者」的非難之聲也相繼不斷。不過，面對此類的批判，他的回答始終是相同的。「大英博物館對於木乃伊而言是最安全的地方。」他會公開這麼說，或許是因為有「大英博物館理應是由專家所組成的研究機構」的這句話背書之故，這是在博物館設立之初立定的兩項基本方針上，後來又追加的第三項方針。基於這份確信，在沃利斯．巴奇擔任埃及．亞述文物部門部長的三十年間，大英博物館的埃及收藏增加了約莫三倍，達到六萬多件。現在收藏在此的八十尊左右的木乃伊，大半都是在這個時期由巴奇所購入的。

收藏了神祕埃及的大英博物館，傳授給英國人的經驗，就是帝國是一個知性的娛樂空間。

快去救出戈登將軍——觀光與帝國

◎旅行大眾化時代的到來

在一八四一年七月五日星期日，約莫千名聚集在英格蘭北部萊斯特（Leicester）火車站的人們，在銅管樂團的演奏送行下，出發前往羅浮堡（Loughborough），展開了十一英里的鐵道之旅。率領他們踏上這趟旅程的，是經營印刷業的湯瑪士・庫克（Thomas Cook）。以熱心倡導禁酒運動而聞名的他，為了試圖讓勞工脫離酒精而推出的這項企劃，被視為正是近代觀光業的開端。

當然，策畫觀光活動的人並不只有他。早在這之前，就有許多被稱作旅遊代辦業者（Tourist Agency）的人們存在。不過，開始以「觀光旅遊」

位於萊斯特站附近的湯瑪士・庫克（Thomas Cook）雕像

（Tourism）這個新的英語詞彙，來對應為了追求樂趣而移動的概念，據說也不過是比這一天早三十年左右的一八一一年的時候。儘管如此，湯瑪士・庫克之所以會被稱作「近代觀光之父」，無非是因為他徹底追求旅行大眾化，而這正是透過「觀光旅遊」這個詞彙所表現出來的十九世紀旅行的特徵。

旅行大眾化的象徵，最明顯的或許就是代辦所有事宜、有導遊隨行的優惠套裝團體旅行了。一八五一年世界第一次萬國博覽會舉行之際，湯瑪士・庫克所推出的、比個人單程車資還便宜的團體折扣來回車資套裝行程，將超過十六萬以上的人們送入倫敦。這個實績，讓「大家一起去比較便宜」這個新的「旅行常識」，一下子就在全英國擴散開來。在那之後，湯瑪士・庫克公司也推出了包含住宿費的優待券，將行李的運送、護照的準備和飯店的預約等與旅行相關的繁雜手續完全簡化，或是提供代替現金的旅行支票等服務，讓旅行變成一件簡單、輕鬆而且愉快的事。該公司發行的導覽手冊、火車時刻表和公司雜誌《旅遊者》（*The Excursionist*），廣泛挑起了人們對旅行的興趣。湯瑪士・庫克公司最大的功績，就是在像這樣將「旅行商品化」的同時，也讓旅行業務變成半專業化的工作，進而確立起旅行成為一大休閒產業的地位，並且透過「商品開發」的過程，構築起全球化的觀光網絡。只要持有湯瑪士・庫克的票券，任何人都能夠便宜、安全且舒適愉快地，去到地球上的任何一個地方——這名符其實是一大革命，將語源出自於「Travail」（辛勞）的旅行（Travel）轉變成旅遊（Tour），也將旅行者轉變成觀光客。旅遊，就如同「Tour」這個詞彙的原義，成為保證安全且確實「返回原地」的周遊旅行。

促成這一大革命的背景因素，就是在十九世紀，特別是在後半期，英國社會在物理環境和精神土壤上，都已準備好接受湯瑪士・庫克公司所推出的新旅行概念。一是旅行的硬體層面——蒸汽船的改良和鐵路網絡的擴大所帶來的交通革命、住宿設施的充實等；而更重要的是，讓人們湧起了出外旅行心情的軟體層面。其根柢奠定於一八七三年到一八九六年間，延續了二十多年的大蕭條時期。雖然懷抱著失業的不安，但是勞動者們，特別是比較高階的勞工，在這段期間經歷了伴隨物價下滑所帶來的實際所得提升，和銀行假日法（Bank Holiday Act，一八七一年）[2]所帶來的勞動工時縮短、空閒時間大增的情況。該如何度過勞動以外的空閒時光？勞動者們也開始有餘裕思考這個問題。因而在一八七〇年代以後，娛樂產業便一鼓作氣地全面朝向大眾化發展。

◎庫克父子的對立——旅行的意義究竟為何？

然而對於湯瑪士・庫克公司推出的「旅行大眾化」所出現的反動，不但發生在創業者湯瑪士的身邊，而且還形成了父子各持己見、互不相讓的局面。

湯瑪士．庫克公司在一八五一年推出萬國博覽會行程一舉成名之後不久，該公司在充實國內的旅遊行程之餘，為了尋求休閒產業的新場域，很快就開始拓展海外市場。在確立該公司所謳歌的「全球旅遊」上扮演了重要角色的，則是湯瑪士的長子約翰．梅森．庫克（John Mason Cook）。約翰自七歲參加一八四一年往返萊斯特和羅浮堡之間的團體旅行以來，便半注定地要和父親湯瑪士共同踏上旅行業之路。十歲時就已成功在五百名少年的郊遊旅行中扮演起導遊角色的約翰，在那之後，也在旅行宣傳海報和公司雜誌的編輯上大顯身手。天天樂此不疲地蒐集資訊並探索旅行可能性的他，研究列車時刻、孜孜不倦地讀遍各種領域的報章雜誌，並在十七歲時，在倫敦的萬國博覽會中展現出身為導遊的能力。

約翰・梅森・庫克（John Mason Cook）

一八六五年，約翰正式成為父親的共同經營者，並在報社林立的弗利特街（Fleet Street）上設立辦公室，此時他已經開始專心思考，該如何經營旅行才能夠發展出成功的事業。約翰因為工作每年旅行將近五萬英里，一年有三分之一的時間在旅次中渡過，因此漸漸意識到自己和父親間，對於「何謂旅行」在認知上的分歧。

對於父親湯瑪士而言，他把「健全娛樂」的鐵道旅行，當作是禁酒運動的一環；對他來說，所謂的旅行是對勞動者進行道德教育的手段，也是一種社會改良的手法。故而，湯瑪士・庫克公司所經營的旅館，不但禁酒、禁菸，並且無視於利潤，對奉此為教義的浸信會教友，提供超低價格的旅遊行程。因此也有流言謠傳「湯瑪士・庫克要求旅行團的旅客發誓禁酒」，然而湯瑪士卻對此完全不介意。因為在他的想法中，旅行大眾化，就等於是信仰與社會道德的提升。在這層意義上，湯瑪士可謂是維多利亞時代典型的中產階級博愛主義者。

相對地，兒子約翰則是同時代典型的企業家精神實踐者。約翰在自己負責經營的倫敦分公司，每天工作超過十個小時以上，而且還要求職員跟他一樣勤勉和追求工作效率；他採用依照能力給薪和升職的制度，盡力促使觀光旅行業務的專職化和擴大事業規模。就這樣的約翰看來，將社會改良優先於事業經營的父親湯瑪士，似乎只是犧牲湯瑪士・庫克公司，以滿足他實踐「博愛主義」的個人「興趣」。

一八七九年，掌握了實質經營權的約翰，打出了和父親（以及他父親的美國夥伴E・M・詹金斯〔E. M. Jenkins〕）完全對立的觀光戰略。他高揭的新宣傳標語是，「人數限制、精心嚴選，與湯瑪士・庫克共度一流的旅程！」——換言之，即是約翰對於父親湯瑪士所達成的「旅行大眾化」踩下了煞車，並嘗試致力於發展以優雅高尚、具有知性且富裕的少數人為對象的個人旅行。換言之，便是相對於「旅行大眾化」的「旅行差別化」。旅行社的競爭在一八八〇年代日趨激烈，所以這樣的改弦易轍，也是約翰努力為了讓公司存活下來的經營戰略。順道一提，從很久以前就是庫克競爭對手的亨利．蓋茲（Henry Gaze）的「蓋茲父子」（Henry Gaze & Son），以幾乎和庫克公司相同的低價提供類似的服務，到一八九〇年代已成長到在國內外擁有近百家分店的規模，對庫克公司造成了很大的威脅。

對於認為旅行是社會改良和信仰一環的父親，兒子的激烈抵抗並非僅基於個人的情感因素，而是具有相當充分的理由。

◎旅行差別化——海外旅行的擴張

雖然日後約翰批評湯瑪士說：「我父親除了將事業擴張到美國之外，沒有任何其他的貢獻。」不過，事實上湯瑪士．庫克本身也很熱心於開拓海外的銷售通路。例如一八六〇年代推出的主力商品——攀登阿爾卑斯山之旅，就是其中的一例。當時正是阿爾卑斯山登山史上最早的黃金時代。愛德華．溫珀（Edward Whymper）在一八六五年成功地攀登上馬特洪峰（Matterhorn），湯瑪士．庫克沒有錯過這股在英國人、特別是中產階級之間高漲的登山熱。對於湯瑪士．庫克接二連三地將旅行團旅客送上阿爾卑斯山群峰的情況，評論家約翰．

羅斯金憤慨地寫下了一段名言，他說：「庫克馴服了阿爾卑斯山。阿爾卑斯明明理應只是為了部分具有審美眼光的知識菁英而存在的。」

在一八六〇年代後半，湯瑪士．庫克還與美國人詹金斯共揭標語，高唱「同說英語民族之攜手與友好」，企圖在南北戰爭後不久的美國擴張旅遊網絡。一八六八年，他也踏足了中東和埃及；之後，還將位於地中海的賽普勒斯島（Cyprus）大大宣傳成為英國人的渡假勝地；更在一八七〇年代企劃了環遊世界之旅。

只是，這些企劃全部都和英國國內旅行相同，是在貫徹湯瑪士的信念，也就是旅行是以信仰為基礎的社會改良手段。以「永遠與神同在」作為宣傳標語的中東耶路撒冷之旅，或許就是最典型的例子。因為這份信念，父親湯瑪士所推出的旅行經常是以大眾化為取向。

另一方面，「大眾化」也不斷遭受到批評。「英國的團體旅行客，正在汙染世界。」——就在湯瑪士著手開拓海外旅行的一八六〇年代，以中上階級人士為取向的雜誌，將湯瑪士．庫克公司的旅行團遊客冠上了「庫克的野蠻人」[3]的惡名。不該旅行的人們在旅行——這個對於英國觀光客的批判，和伴隨著旅行大眾化對於觀光地造成有形和無形的破壞，都是維多利亞時代觀光旅遊的特徵。

英國的觀光客們，對於這類針對自己而來的批判也很清楚。在旅遊淡季出遊的人增加，或許也是因為這個緣故。此外，這個時期，在《旅遊者》雜誌的讀者投書欄中也出現了頗發人興味的內容，如「一定不要在旅行地點碰見英國人」、「要努力成為一名旅行者而不是觀光客」等旅行團參加者的意見。換言之，即使在「旅行大眾化」之中，旅行的人們本身也開始尋求「不是Tourist（觀光客），而是Traveler（旅行者）」的差別化了。投稿的輿論，讓約翰深切感受到修正經營路線的必要性。對於身為維多利亞時代典型企業家的約翰而言，應該感覺得到「旅行大眾化」能夠帶來的利潤很有限，而這一點也成為他與父親路線訣別的動機。

約翰在公司的雜誌中敘述道：「所謂的旅行，必須要擁有社會信譽」，並且明確地提出「湯瑪士．庫克公司要選擇客戶」的嶄新方針。他選擇施行這項經營戰略的場域，並不是已經被英國觀光客所「征服」的英國國內、歐洲和美洲，而是（約翰判斷）他父親幾乎沒有任何貢獻的埃及。這也實現了英國人開始期待「前往沒有觀光客的地方，而且是在淡季」的願望。約翰的這個選擇，讓英國的觀光開發和帝國的存在產生了不可分割的連結。

◎快去救出戈登將軍！

整理湯瑪士．庫克公司一百五十年歷史的皮爾斯．布蘭德（Pears Blendon），指出在「發現」埃及這個觀光地，並以此作為宣傳這一點上，沒有人能夠勝過約翰．梅森．庫克。

布蘭德如此描述約翰的表現：「在埃及，若是斯芬克斯打破了永遠的沉默，開口所說出的第一句話，應該也會是稱讚庫克的尼羅河旅行團的成功吧！」

一八八〇年，約翰正準備大舉推展埃及行程，然而前方卻為「帝國的戰爭」所阻擋。首先是一八八一年，阿拉比・帕夏（Arabi Pasha）為反抗英法干涉內政而掀起的軍事政變。以此為契機，英軍在隔年亦即一八八二年占領埃及；然而不久之後的一八八三年一月，在埃及統治下的蘇丹又爆發了民族主義反抗運動，馬赫迪起義（Mahdi Uprising）的反抗軍占領了蘇丹西部省分的首府歐拜伊德（El Obeid）。

所謂的馬赫迪（Mahdi，救世主），是一個信奉伊斯蘭基本教義的集團，為了要從埃及獨立而誓師起義。英國於是派遣以平定中國太平天國之亂聞名的查理・G・戈登將軍前往蘇丹。這時，運送

死於蘇丹的戈登將軍

戈登將軍進入蘇丹內地，並且將暴露在馬赫迪威脅之下的埃及軍隊和平民帶離首都喀土木（Khartoum）避難的，便是獨占尼羅河蒸汽船運輸的湯瑪士・庫克公司。

進入喀土木的戈登，遭到馬赫迪的包圍，陷入了孤立無援之境。一八八四年四月一日的《泰晤士報》，刊載了來自喀土木的沉痛口信——「我們天天都等待著來自英國的援軍。我們的性命全然掌握在英國的手中。我們不想要被政府給拋棄。」

在野的保守黨強烈要求派遣援軍。然而，原本就不喜歡英國涉入蘇丹問題的自由黨首相格萊斯頓，遲遲不肯批准派遣援軍。在那期間，經由報紙的報導，戈登將軍的困局引起了國民廣泛的注意，「快去救出戈登將軍」的輿論高漲。而回應輿論期待的，也是約翰所率領的庫克公司。早已收到陸軍部的詢問並且私下同意協助尼羅河運輸的約翰，負責了亞歷山卓到瓦迪哈勒法（Wadi Halfa，當時的英軍稱之為「塗滿了鮮血的中間點」）之間的運輸。

約翰運送的援軍包含了英國與埃及聯軍的士兵，最後總計多達一萬八千人，運送的糧食則有十三萬噸。約翰不但提供了庫克公司獨自開發的埃及觀光旅行路線，同時也提供了往返艾斯尤特（Assiut）與亞斯文（Aswan）之間的高速蒸汽船，並動用他個人的力量準備了兩萬噸的煤、由二十八艘船隻所組成的艦隊、二十七輛貨車、和六百五十艘航行尼羅河的帆船等，以支應救出戈登將軍的行動。如此無微不至的安排，肯定是因為約翰早已經認知到，情報來源錯綜複雜的陸軍部，指揮系統本身很混亂。負責援軍運輸的約翰明白，英軍之所以來遲，相較於遲遲不肯同意派遣援軍的首相，陸軍部的情報管理、事務處理能力的粗糙，應負起更大責任。對此，約翰充分利用他所能調度的資源。但是在蘇丹內地等待援軍的戈登將軍卻沒有那麼順利，就在援軍抵達的四十八小時之前，戈登將軍已死於非命。

當將軍的死訊一傳來，英國舉國對於太晚才決定派遣援軍的首相，責難之聲四起。詳知內情的約翰，並未錯過人們對於戈登將軍的記憶依然鮮明的這個時機。他在繼續負責運輸鎮壓反抗軍的軍隊之餘，也在喀土木推出了「追悼戈登將軍之旅」，贏得了整個英國的喝彩。報紙上大書特書地寫道：「如果戈登將軍將遠征的所有運輸全部都委託給這家旅行社的話，那麼他或許就不會死了！」而且，庫克公司的這個經驗，對於約翰，以及對最後繼承該公司的兒子之一、陪同父親溯尼羅河而上直抵英國陸軍駐紮地棟古拉（Dongola）的三子湯瑪士而言，也都具有相當大的意義。

透過救援戈登將軍的相關行動，約翰確信了帝國的擴大將會擴展觀光的疆界。在對於帝國的關心和愛國心逐漸達到顛峰的十九世紀末，「參觀」眼睛看不見的帝國之旅，在尚未被大眾化這層意義上，也和約翰以「旅行差別化」為志向的戰略是一致的。

約翰的經營路線，在那之後也為三個兒子所繼承。一八九九年，南非戰爭爆發之際，庫克公司在承攬運輸士兵和物資前往南非的業務的同時，在戰爭結束後也企劃了戰地巡禮的追悼之旅，獲得了極大的利潤。

◎參觀野蠻和起源之旅

在約翰．庫克的率領之下，與帝國擴張攜手並進的「旅行差別化」，還有一個不可忽略的面向，那就是參觀帝國之旅，與帝國擴張的正當化修辭「將野蠻文明化」完全吻合。換言之，約翰和帝國聯手的觀光擴大戰略，便是為旅行頒發了「文明使者」的證明書。約翰說，「觀光旅遊不只是休閒產業，也應當是和平產業。」他的這句話，應該要放到大英帝國獨特的文明意識之中加以理解。

只是，在被蓋上「文明化」之印的時刻起，觀光地的大眾化也只是時間的問題。根據湯瑪士．庫克公司的旅遊行程表（一八九八年）上的記載，透過帝國擴大的先鋒——鐵路鋪設，從倫敦到喀土木僅僅需要十二天。「野蠻」被急速地「文明化」，而在這一條延長線上，約翰所追尋的全球旅遊也開始展露出形貌。野蠻與文明、差別化與大眾化的無止盡拉扯——觀光旅遊的悖論經由二十世紀逐漸在各地顯露，而約翰．梅森．庫克所推出的觀光戰略可謂是在此之前早已率先展開了行動。

能夠承受這個悖論的存在，還是約翰所致力開發的埃及中東之旅。就如同電影所呈現的，十九世紀後半的英國人，對於李文斯頓（David Livingstone）、史坦利（Henry Morton Stanley）對剛果的探索，和伯頓等人探尋尼羅河源頭的冒險與發現之旅，相當狂熱；但英國人期待在這些未知之旅中，看見什麼呢？「將野蠻文明化」當然不用說，但是令英國人興奮不已的，或許應該是「源流」這個字眼。源流、源、原點——埃及旅行是探訪文明源頭之旅，中東耶路撒冷之旅是前往基督教的原點之旅。同樣是企劃前往耶路撒冷的旅遊行程，但約翰的思考，和在其中追求「與神同在」的父親湯瑪士完全不同。這是父親與兒子間的時代差距。在歐洲物質文明逐漸到達空間極限的當時，特別是隨著領土擴張，產生出前所未見大帝國的一八八〇年代以降，要制止方才提到的無止盡拉扯，所能採取的辦法，不就只有「返回原點」了嗎？而且，辛苦地爬上金字塔、利用野外帳篷在乾燥的沙漠移動的埃及中東之旅，也實現了人們「不想當一名觀光客，而是想成為一名旅行者」的願望。

懷著同樣的目標，約翰也致力於「探訪英國的過去之旅」。例如，搭乘人們在鐵路鋪設以前的代步工具，以共乘馬車移動的國內旅行。回歸到「辛苦的旅行」——在承認迅捷移動價值的社會中，能將人從時間這個咒語的束縛之中解放出來的旅行，被視為是已經普遍大眾化的國內旅行的新突破之道，成為只有時間寬裕的人們才能夠享受的、差別化的旅行主打商品。

約翰與帝國聯手的觀光戰略，也沒有忽略了反向的需求。遍布於印度的湯瑪士・庫克分店，並不只是將被「風景如畫的印度」這類廣告標語所吸引的英國觀光客帶入印度，也將藉由間接統治而被納入帝國之中的印度社會上層階級——比方說各土邦的大君之流——送入歐洲。向埃及和印度的穆斯林承攬舒適的麥加朝聖之旅的，也是約翰和他的兒子們。一八九七年，他們負責安排以國賓身分受邀參加維多利亞女王登基六十周年紀念慶典的大君一行訪英之旅的細節。透過此類的雙向旅遊套裝行程，湯瑪士・庫克公司已逐漸地將整個大英帝國包裹在懷中。

在演藝劇場中歌詠帝國也很有趣！

◎販售帝國的專家

一八八五年一月，就在援軍抵達的四十八小時之前，於蘇丹內地陷入孤立無援狀態的戈登將軍，因為中了馬赫迪所發射的子彈而死於非命。國民的責難，集中於遲遲不肯派遣援軍的首相格萊斯頓身上。代替民眾向他表達憤怒的，是在當時逐漸迎向全盛期的勞動者娛樂設施——演藝劇場中所傳唱的歌曲。人氣歌手麥克德莫特（G. H. MacDermott）緊接在俄土戰爭時大受歡迎的歌曲〈By Jingo!〉之後送出的曲目，標題直截了當地命名為〈太遲了！（Too Late!）〉——這句話，放在今天的話，應該可以獲得「流行語大獎」吧。麥克德莫特巧妙地將民眾的憤怒編織到歌詞之中。

太遲了，已經來不及救他了。
雖然想救他，但已經太遲了！
他為了拯救所愛的人而戰鬥，在死後成為英雄。
太遲了，太遲了！
為了英國的光榮而死的他，
他會活在英國的心中！

格萊斯頓在此前被一直人們親暱地喚作「GOM」（Grand Old Man），但在演藝劇場的舞台上，卻揶揄地將這個暱稱倒過來，以「MOG」（Murderer of Gordon），也就是「戈登的謀殺者」來稱呼他。如此樸質而率真的愛國心，也是演藝劇場的魅力。

由砌磚工人改行當歌手的麥克德莫特，在一八八〇年代，以「販賣大英帝國的專家」這一外號，博得了極高人氣。他以一首政治色彩濃厚的歌曲，諷刺在俄羅斯和土耳其之間爆發的俄土戰爭（一八七七年至一八七八年）中以「忠實的協調者」身分介入的保守黨首相迪斯雷利，而一舉成名。那首歌曲，相較於〈我們不想打仗〉（*We don't want to fight*）這個可憐兮兮的曲名，反倒是在歌詞的副歌部分，意氣風發不斷反覆疊唱的「By Jingo!」更廣為人知，整個英國到處都有人在口中哼唱著這句歌詞。

「By Jingo!」這詞彙本身並不具有特別的含意。自十七世紀末以來就經常被使用，有時候是魔術師在變戲法時的吆喝之詞，就像是在說「嘿，看好囉！」有時候也會被當作用來表明個人意志的字眼，如「我對天發誓，絕對！」因為這首歌曲的大受歡迎，進而誕生了意味著盲目的愛國主義、好戰的愛國心的「Jingoism」（極端愛國主義）這個新的英語詞彙。從「我們不想打仗！」誕生出帶有「徹底打倒！」意義的單字，這或許是英國式的幽默也說不定。

在一八七五年買下蘇伊士運河股權的首相迪斯雷利，為了保護前往印度的通路，也就是英國在地中海和蘇伊士鄰近地區的權利，而對於俄羅斯逼近土耳其的威脅產生了警戒心。對於此事，不論是中產階級或是勞動者都發出了共鳴，在政治集會場合中出現了自克里米亞戰爭（Crimean War）以來日漸高漲的反俄情緒。其中，勞動者的娛樂設施演藝劇場，代替勞動者表達出他們對於俄土戰爭的直率情感。麥克德莫特在反覆「By Jingo!」的同時，一邊這麼唱著：

> 我們啊，不想打仗，
> 不過，By Jingo！如果要打的話，

我們有船，有士兵，也有錢。
我們之前也對抗過大黑熊（俄羅斯），
我們啊，可是真正的英國人。
俄羅斯混蛋，別想要得到君士坦丁堡！[4]

在都市化傾向日漸增強的社會中，將「帝國」搬上舞台的演藝劇場，開始傳授給人們享受其中樂趣的方法。

◎都市娛樂的殿堂——演藝劇場

就在世界第一場萬國博覽會在倫敦召開的同一年，亦即一八五一年的人口普查中，英國的都市人口首度超越農村人口。隔年，誕生在倫敦角落的、提供「酒與表演節目」的空間——演藝劇場，乘著都市化的浪潮，數量急速地增加，到了第一次世界大戰結束後，已相當受到大眾的喜愛。

誕生在泰晤士河南岸蘭貝斯區（Lambeth）的第一間演藝劇場「坎特伯雷」（Canterbury），其前身是一間叫做「坎特伯雷・阿姆斯」（Canterbury Arms）的酒吧。這家酒吧為增加營業額而安排了歌唱、舞蹈等節目，結果招來不錯的人氣；察覺到這一點的經營者，便將招牌改成「Music Hall」（演藝劇場）。兩年後，這間酒吧脫胎換骨成為一間大型劇場，可以容納一千兩百名觀眾，並且配備了當代首屈一指的音響設備。於是，將舞台與觀眾席合為一體、以朗朗上口的副歌為最大賣點的「坎特伯雷演藝劇場」（Canterbury Music Hall），相當成功。之後，在倫敦，稱為演藝劇場的設施源源不斷地增加；過度競爭的結果，讓節目的內容變得愈來愈充實，具有為觀眾席帶來歡樂才能的藝人也接二連三地誕生了。

狂熱著迷於他們的歌聲和才藝的，即是受惠於因勞動時間縮短而增加了空閒時間和實質所得提升的都市人——在階級社會的英國當中，主要是以店員和事務員這類屬於中產階級下層的人們，和位居勞動階級中上層的熟練工匠與工廠勞動者們為中心。都市，是一個匿名的空間，也是一個人們彼此擦肩而過卻互不道姓名的孤獨空間。在這樣的都市當中，舞台和觀眾席合為一體的演藝劇場中傳唱的副歌大受歡迎。這個漸次讓人們降低對於酒精依存度的娛樂設施，成了流行歌曲的據點，逐漸發展成為一個可以闔家同樂的「健全」大型娛樂產業。為此帶來契機的，是一首被稱作〈獅子詼諧曲〉（*Lion Comiques*）的滑稽歌曲。「香檳查理（Champagne Charlie），是我的名字，我是夜遊的高手。來吧！與我一起盡情狂歡吧！」——這種沒什麼內容的歌詞會大受歡迎，或許也說明了當時的人們所尋求的，就是在都市中的娛樂消遣。

在一八六八年的調查中，光是在倫敦就已經有超過五百座的演藝劇場，之後在全國的數量更加擴大。在過程當中，不只是人們的日常生活、勞動狀態和人生百態，連政治和政治家之類的題材也接二連三地被搬上了舞台；這個娛樂的殿堂在同時也拉近了人們與政治之間的距離。於是，到了〈太遲了！〉一曲大受歡迎的一八八〇年代中葉，便出現了稱為「Jingo Song」，詠唱對大英帝國和英國愛國心的歌曲。在這層意義上，演藝劇場真的就是名符其實的「娛樂的帝國」。在這個娛樂空間當中，掙扎於生活中的勞動者，獲得了一時的放鬆與喘息。

然而，在以勞動者為中心的演藝劇場的觀眾席中，對於帝國的關心，終究也只是存在於他們的想像之中。因此「娛樂的帝國」，也只是想像的帝國。

◎已無法再高唱 Jingo Song

雖然南非戰爭經常被用誕生在演藝劇場的英語「Jingoism」（極端愛國主義）來形容，不過當時在劇場中受歡迎的歌曲，例如人氣歌手湯姆．勞埃德所唱的歌詞內容是這樣。

請不要再歌詠戰爭了。

已經不能再和隔鄰的人小酌一杯了。
二十七齣劇目，歌詠的主題，
全是女王、湯米・阿特金斯（Tommy Atkins，英國士兵的泛稱）、
以及綠色的三葉草（愛爾蘭天主教的象徵）。
讓我想逃離舞台，想打碎照明燈具。
所以，請不要再歌詠戰爭了！

一九〇〇年五月，民眾為慶祝馬菲京（Mafikeng）從布爾人的長期包圍中解放而縱酒狂歡之舉，被理解成「極端愛國主義」的象徵。不過，相對於吉卜林（Joseph Rudyard Kipling）為了幫在南非戰爭中戰死的士兵遺族募款，而在題名為〈心不在焉的行乞者〉（The Absent-Minded Beggar）的詩中讚美他們對於帝國的貢獻，演藝劇場已經逐漸地不再歌詠戰爭了。J・B・布斯（J. B. Booth）在回顧第一次世界大戰的時代之際，感慨甚深地寫道：「關於這一場我們歷史上最大的戰役，最早傳唱的曲調，哪裡是歌詠戰爭啊，居然是想念著皮卡迪利和蒂珀雷里（Tipperary）的歌謠，多麼的諷刺啊！」

布斯所提到的歌曲，是第一次世界大戰爆發的一九一四年左右，由澳洲出身的演藝劇場歌手弗洛麗・福特（Florrie Forde）所演唱的〈蒂珀雷里路遙遙〉（*It's a Long Way to*

Tipperary）。因為她本身沒有什麼人氣，所以這首歌曲會留在人們的記憶當中，並不是因為在演藝劇場的觀眾席，而是因為在第一次大戰的戰場上，士兵們當作軍歌掛在口頭上哼唱的緣故。而蒂珀雷里，則是位於愛爾蘭西南方的芒斯特省的一個小鎮的名稱。

蒂珀雷里路遙遙，漫漫長路迢迢千里。
蒂珀雷里路遙遙，我心愛的女孩遠在千里之外！
再會了，皮卡迪利！再會了，萊斯特廣場！
蒂珀雷里雖長路迢迢，
但此心永不離。[5]

包括後面的篇章將提及的〈Oh, The Hooligans!〉（喔，不良少年！）等歌曲，從前對愛爾蘭人充滿了露骨偏見的演藝劇場，已是一個完全不同的世界。那應該是因為在南非戰爭的時代過後，大多數的劇場常客都面臨著無法再高唱「為

弗洛麗·福特（Florrie Forde）

帝國而戰」的現實了吧。演藝劇場的女王瑪麗．勞埃德（Marie Lloyd），在南非戰爭期間僅只唱過一次Jingo Song。「約翰，雖然在你從軍之前，我並沒有很喜歡你，不過，現在我很喜歡、很喜歡你」——是一首天真地肯定戰爭的歌曲。雖然如此，但瑪麗本身在戰爭結束後的南非巡演的移動中，發現到沿途豎立的無數墓碑，她淚眼潸然的呢喃道：「多麼令人悲傷啊。沉眠在此地，並不是只有英國人。肯定也有布爾人。這就是戰爭啊！」或許正因為如此，瑪麗．勞埃德才會是演藝劇場最大的巨星吧。

一九二二年十月七日，瑪麗在舞台上昏倒，就此長眠不起。據說她過世之際，賣報紙少年的聲音，響徹全英國所有的大街小巷。「瑪麗死了！瑪麗死掉了喲！」——這一刻，演藝劇場的時代也閉幕了；美國電影逐漸取而代之，登上了大眾娛樂的寶座。十萬名參加瑪麗葬禮的人們，肯定也因瑪麗之死而感受到美好的舊時光已經一去不復返了。

瑪麗．勞埃德（Marie Lloyd）　19世紀末的劇場女王。

1 非現今之倫敦博物館（Museum of London），原始建物已於一九〇五年拆除。

2 所謂「銀行假日」，亦即中文的「國定假日」，因為這一天銀行休息，故以為名。

3 審訂語：一八六〇年代，庫克在英國主流大報中都備受批評，其中 the Daily News 稱 Cook: "That modern Attila, Thomas Cook…… has been here with his swarm of followers, who, like the barbarian hordes of old, have been ravaging the fairest provinces of Italy." 大意是庫克大群的追隨者，像是以前洗劫義大利（古羅馬時代）的一群群野蠻人一樣。同時還有其他報紙留下類似批評。自比為羅馬帝國的英國人，成群到義大利或其他古蹟之處，反而如同洗劫羅馬的蠻族，可謂深刻的諷刺。

4 摘錄歌詞原文如下，譯文根據作者原文。

We don't want to fight but by jingo if we do...
We've got the ships, we've got the men, and got the money too!
We've fought the Bear before... and while we're Britons true,
The Russians shall not have Constantinople...

5 摘錄歌詞原文如下：

It's a long way to Tipperary, It's a long way to go.
It's a long way to Tipperary, To the sweetest girl I know!
Goodbye, Piccadilly, Farewell, Leicester Square!
It's a long long way to Tipperary,
But my heart's right there.

第八章 女人們的大英帝國

《漫長的婚約》（The Long Engagement）　亞瑟・休斯（Arthur Hughes）所繪。

女人的容身之地

◎帝國沒有白人女性的容身之地？

在維多利亞女王的時代，大英帝國這個空間大致上是由三種類型的地區所構成。第一類，是從這個島國遷入移民、在當地構築起新的英國社會（也是白人社會），如加拿大、澳洲、紐西蘭，以及南非等地區。這些地區全部都在二十世紀初期之前成為自治領，並根據一九三一年的《西敏法令》（Statute of Westminster）在實質上成為獨立國家。第二類，是因為印度大叛亂（一八五七年至一八五九年）的契機，由東印度公司移交到印度事務局的管理之下、身為英國財富的泉源而在帝國內部具有特別意義的印度地區。還有一類，則是由少數的英國人統治絕大多數當地人的皇家殖民地，以各式各樣的規模散布在亞洲、非洲和太平洋之上。關於這些地區，特別是第三類的皇家殖民地，有一句話宛如咒語似地不斷被反覆重述。「帝國沒有白人女性的容身之地」——這句話，也成了伊莉莎白・歐克（Mary Elisabeth Oake）描寫她與擔任殖民地行政官員的丈夫在西非共度的生活的回憶錄的標題（*No place for a white woman*，1933），而且直到最近，都還被理解成是對帝國與女性關係的象徵性說明。

當然，並不是帝國之中沒有女性的存在。而且實際上，前面所提到的每一個地區，都有女性的身影存在。一五八七年，在伊莉莎白女王的寵臣沃爾特・雷利爵士所計劃的美洲維吉尼亞（羅阿諾克島）殖民當中，就已經有總督約翰・懷特（John White）的女兒夫妻。夫妻兩人所生的女兒被命名為維吉尼亞（Virginia Dare），成為在美洲出生的第一個英格蘭人。之後降臨在這個幼兒身上的命運，正可說是一部帝國史。還有，到了帝國邁向全盛時期的十九世紀後半，女性移民被強力推薦前往上述的四個以白人殖民地的形式逐漸發展起來的地區，許多的女性們懷著各自的理由渡海而去。在亞洲和非洲的殖民地亦是如此，英國的女性們透過各式各樣的形式，試圖確保自己的容身之地。

在十九世紀末到二十世紀初進入全盛時期的女性移民（廣泛地說，是女性移動前往殖民地），與國內的變化——女性職業的專門化或爭取女性參政權運動——有很密切的關係。例如十九世紀後半，特別是初等教育義務化（一八七〇年）以後，小學的女性教師人數增加，在國內找不到職位的女教師們尋求出路的解決之道，即是帝國。像因為百老匯音樂劇《國王與我》（*The King and I*）而聞名的暹羅（現在的泰國）宮廷女家庭教師安娜・李奧諾文斯（Anna Leonowens）之類的事例也不少。

總之，無視於女性存在的帝國史是不可能的。特別是在十九世紀後半邁向全盛期的大英帝國，因為英國社會本身持續施加壓力將女性推往海外、推向殖民地，所以更是如此。

◎女人太多的維多利亞時代

下方表格是十九世紀末到二十世紀初的英國女性人口數。在那段大英帝國的全盛時期，這些統計數據被認為反映出當時英國的社會問題，並在物理和精神層面上都成為女性壓力的來源，迫使英國女性為求出路而前往大海的彼方。數據清楚顯示出女性多於男性人口的現象，而這種女性人口過剩的傾向，在一八一五年拿破崙戰爭結束以後，歷經了整個十九世紀，情況卻依然沒有改變。

在這些過剩的女性人口當中，處於適婚年齡的二十多歲、三十多歲的女性，在整個十九世紀所占的比例大約是三分之一。這些無法結婚的獨身女性們，在當時的報紙、雜誌和小說中，名符其實地被稱作「多餘的女性」、被視為問題，而試圖摸索解決之道。對於維多利亞時代可確認的慢性女性人口過剩，在統計上指出了兩個主要原因：第一是，十五歲以下的男性死亡率壓倒性地多於女性。第二是，伴隨著帝國的擴張，男性以軍人、行政官員、商人和移民等身分前往海外。此外，再加上在當時的價值觀中出現了透過數字無法呈現的新思考方式，即是「扶養親屬」的概念，以及與其相關的晚婚化傾向，

一八七一年	594,398 人
一八九一年	896,723 人
一九一一年	1,328,625 人

一般認為這也都在「感受」上強化了女性過剩的印象。前拉斐爾派畫家亞瑟．休斯（Arthur Hughes），深受畫下《雷利的少年時代》的約翰．艾佛雷特．米萊的影響。在他題名為《漫長的婚約》（The Long Engagement，一八五三至一八五五年，見頁三〇一）的畫作當中，畫著一對已經稱不上年輕的戀人。從服裝上看來，男性或許是教會相關人物。凝視著他的臉龐的女性，雙手緊握住戀人的手，而從她的指尖從似乎可以感受到，當時男性在尚未取得經濟上的安定之前不應該結婚的想法所帶來的沉重壓力。

「女性過剩」（的這種感受），在「女性應該是家庭中的天使」的維多利亞時代的價值觀和道德觀中，某種程度上被視為是傳說中的神話。但是在當時的女性們、特別是中產階級女性經常閱讀的小說中，描繪了獨身女主角們所遭遇的各式各樣困境，也為這個神話帶來相當程度的說服力。例如，愛爾蘭的作家暨美術評論家喬治．摩爾（George Moore），在他的小說《一齣白紗的劇目》（*A Drama in Muslin*，1886）中，如此描寫了獨身女性的形象：

在那個整潔的、小小的家中，她們的人生在獨身者的怠惰中，宛如溢出來的水般，滴滴答答地過著日子。不論是希望，或是絕望，都無法打破她們單調的每一天。然而，這是她們的過錯嗎？不是的，如果沒有人願意跟她們結婚的話，她們能做什麼呢？如果沒有丈夫的話，女人什麼都做不了。馱馬有存在的理由，但是結不了婚的女人沒有。（北

條文緒等人編，『遥かなる道のり』〔遙遙長路〕，國書刊行會出版）

一般認為「女性過剩」的狀態，在中產階級家庭——即是在「家庭的天使」這個理想女性的形象壓力最沉重、最認真接受這個價值觀的階級——的女兒當中，問題最為明顯。中產階級家庭的女兒們，不論是已婚、或是未婚，和不得不工作的勞動階級女性不同，她們否定為了謀生而勞動，認為工作謀生意味著階級的淪落。因此，這個階級的女兒們，對於單身的危機感與結婚的執著，也就更加強烈。不過，在一八七三年以後的慢性長期經濟不景氣中，因為事業失敗和破產等因素而陷入困境的家庭也不在少數。

獨身女性的存在，在從前以家庭為單位的歷史人口學、數據化的人口史上，從未被表面化、或是被視為問題。然而，正是這項隱藏的數據，讓維多利亞時代的女性主義運動做好了展開新局的準備，並且也為同時期因緊追在後的美國、德國而苦的大英帝國帶來了新展望。

在移民活動中就可以找到極佳的例子。一八七〇年代以降，在從前以男性為中心的移民當中，女性所扮演的角色開始受到強調。女性移民，被當作是解決國內女性過剩的現實對策，同時也是看準了四個成為移民地點的白人殖民地，加拿大、澳洲、紐西蘭和南非的變化，為了深化「帝國的統合」而推出的戰略。

◎對於女性移民的期待——請制止「女兒們」的反抗！

從一八八〇年代起，到二十世紀初期第一次世界大戰爆發不久前為止，這段時期被稱作是英國女性移民的黃金時代。這個時期，大多數女性移民的目的地是加拿大自治領。這與加拿大聯邦政府伴隨著西部開拓而推出的新移民政策有關。如同在第三章所見，在此之前以東部為中心逐漸發展起來的加拿大聯邦，將曼尼托巴省（一八七〇年）和英屬哥倫比亞省（一八七一年）兩個西部的省分納入了版圖後，因為加拿大太平洋鐵路的開通（一八八五年）加速了人口向西部遷移。持續進行開發的加拿大西部需要幫忙處理家務的傭人，而這項需求促進了英國女性的移民。

當然，在她們的移民中，也蘊藏著超越單純勞動力不足的意義。從十九世紀末起到二十世紀初期，有一份奇妙的信件，以像是今日的廣告郵件的形式，在英國社會中廣泛流布，而從郵件字面中也浮現出存在加拿大西部的問題。

緊急呼籲！

Newspaper advertisement

「請立刻前來！」　呼籲女性們移民前往加拿大西部的卡片。

加拿大西部徵求數千名好女孩。
超過兩萬名的男性因為找不到新娘而嘆息。多麼令人遺憾啊！
不要遲疑，請立刻前來。
如果妳不能來的話，請寄給妳的姊妹。
因為需求甚大，所以只要穿裙子的都有機會。
只要好好地提出申請，絕對不會有被拒絕的情況發生。
男人們雖然害羞，但其實都是很樂意的。
通通都有獎，絕對不會有空籤！
不要錯過這個機會。
妳們當中或許有些人應該再也不會有第二次機會了！

在這份郵件中，露骨地顯示出加拿大西部的男性過剩、女性不足的現實。所謂的大英帝國，也是個會令男人落淚的場域。

而在這份郵件當中，所使用的許多冒犯女性無禮言詞，或許也是考量到英國國內「女性過剩」的現實情況吧。提到國內過剩的獨身英國女性，便聯想到移民到加拿大西部、因為新娘不足而苦惱的英國男性，純然就只是數字運算。因為女性移民，是解決加拿大和其他白人殖民地的男女比例失衡的有效對策。不言而喻地，當中也存有對增加加拿大自治領內「英國人」人口的期待。存在背後的內情，是因為同時期有大量來自歐洲各國的移民湧入加拿大西部，特別是來自東歐的移民潮，讓英國移民感到戒懼之故。

在既是大英帝國的全盛期，亦是包含女性在內的英國移民黃金時代的世紀之交，擔任加拿大自治領掌舵者的，是法裔的勞雷爾總理所領導的內閣（一八九六年至一九一二年）。當時加拿大的法裔和英裔國家主義者之間產生激烈的對立，勞雷爾總理處於被追問「何謂加拿大、加拿大人又是什麼」的情況之中，而他強力拒絕英國殖民地大臣張伯倫等人所追求的以英國為中心的帝國統合，努力地強化加拿大和美國之間的關係。一九〇七年的帝國會議中成立了「大英國協」，自治領在聯邦中獲得了與母國英國近乎同等的資格（外交權除外）；此時，與南非的川斯瓦（Transvaal）總理博塔（Louis Botha），聯手促成大英第二次帝國轉變成這種嶄新連結模式的人物，也是勞雷爾總理。與此同時，在興起小麥熱潮的西部地區推動農業移民招募政策的勞雷爾內閣，拒絕了以都市貧困階層為中心的英國移民，大量地接受中歐和東歐的移民，特別是來自烏克蘭的農業移民。人口結構的變化、民族和語言的多樣化，以及在過程中逐漸形成的「加拿大人」自覺——英國在這當中，看見了向來順從的「大英帝國的長女」的反抗，並且感到困惑。

維多利亞時代的英國社會，將抵抗「加拿大人」意識的覺醒、把加拿大留在大英帝國內部的任務，寄託在女性的道德和倫理力量之上，即是對於所謂的「文明化的力量」寄予期待。而這個新的必要性，給予了被排除在結婚和就業市場之外的中產階級女性們新的使命和發揮的場域。

◎女性移民協會的錯誤嘗試

十九世紀中葉，中產階級（或是以上）的女性，被允許從事的不失身分（即是不會淪落為勞動階級）的有償勞動、也可以說是唯一的職業，就是寄住於僱主家中的女家庭教師（Governess）。另一方面，與隸屬於同一階層的女主人之間的關係，或是與出身於比自己更下層階級的傭人們之間的互不相讓，讓女家庭教師經常處於相當微妙的立場。在曾經親身擔任過女家庭教師的夏綠蒂・勃朗特（Charlotte Brontë）的小說《簡・愛》（*Jane Eyre*，一八四七年）中，英格雷姆母女在拜訪簡愛的僱主羅徹斯特時，兩人之間出現了以下這麼一段對話。

「關於家庭教師這個問題，您可以問問我的母親。在我們小的時候，我想瑪麗（妹妹）和我，至少也聘僱過一打吧！一半是讓人火大的傢伙，剩下的另一半則是無聊的傢伙，不管哪一個，都是光想到就會讓人作惡夢——媽媽，您說是不是這樣呢？」「關於家庭教師的事，就別提了！因為光聽到就令人煩躁。那群人的無能和反覆無常，痛苦到讓人覺得宛如就像是殉教者似地。真要感謝老天爺，能夠和她們完全斷絕關係。」（大久保康雄譯《簡・愛》上集，新潮文庫出版）

十九世紀中葉，在英國設立了許多協會，這些組織以開拓女家庭教師的僱用管道和以提升女子教育為目標，當然也包含消除諸如此類的偏見。面對國內女家庭教師職位有限的情況，他們嘗試在白人殖民地，特別是在發現金礦後發展加速的澳洲，拓展新的出路。然而，由於對前往海外的安全保障和當地的接受態度等事先掌握不足，他們很快地就遭受到挫折。女性移民全盛期的代表性組織「英國女性移民協會」（British Women's Emigration Association），便是人們持續在那些失敗的教訓中學習經驗，並逐漸地修正對移民活動的見解，而後在一八八〇年代吸收數個原有的民間團體而成立的。

這個將本部設置於倫敦、在全國各地廣設分會的協會，在二十世紀初期由愛德華七世（Edward VII）的妻子亞歷山德拉（Alexandra）王妃擔任會長，並且邀請殖民地大臣張伯倫、南非高級專員阿爾弗雷德・米爾納（Alfred Milner）爵士、倡議帝國紀念日的米斯伯爵（Earl of Meath）等當時知名的帝國主義者擔任本部的管理委員會成員，帝國傾向逐漸增強。協會在大量送出加拿大西部所需要的女性（家事傭人）之際，也以中產階級的女性（被相信）具備的教養與道德的力量，作為擬定政策的前提。結果，女性移民在某種意義上，可謂是成了一項「帝國的計劃」。而其中，長期擔任這個協會的管理委員、之後成為倫敦本部管理委員長的艾倫・喬斯（Ellen Joyce），則充分發揮了她的帝國經驗。

◎艾倫・喬斯的加拿大西部經驗

身為神職人員妻子的艾倫・喬斯，一直在以英國國教會為中心的地區領導志工活動。在轉變為福利國家以前的英國社會，肩負起大部分社會福利工作的，都是像她這樣的神職人員妻子或女兒們。她們以「母親聯盟」（Mothers' Union）、「女童友愛協會」（Girls Friendly Society）之類的英國國教會組織為中心，熱心投入勞動女性的教育工作。在丈夫過世之後，喬斯夫人在以「女童友愛協會」為活動中心的過程中，逐漸地確信移民可以為貧窮女性帶來出路。她之所以在女性移民身上強烈感受到帝國的使命，是因為在二十世紀初期，為了掌握接受移民的實際狀態而重訪睽違十多年的加拿大時所見聞到的震驚事實。在曼尼托巴省的首府溫尼伯，報紙居然是以英語、法語、德語、俄語等四國的語言出版。在理應是英國殖民地的加拿大，發生了什麼事？

歸國後的喬斯夫人，在「女童友愛協會」的全體大會中（一九一二年），極力地主張：「加拿大會成為大不列顛的加拿大，還是會成為世界主義者的加拿大，就在女性移民身上了。」

這段發言，也追認了「英國女性移民協會」從以前就在進行的「為帝國提出貢獻」的女性移民政策。例如，在四年前召開的年度大會上，曾經宣讀了如下的訊息，高聲謳歌著對於女性移民的期待：

我們的帝國有賴於移民。沒有女性移民的存在，也就沒有帝國。因為只有女性才能在殖民地上建立起家庭。將女性移民送到殖民地，便能夠傳達我們盎格魯撒克遜人的理想。（協會年度報告書，於一九〇八年）

◎英屬加拿大的移民情況

於是，女性移民，並不是為了逃離女人過多的母國，而是被賦予了在殖民地創造英國人的家族、傳遞民族血脈和英國文化的意義。英國女性移民協會陸陸續續將擔任「文明使者」的女性們送往大海的彼方，前往興起東歐移民熱潮的加拿大、以及澳洲和紐西蘭。移民的女性被要求擁有教養，如正確的英語等。帝國的這項要求，可謂是為中產階級的獨身女性提供了新的選項。為了製造出和勞動者家庭出身的女性所擔任的「家事傭人」之間的差別化，甚至還創造出了「Home Help」（家事協助者）和「Lady Companion」（仕女陪伴者）等語感差異微妙的詞彙，來稱呼受聘在日常之中陪伴僱主、扮演談話對象的女性。

一九〇二年五月，因為布爾戰爭的結束，南非對於扮演「文明使者」的女性移民期待也日漸高漲。「英國女性移民協會」新設立的「南非殖民協會」（South African Colonisation Society），在成立的同時也設置了教育委員會，開始將希望擔任教師的女性大量地送往南非各地。而且，在南非成為自治領的一九一〇年的隔年，以「有教養的女性」為對象的移民部門便成為獨立單位，女性移民在達成「文明化和教育」的使命上也逐漸被賦予了更明確的角色。

關於她們對帝國所做的貢獻，日本也收到了相關的報告。在一九〇八年十二月所編撰的外務省通商局的《移民調查報告》中，當時駐渥太華的總領事清水精三郎，以〈英屬加拿大移民情況——我國移民入境加拿大之統計及各國移民移住狀況〉（英領加奈陀移民事情、加奈陀入国本邦移民ニ係ル統計及諸外国移民竝ニ移住ノ状況）為標題，在報告中寫道：

他們也如同學校般聘僱英國女教師，讓子弟們專注持續研習英語，即便是理解英語的能力不如父兄，但因極力敦促他們學習英語，日積月累猶如吃飯穿衣，很快地他們就會做效起英國人的嗜好。

說到一九〇八年，就讓人想起因為前一年在溫哥華發生了排擠亞洲移民的暴動，於是加拿大聯邦政府和明治政府之間，便在這一年締結了限制日本移民的條約。在「英國女教師」活躍的背後，多民族化的加拿大西部，也逐漸地構築起了種族差別待遇的體制。

◎女性移民的後來發展

渡海前往加拿大的女性們，後來怎樣了呢？

不論是為了工作、或是為了結婚，背負著自己的文化和歷史、價值觀和道德觀渡海而去的英國女性們，在殖民地安定下來的過程中，為了要適應新的生活環境，或許也會被迫不得不改變自己的思考方法和生存方式。移民的女性數量有多少，便有多少個故事。在此想要介紹其中一個故事，也就是接受「英國女性移民協會」委託調查移民實況而前往加拿大的艾拉・賽克斯（Ella Sykes）所寫下的內容。

艾拉・賽克斯出生於上流階級，在一八九四年曾經跟兄長珀西（Percy Sykes）一同前往波斯旅行，是第一位從裏海騎馬旅行到印度的英國女性，也因此為人所熟知。接下協會的委託之後，她走訪了曼尼托巴省、亞伯達省、英屬哥倫比亞省等地方，針對以「家事協助者」（或是仕女陪伴者）的身分移民到加拿大的女性們，積極地展開訪談調查。同時，她也宣稱自己是「在雖然貧窮但重視體面和品德的中產階級家庭中長大，因為想要逃離適合淑女的工作很有限的英國，所以來到了加拿大」，然後以家事協助者的角色「潛入」加拿大的農場。歸國後，她將這段經驗寫成了以一本《一名在加拿大的家事協助者》（*A home-help in Canada*）為標題的書，在她的書中可看到這樣的一段話：

加拿大對於勞動階級的女性而言，的確是天堂。只是，對於冠著英國淑女之名來到這裡的女性們而言，會察覺到自己的教養幾乎，不，或許該說完全得不到僱主的公平看待吧。就我自身的經驗，在加拿大的各個城市中工作的家事協助者，單純就是傭人。

另一方面，賽克斯從亞伯達省的教育局長那裡得知，光是該州每年就會招募兩百名左右的女性教師的資訊，便想起了雖然擁有教師資格但在英國國內卻無法成為教師的女性們，接而寫道：

只要擁有英國的教師資格，在這裡就會立刻被採用。（中略）學校教師的前景，在加拿大遠比在英國好得多，而且教師在社會地位上也擁有很高的評價。所以，各個農場會互相爭取被選為教師宿舍的榮譽。

不過，零星散布在加拿大西部廣袤平原中的學校，擁有各式各樣的規模，依賽克斯所見到的學校的情況，據說十名左右的學生不只年齡各不相同，連國籍都跨越六個國家。在那裡教書的英國女性，如此回答了賽克斯的質問：「不過，他們的知識學習慾望都很旺盛，而且沒有任何一個學生會翹課！」——賽克斯接著繼續寫道：「她為了讓學生們變成忠誠的帝國子民，在工作上應該會有很出色的表現才對。」

從這些記述的內容看來，雖然會感覺到伴隨著移民而來的困境和不滿，但也可以察覺得到艾拉．賽克斯本身，亦將移民前往加拿大視為是中產階級女性們的帝國任務。

然而，現實中的加拿大，正試圖擺脫「順從的長女」的角色。在英國移民黃金時代（同時也是女性移民全盛期）的十九世紀末到二十世紀初，加拿大和澳洲都已經正式邁入創造「國民」的進程。換句話說，從英國移民到加拿大的女性們在殖民地加拿大紮根的過程，也就等於是她們從「殖民者」（Colonist）轉型成為當地的「國民」（Nation）的過程。這個過程，一方面是他們對於帝國這個結構的抵抗，同時另一方面也將當地的原住民變成附屬者，且逐漸地將他們從「國民」之中排除，不過接下的細節就讓給每一個「國民的故事」來各自闡述吧。

踏上帝國之旅的女人們

◎「發現貧困」與帝國

期待中產階級的女性扮演「文明化使者」的，並非只有發展迅速的自治領而已。比白人殖民地更期待女性自主實踐這項使命的，是在亞洲和非洲擴張的保護領和直轄殖民地——這些被認為是「沒有白人女性容身之地」的地區。

這些前往亞洲或非洲殖民地的女性，渡海去國的動機或目的，和前述的移民女性完全不同。首先最明顯的就是，她們和勞動階級出身者占了大半的移民不同，主要隸屬於中產階級，有時還是出身於更上層的階級。她們有的是與擔任殖民地官員的丈夫同行的妻子，也有在殖民地化之前就已經進入非洲內陸的傳教士的妻子。在同時代盛行的福音主義或是博愛主義中，倫敦傳道會（London Missionary Society，一七九五年設立）或英國海外傳道會

（一七九九年設立）等陸陸續續設立的民間傳教團體，也開始將女性傳教士送往非洲或亞洲，甚至還有些人會自願前往某些地區。十九世紀末，為了因應英國領土在熱帶地區的擴張，於利物浦和倫敦設立了熱帶醫學研究所；與其相呼應地，於一八九六年組成的民間團體「殖民地護士協會」（The Colonial Nursing Association）的女護士，曾經志願進入當時被稱為「白人墳墓」的西非——阿克拉（Accra）、海岸角、拉哥斯、卡拉巴爾（Calabar）等地方。還有為了當地人們的教育，特別是女子教育，而渡海前往殖民地的女性教師；也有為了廢除印度的娑提（Suttee，未亡人殉夫）或是童婚等令當地女性受苦的風俗習慣，挺身奮起的女性改革者。

在維多利亞時代的社會中，中產階級的女性們廣泛從事各類的慈善活動，以延伸她們身為「家庭的天使」的角色，這是眾所皆知的事；而慈善活動，也正是令女性們意識到帝國存在的重大契機。在查爾斯・布斯（Charles Booth）和西波姆・隆崔（Seebohm Rowntree）分別以倫敦和約克為中心進行的貧困調查之中，動員了眾多的女性，而這也令相信社會富裕的她們，將目光轉向這個國家根深蒂固的貧困。例如，在倫敦碼頭區進行貧困調查的碧翠絲・波特（Beatrice Potter），也就是日後的韋伯夫人，她成為社會主義團體「費邊社」（Fabian Society）的主要成員，挺身而出，和丈夫希德尼（Sidney Webb）齊心協力地為解決都市的貧窮問題而努力。

另一方面，和碧翠絲．波特同樣參加倫敦碼頭區周邊的貧民區調查的女性當中，也有不少人在調查過程中目擊少女賣春的實際情況而大受刺激，並且對於自己所進行的慈善活動無法解決貧困在根本上和現實上的問題，難掩空虛和失望。而此時出現在她們面前的就是「帝國」。

◎芙拉．肖的帝國經驗

在這當中，有一位名為芙拉．肖（Flora Louise Shaw）的女性。她誕生在一個位於愛爾蘭都柏林近郊的富裕盎格魯．愛爾蘭家庭中。母親死後，趁著父親再婚之際離家的她，認識了於政治、社會和美術等多種領域發表評論的約翰．羅斯金，在羅斯金的建議之下，她開始從事兒童文學的創作。然而，在一八八〇年，她在於倫敦碼頭區周邊從事志工活動的一位女性史蒂爾小姐的請求之下，加入了貧民區的調查，因而親眼目睹了可怕的貧困現狀，大為震驚。貧窮的家庭擠在又髒又窄的屋子裡，被迫接受低薪勞動的孩子們充斥在巷弄間，從年幼的賣春少女口中說出「因為除此之外，別無其他生存之道」的哀傷話語。

當然，那個地區也有英國國教會的傳教團體在從事慈善活動，只是芙拉不認為那就能解決迫使少女們不得不賣春維生的貧困問題。日後，她如此回顧道：「那就像是想要用紅茶杯舀起海水，想要清掃海邊的沙粒啊！」懊惱地佇立泰晤士河畔的她，在「這條泰晤士河所注入的大海彼方、廣大的大英帝國」，發現了貧困的出口。這與對她的帝國觀帶來極大影響的「南非的巨人」賽西爾．羅德斯（Cecil Rhodes）的經驗極為酷似。

羅德斯回想起，當他在倫敦東區所舉辦的失業者集會中，聽到眾人齊聲高呼「給我們麵包！」之際，曾經深切地感受到：「為了將英國國內的四千萬民眾，從血腥的內戰危機中拯救下來，只能成為帝國主義者了。」——「發現貧困」，讓不論男女在尋求解決之道時，都意識到了帝國的存在，並且讓諸多善良的男女變成帝國擴張的贊同者。一八八八年在官方扶植下設立的「皇家不列顛東非公司」（Imperial British East Africa Company），率先開發的肯亞殖民地，於二十世紀展開了以英國人為中心的白人移民活動；當時來到此地的貧困白人們，沒有察覺到在殖民地政府所宣傳的「廣大肥沃的無人之地」的背後，被迫離開這片土地的非洲人嗎？一九〇一年，烏干達保護領（Uganda Protectorate）的行政長官約翰斯頓（Harry Johnston）曾說：「此處蘊藏著成為白人之國的可能性」；和賽西爾．羅德斯同樣地，對他而言，所謂的大英帝國，最重要的是必須要成為能夠對母國英國和英國人有所貢獻的空間。而芙拉．肖也未能逃離這個帝國的陷阱。

一八九〇年代，芙拉．肖以《泰晤士報》的殖民地專欄記者身分，持續傳達殖民地的情勢，之後成為北奈及利亞保護領總督、以及於南北統一後擔任首任奈及利亞總督的殖民地行政長官——腓特烈．盧嘉的妻子，並於一九〇二年前往丈夫赴任的奈及利亞。順帶一提，「奈及利亞」這個名稱，也是她在為《泰晤士報》撰寫報導時所創造出來的詞彙。

然而，在非洲殖民地的她似乎只能過著「怠惰的每一天」（借用她自己的話來說）。對於這片殖民地和生活在此地的多樣民族，怎樣都無法產生關心的她，因為染上瘧疾而對當地感到失望，後來就歸國了。

◎殖民地的夫人們

成為殖民地行政長官妻子的芙拉．肖的「怠惰的每一天」，令人想起當時飽受批判的「殖民地的夫人（Memsahib）」。

英國人的妻子們開始出現在由少數行政官員治理絕大多數當地人的殖民地，是在一八八〇年代以後的事。因為殖民地部或陸軍單位，對於行政官員和軍官結婚、帶著妻子一同前往海外赴任抱持否定的態度，因此在當地另置妻室的風氣蔓延，同性戀的現象也不少見。這些妻子們最先在一八八〇年代現身於印度，到了第一次世界大戰以後也出現在其他的殖民地；因為她們的登場，這種情況也逐漸地大幅改變。不過，一般對於她們的風評和理解，卻是大致如下：

夫人們，閉鎖在與當地社會完全隔絕的白人社群中，始終執著於母國的生活樣式。她們在狹小的社群中，根據丈夫的地位或職位排出她們自己的序列，為了保住自己的體面，每日汲汲營營，完全不想將目光轉向於自己的群體之外。她們對於當地的風土和習慣感到厭煩，只會用當地語言以命令語氣怒罵傭人，不想理解或關心當地的人們，更別說是期待擁有共同感了。夫人們將所有的家事都交給當地的傭人處理，自己完全不從事任何具有生產性的活動，盡是耽溺於虛華的舞會或是無聊的閒談中。由於目光緊盯著丈夫的「當地妻子」的夫人們的登場，導致殖民地滋生出了種種摩擦，加深了白人與當地人之間的鴻溝……

然而，為何妻子們必須要遭受一身的責

《印度之旅》（A Passage to India）　導演大衛・連（David Lean）在這部電影中，採取批判的角度描繪了由夫人所代表殖民地的英國女性。

難？其間的關鍵，難道不就正在「何謂殖民地統治」的思考想法中？

一般認為和當地人或當地社會保持距離的，不是夫人們，而是殖民地統治這個體系本身。例如，在當時的南非，擔任家事傭人的大部分都是當地的男性，然而因為妻子們的登場，給了殖民地政府「保護白人女性免於黑人男性的侵犯」的藉口，而對當地人的種種行動進行限制。在發展到南非戰爭的過程中，不斷地被重覆的「Black Peril（黑禍）」這個論調，也並非是出自於對丈夫的「當地妻子」感到不耐煩的夫人們。儘管如此，因為在南非「對於丈夫的當地妻子感到畏懼的夫人們」的印象被廣為盛傳，於是一八八〇年以後，推動英國女性以家事傭人的身分移民前往南非的情況熱絡了起來。在戰爭結束後進行的「南非的英國化」，早就已經展開了。

殖民地的夫人們，可謂是區隔白人社會和當地社會的「國界」，為了帝國的統治而遭受到種種的利用。也正因為這種情況，結果掩蓋了許多為當地盡心盡力的夫人們的存在；她們或是致力在健康方面對當地的女性和孩童們進行指導，或是對當地的生活文化展開田野調查。例如，像是在腓特烈．盧嘉為了妻子芙拉而提出異動申請後，接任其職的亞瑟．李滋羅斯（Arthur Leith-Ross）的妻子希維亞（Sylvia Hope Leith-Ross），就曾經編撰了第一本奈及利亞北方的語言富拉語的字典。

◎仕女旅行家們

在維多利亞時代，和殖民地的夫人們並列，同樣被視為象徵著帝國與女性的關係而受到注目的，是旅行於世界各地的仕女旅行家（Lady Traveler）。

例如，在世界各地不斷地描繪植物畫的瑪莉安・諾斯（Marianne North）。在皇家植物園的諾斯畫廊，迄今尚能夠欣賞到她所畫下的超過八百幅的植物畫。當時，欣賞植物一事，以其女性化的特質，和編織、鋼琴等同時被認為是適合女性的教養而受到推薦。因此，植物畫也能夠成為一項描繪女性們帝國經驗的作業。

或是，因為拜訪明治時代的日本，前往被稱作蝦夷的北方大地，留下了愛奴族的紀錄而為人所知的伊莎貝拉・博兒（Isabella Lucy Bird）。還有，於中東、美索不達米亞到處旅行，在見證許多遺跡發掘的過程中迷戀上了沙漠，並且精通沙漠之民和其文化的格特魯德・貝爾（Gertrude Margaret Lowthian Bell）；她在第一次世界大戰期間，和「阿拉伯的勞倫斯」T・E・勞倫斯（Thomas Edward Lawrence）少校一起從事情報工作，最後成為伊拉克建國之母。

在她們身上能夠看見幾個共通點。

第一是，她們都不是參加團體旅行，而是女性的單獨旅行，換言之即是沒有白人的同行者。第二是，她們旅行時的年齡，都是三十多歲、四十多歲（或是在此之上），而且大多數都是獨身。第三是，旅行的資金全部都是由自己負擔，而且她們多數都繼承了來自父親的遺產。她們的出身都在中產階級以上，這意味著她們是真正的「仕女」（Lady）。第四是，她們的旅行，並非是事先安排周全、安全受到保障的「觀光旅遊」，她們對於「旅行」充滿了強烈的堅持，一定得是要和「Travel」（旅行）的語源「Travail」（辛苦勞頓）同樣的旅程才行。

仕女旅行家的第五項共通點，那就是她們都彬彬有禮、信仰深厚、道德標準嚴格且品行高潔，而且具有極高的才智。她們不管是旅行在熱帶叢林中、或是冰川大地之上，身上的穿著總像是在英國的公園中散步似的。而這也意味著，她們始終堅持著自己身為「仕女」的身分。還有，在她們的日記或是寄給家人和朋友的信件中所留下來的旅行記錄，清楚地說明了她們出類拔萃的觀察能力和資訊收集能力。在這些記錄當中，可以看見對於博物學（植物、動物和鳥類，貝殼和化石等）的濃厚興趣，這是她們的六項共通點。如瑪格麗特・弗提恩（Margaret Fountaine），為了追尋新品種和稀有品種的蝴蝶而旅行於全世界，最後意外死於千里達島。

對於當時逐漸高漲的爭取女性參政權運動漠不關心，或是抱持著積極的反對態度，也是仕女旅行家們的共通點。最後想再提到一點，那就是她們幾乎毫無例外地，都在歸國後出版了自己的旅行經驗。近年，其中的許多作品被重新再版，並與旅行於同樣路線之上的男性旅行家和冒險家的著作進行分析比較。受到注目的是，她們的旅行記錄，被皇家地理學會之類以男性為中心的學術組織視為是「不科學的輕鬆讀物」而受到輕視，不過實際上卻有很多的一般讀者喜歡閱讀。換個角度來思考的話，她們的旅行記事，以平易近人的言語描述了關於當時的英國人幾乎都不知道的地方的資訊，可謂是「創造」出對於那些地方的印象，不，根本可以說就是「創造」出了那些地方。

最好的例子，或許就是在被稱作「白人的墳墓」的西非進行單身旅行的瑪莉．金斯利（Mary Kingsley）了。她的《西非之旅》（*Travels in West Africa*, 1897），儘管是超過七百頁的大部著作，但是初版的一千五百本旋即售罄，到一九〇四年為止已經加印了八刷。歸國後，她在英國各地進行的演講有時會聚集到超過兩千名聽眾，同時也在報紙和雜誌上發表了不少文章。而且，她在一九〇〇年三月，突然志願前往南非戰爭（第二次布爾戰爭）的戰場擔任護士。從這層意味上，瑪莉．金斯利可謂是研究直奔全盛期的大英帝國與女性之間關係的好材料。

瑪莉．金斯利（Mary Kingsley）

◎瑪莉．金斯利與非洲傳統論戰

在一八九二年春天相繼失去雙親、可以不用再繼續扮演「順從的女兒」的瑪莉．金斯利，隔年不顧周遭的反對，帶著單程船票和裝了瘧疾特效藥奎寧的瓶子，搭上開前拉哥斯（現為奈及利亞商業城市）的貨船。在這趟以西非沿岸地區為中心最初的旅行之後，她接著在一八九四年底，以與奈及利亞東部（尼日河保護領〔Oil Rivers Protectorate〕）的總領事克勞德．竇納樂（Claude Maxwell MacDonald）的妻子艾索爾（Ethel）結伴同行的形式，踏上第二次的旅程。在這趟約莫長達一年的旅程中，她沿著東西向流貫法屬剛果的奧果韋河（Ogooué River）溯流而上，並且與當地人——在當時的歐洲被稱作「食人族」的部族芳人（Fang）——一起順著其中的一條支流，繼續踏上未曾有白人走過的陸上行程，也因此一舉成名。

瑪莉．金斯利在《西非之旅》中所描寫的西非，和男性旅行家或是冒險家所見所聞有很大的不同。例如，她對於在旅程中所遇見的當地人，並不是用「非洲人」或是「黑人」之類的語彙來表現，而是用不同的特定名詞來稱呼每一個人。還有，在約莫二十年後進行了同一段旅程的阿爾伯特．史懷哲博士（Albert Schweitze），形容奧果韋河是「一成不變的單調河流」；然而瑪莉卻以「充滿了生命力與美，宛如貝多芬的交響曲；樂章變換，音符纏繞，然後再回到原來的旋律」來表現奧果韋河，努力運用英國人（廣泛地來說就是歐洲的人們）所熟悉的表現方式來刺激讀者的想像力。

而且在旅行記事當中，她也處處發揮了幽默感，如在描寫她不小心跌落被稱作「食人族」的芳人男子設置來獵捕動物的洞穴時，最後以「幸虧裙子的品質又厚又好，所以完全沒有受傷」來做為結束。相反地，在男性的冒險記當中必然會出現的狩獵或戰鬥之類的血腥事件，在她的旅行記事中則幾乎完全沒有記述。

帶著這樣的感性、經由旅行累積了非洲經驗的瑪莉・金斯利，察覺到了一個事實。在此之前，在「文明與野蠻」二元對立的說法之下，因為被拿來與歐洲文明做為對比，所以非洲一直只被用「野蠻」來形容；然而在這樣的非洲，她發現了「與歐洲不同的文化」。她在第二本著作《西非研究》（*West African Studies*，1899）中，如此說道：

> 歐洲人是順著物質層面的路線來發揮才智，因此擁有創造出鐵路之類物品的力量。相對地，非洲人探索人生的方法則迥然不同。非洲人的才智，是從精神層面、心靈層次來理解所有的問題。

非洲存在著不同於歐洲的獨特文化、宗教和律法——這份「差異的認知」是極為重要的。因為這帶出了另一項認知，那就是過去理所當然地被視為是「文明化」的象徵的基督教傳教，在治理擁有異文化的非洲人上根本完全解決不了任何問題；反倒是因此將歐洲文明強壓在非洲人身上、製造出歐洲人的「複本」，這對非洲來說只是一件不幸的事。瑪莉在強烈批判傳教士在非洲的傳教行動時，也與試圖在西非確立超越貿易關係的政治支配權的英國殖民地部、以及殖民地大臣約瑟夫・張伯倫產生了激烈的對立。因為旅行的經驗，令她思考出與殖民地部和傳教團體不同的帝國樣貌。

當雙方論戰正激烈之際，她突然志願成為護士，前往戰局陷入泥沼的戰地南非。之後過了還不到三個月，一九〇〇年六月三日，她在開普敦南方賽門鎮（Simon's Town）的野戰醫院照顧被俘虜的布爾人中，因為感染傷寒而死亡。然而，她的非洲經驗，為在剛果調查當地人遭受虐待實情的盎格魯・愛爾蘭裔外交官羅傑・凱塞門和新聞記者莫雷爾等人所繼承，同時也促成了以追悼瑪莉為目的民間團體「非洲協會」（The African Society，於一九三五年之後成為皇家組織）的成立。成立非洲協會的主要發起人愛麗絲・格林（Alice Stopford Green），是當時倫敦數一數二的沙龍女主人，也是瑪莉的支援者。這兩位女性的友情，最後終於揭露在南非戰爭中試圖被隱蔽的、帝國的「另一張臉孔」。

◎女性傳教士的帝國

在帝國各地從事傳教活動的傳教士當中，有不少女性的存在。她們的活動，特別是環繞著當地女性的環境改善，即是在英國國內以中產階級女性為中心，推動進行的社會改良運動（國內宣教）的延伸。

誠如所見，十八世紀末以降，在歷經了所謂「信仰的復活」的英國社會中，推動奴隸解放運動、監獄和濟貧院的改革、主日學校運動等的是中產階級；而在貧民區的志工活動中，也可以頻繁見到隸屬於這個階級女性的身影。在發現國內的「黑暗」並且給予救濟的過程中，信仰與社會改良之間的連結日漸堅固。她們對於改良國外的「黑暗」也抱持著強烈關心，這點從支持前往非洲和亞洲傳教的慈善募款活動在同時期的英國各地高漲，也可以看得出來。不過，要讓獨身的女兒離開國內前往殖民地（或者是尚未成為殖民地的地區）投入傳教活動，必須要跨越的障礙絕對不低。因此，志願前往海外傳教的女性，大多是與教會或修道院有關係的人們——男性傳教士的妻子或女兒們。她們對於從事海外活動所要求的犧牲也十分地清楚。

確信基督教效用的她們，闖入當地女性的住處——伊斯蘭世界的後宮（Harem）或是印度女性的閨房（Zenana）——致力於改善家務、育兒和生產等環境狀態。她們堅守著維多利亞時代的性別角色分工，同時也在當地的女性們身上，尋求自己所相信的基督教道德。

然而，活躍於奈及利亞東部的卡拉巴爾內陸奧格甬（Okoyong）地區的瑪莉．史蕾沙（Mary Slessor），卻完全不吻合這種女性傳教士的理想形象。她盡其可能地試著捨棄身為殖民地白人的一切。喝生水、不用蚊帳、大太陽底下不戴帽子，赤腳行走——據說，她的同事看見曬得渾身黝黑、頂著一頭不曾梳理的蓬頭亂髮的她，驚訝得目瞪口呆。這為她帶來了當地非洲人的深厚信賴與尊敬；不過，原因之一，說不定是因為和她與其他大多數的女性傳教士不同，是勞動階級出身的緣故，又或許與她的出身地蘇格蘭有關係。

實際上，維多利亞時代的蘇格蘭，即是從事海外殖民地傳教的一大據點。一八四〇年以後，在蘇格蘭各地發起將牙買加的解放奴隸送回西非的「卡拉巴爾回歸運動」之際，因為同鄉的傳教士李文斯頓之死（一八七三年）讓蘇格蘭的傳教熱潮更加高漲。這些因素，強烈地促使瑪莉．史蕾沙前往西非。

瑪莉．史蕾沙被授予了奧格甬地區的副領事之職（對女性而言是一項特例），在她死前不久，並獲頒「耶路撒冷聖約翰醫院勳章」。推薦授予她勳章的人物，是為了達成奈及利亞的南北統一而從香港被召回的腓特烈．盧嘉。她因為拒絕「淑女」的身分而與當地的白人疏遠，然而分布在帝國各地的授勳網絡——「裝飾主義的帝國」（Ornamentalism），卻將她牢牢地收入體內。

◎瑪莉．西柯爾與克里米亞戰爭

從事這類基於博愛主義而展開的各項活動的，並不僅限於白人女性。因為在維多利亞時代的英國社會中，有不少來自帝國各地的非白人。現在，關於這些所謂「黑色的維多利亞時代人」（Black Victorians）在英國的生活情況，仍在持續進行調查中；這或許與第二次世界大戰後，急速轉變成多民族國家的英國社會的現實狀況不無關係。不只是白人，也包括非白人，都在英國曾經是帝國的過去之中，尋找自己的「容身之地」。

在這樣的情況中，BBC舉辦了「偉大的英國黑人（Black British）」的票選活動（二〇〇三年十月至二〇〇四年一月一日）。儘管規定每人只能投一票，但總計收到了超過十萬張的投票。結果，打敗超級模特兒娜歐蜜．坎貝兒（Naomi Elaine Campbell）和以文化研究聞名的社會學者斯圖亞特．霍爾（Stuart Hall）等人榮登第一名的，是一位活躍於十九世紀中葉的克里米亞戰爭中、出身於牙買加的女性——瑪莉．西柯爾（Mary Seacole，

瑪莉．西柯爾（Mary Seacole）

一八〇五年左右至一八八一年）。

瑪莉．西柯爾是一名克里奧爾人（Creole，混血兒），她的父親是一位駐守在牙買加的蘇格蘭士兵，母親則是一位經營英國傷兵住宿設施的當地女性。一邊旅行於西印度群島、一邊磨練草藥知識的她，在一八五四年，因為英國對俄羅斯宣戰，許多駐紮牙買加的士兵經由英國移動前往戰地之後，宛若追隨著南丁格爾似地，也主動前往倫敦應徵護士。不過，她的願望卻多次被駁回。不難想像，理由是因為她的膚色。又或者，因為她並不是「淑女」吧？

關於過去的女護士形象，經常被引以為例的，是在查爾斯．狄更斯的小說《馬丁．朱述爾維特》（*Martin Chuzzlewit*，1844）中登場的甘普夫人。身為產婆兼女護士的她，又胖又醜、聲音沙啞，而且愛喝酒，總是以自我為中心，完全不在乎別人的感受。一改這個護士形象的，即是佛羅倫絲．南丁格爾（Florence Nightingale）。因為《泰晤士報》的從軍記者大篇幅報導了她活躍於克里米亞戰爭的激烈戰地斯庫台（Scutari）的情形，終於讓女護士這份職業大變身，成為人們心中「帶來光明的淑女」。換句話來說，女護士除了醫學上的技術和知識之外，還被期待要擁有身為淑女的資質——亦即自我犧牲的奉獻精神、順從和體貼等被強調為女性應有的美德。而身為克里奧爾人的西柯爾，並不被認為並擁有這些資質。

儘管如此，她的心意還是很堅決，最後她憑一己之力前往克里米亞半島的巴拉克拉瓦（Balaclava）的郊區附近，在那裡開了一間名為「英國旅館」（British Hotel）的旅舍，運用從小母親傳授給她，並且在旅行中經過鍛鍊的草藥知識，來照顧傷兵們。據說英國士兵們對於在槍戰中為他們提供飲食、竭盡所能奉獻自己的西柯爾，充滿了仰慕之情，稱她為「西柯爾媽媽」。

她獻身於照料英國士兵的事蹟，經由從軍記者拉塞爾（William Howard Russell）的報導和士兵們的信件，廣為英國國內所知。戰爭結束後的一八五七年七月，為了救助因為投入私人的財產、為士兵付出一切而陷入窮困的她，舉辦了一場軍樂隊慈善音樂會，維多利亞女王的堂哥、身為陸軍總司令的劍橋公爵也出席了。她在同年出版的回憶錄，也廣為人們所閱讀。然而，在那之後，關於她的消息，和對於她在克里米亞戰爭中的記憶，也都逐漸地被遺忘了。

在迎接克里米亞戰爭一百周年的一九六〇年代初，首先在牙買加喚醒了關於她的記憶，成立了冠上她名字的女護士協會和研究設施。接著於一九七〇年代，在倫敦發現了她的墳墓，因此也徐徐地喚醒了英國社會對於瑪莉．西柯爾的記憶。二〇〇二年，在裱褙的畫作背面發現了她的肖像畫，後來為英國國家肖像藝廊所收藏，並於二〇〇五年一月對外公開。

瑪莉．西柯爾的例子，尖銳地刺向了我們一直以來所忽略的帝國與女性之間的關係。儘管遭到了陸軍當局的拒絕，她卻依然志願前往克里米亞戰場的原因是什麼？理應知道西柯爾在戰地所做奉獻的南丁格爾，卻向維多利亞女王表達了否定的意見，又為什麼？不只對於

「白色的維多利亞時代女性」，還有對於「黑色的維多利亞時代女性」而言，大英帝國的意義究竟是什麼呢？這些環繞著她們的疑問，和展示在國家肖像藝廊中的希柯爾的肖像畫，說明了歷史之中還有許許多多被遺忘的女性。要「發現」她們，不外乎是要仰賴於我們的歷史認識了。

第九章

準備好的衰退

第二次阿富汗戰爭

女人們的南非戰爭

◎永遠的離別

在從十九世紀過渡到二十世紀的世紀轉換之際，英國正處於激烈的南非戰爭之中（第二次布爾戰爭，一八九九年十月至一九〇二年五月）。一九〇〇年三月十日，位於英格蘭南方的南安普敦（Southampton）港中，停泊著即將開往開普敦的軍艦摩爾號（The Moor），軍艦的甲板上也有瑪莉・金斯利的身影。當六百五十多名士兵、兩個管樂隊、以及戰爭相關物資裝載完畢、船隻拉起船錨時，瑪莉・金斯利再一次回頭凝望碼頭，對著視線前方嬌小的女性——愛麗絲・格林，輕輕地揮了揮手。

愛麗絲・格林（Alice Stopford Green）

愛麗絲好不容易說服了說著「不需要送行」的瑪莉，在這一天早晨，和瑪莉一起從滑鐵盧車站搭上列車，來到這個擠滿了士兵、水手和依依不捨送行者的碼頭。這一場匆忙的送別，卻成了愛麗絲和瑪莉的最後一次見面。

在那之後才過了三個月，瑪莉・金斯利便在一九〇〇年六月三日，因為在賽門鎮的老舊兵舍照料被俘虜的布爾人，感染傷寒過世了。她臨終時的遺言是：「我死了以後，希望能夠幫我進行水葬」——這是在海上為死者送行的方式。然而，她是懷著何種心思提出了這個遺願呢？

水葬的過程，完全根據海軍的形式進行。安放了遺體的木製棺材，被包覆上英國國旗、搬上砲車，在軍樂隊的伴奏陪同下前往港口。抵達賽門鎮的碼頭後，棺材「依據適當而莊嚴的禮法」搬移到魚雷艇上，運送到距離開普角（Cape Point）三英里外的海面上。從此處看見的岬角，疾風強勁地吹襲著，因此當初被命名為「暴風角（Cape of Stroms）」。而將之更名為「好望角（Cape of Good Hope）」的，即是瓦斯科・達伽馬（Vasco da Gama）。遙遙地遠望著那座岬角，她的棺木緩緩地滑向海面。

接到瑪莉的死亡通知後不久，愛麗絲・格林便決意前往南非，去會見瑪莉死前所看護的布爾人俘虜，探知她臨終之前的情形。為何瑪莉非得死在那裡不可呢？愛麗絲為尋求答案而拜訪了聖赫勒拿島（Saint Helena）的俘虜收容所，這段經驗讓她開始審視南非戰爭的意義。在這場戰爭之中，她是唯一一位被允許進入這座島嶼的民間人士。

◎南非戰爭的爆發

瑪莉和愛麗絲所經歷的這場南非戰爭，爆發原因乃是在於當地所發現的黃金和鑽石。

在十七世紀中葉時，由曾經在荷蘭東印度公司擔任船醫的贊・范里貝克（Jan van Riebeeck）所開發的荷屬開普殖民地，因接納流亡至荷蘭的胡格諾派教徒（Huguenot，被趕出法國的新教徒）而鞏固了基礎；英荷戰爭後，英國趁著荷蘭東印度公司於一七九九年解散的機會，占據了此地。在拿破崙戰爭結束後的維也納會議中，英屬開普殖民地正式獲得承認；當英國在一八二〇年送出了約莫五千人的大型移民團以後，新社會的建設逐步發展起來。另一方面，從前生活在此地的荷蘭裔移民們，即是所謂的布爾人，一邊與當地的恩德比利人（Ndebele）和祖魯人（Zulu）打仗，一邊向北方大遷徙（Great Trek），建立了兩個國家——奧蘭治自由邦（Orange Free State）和南非共和國（South African Republic，為了避免和現在的國名混淆，以下稱之為川斯瓦共和國〔Republic of Transvaal〕）。

在此之前頗受歐洲漠視的南非之所以會突然引起注目，是因為一八六七年在奧蘭治自由邦境內的慶伯利（Kimberley）近郊發現了鑽石，以及一八八六年在川斯瓦共和國的約翰尼斯堡（Johannesburg）附近發現了黃金。因為在一八八一年與川斯瓦共和國之間的武力衝突中敗北（馬朱巴山戰役〔Battle of Majuba Hill〕），以及伴隨著金礦發現所湧起的淘金熱，撩起了開普殖民地總理塞西爾・羅德斯和英國殖民地大臣約瑟夫・張伯倫的帝國野心。結果，在一八九五年十二月底，他們進行了一項意圖顛覆川斯瓦政府的政變計劃，也就是詹森突襲行動（Jameson Raid）。張伯倫不只在這起未遂事件的處理上不了了之，同時也默認了高級專員米爾納爵士對於川斯瓦共和國總統克留格爾（Paul Kruger）的挑釁。於是，一八九九年十月，南非戰爭（第二次布爾戰爭）爆發了。

「聖誕節之前就會回來了！」——許多男人這麼告訴家人、戀人和朋友之後，就將英國拋在身後。然而，最初預估戰爭很快就會結束的推測，在熟知當地地理環境、巧妙展開奇襲作戰的布爾人頑強抵抗之下，輕而易舉地破滅了。開戰不到三周的十月三十日，英軍在短短二十四小時內，便在雷第史密斯（Ladysmith）遭受慘敗。位於貝專納蘭（Bechuanaland）、連結南北羅德西亞（Rhodesia）和開普殖民地的交通要衝馬菲京，以及塞西爾・羅德斯曾經誇下豪語說「像皮卡迪利大街一樣安全」的慶伯利，也都接二連三地被布爾軍包圍，英軍陷入孤立無援的狀態。自克里米亞戰爭開始出現在戰場的從軍記者，連日傳達了英國士兵在一次又一次的槍戰中，因為糧食不足和疾病蔓延而苦的吶喊。

一八九九年十二月，不到一週便連嚐三次敗仗、造成眾多傷亡的「黑色的一週」（Black Week），讓在演藝劇場誕生的新英語「Jingoism（好戰、排外的愛國主義）」氣焰高漲。在這份狂熱中，雖然有更多義勇兵被投入南非戰場，但是在開普殖民地的內部，也有被稱作「開普・荷蘭人」（Cape Dutch）的布爾人接連起義，與布爾軍合流，令英軍陷入更深的苦境。

◎戰況的變化與俘虜收容所的設置

對於英國不利的戰況，在一九〇〇年一月，因為與超過十八萬名英國士兵共同抵達開普敦的陸軍元帥腓特烈・羅伯茨（Frederick Sleigh Roberts）以及參謀長霍雷肖・基欽納男爵（Horatio Herbert Kitchener），出現了巨大的變化。英軍終於由守轉攻，在二月中旬慶伯利的包圍也解除了。二月二十七日，布爾軍在慶伯利南方的帕德貝葛之戰（Battle of Paardeberg）中大敗；之後，兩軍的形勢便明顯地逐漸逆轉。

帕德貝葛之戰的隔日，遭到布爾軍包圍長達一百一十八天的雷第史密斯獲得解放；在瑪莉・金斯利自南安普敦出航的三天後，三月十三日，奧蘭治自由邦的首都布隆方丹（Bloemfontein）淪陷。五月十七日，馬菲京終於突破了布爾軍長達兩百一十七天的包圍，英國舉國歡騰。五月二十八日，約翰尼斯堡也落入英軍的手中；六月五日，英軍進一步占據了川斯瓦共和國的首都普利托里亞（Pretoria），並於三個月後宣布合併川斯瓦共和國。

帕德貝葛之戰，不但成為這場戰爭的轉捩點，在關於戰爭俘虜的問題上也成了重大的關節。因為布爾軍在這場戰敗以後，遭到俘虜的人數急速增加。應該將他們收容在何處？——英國面臨了新的問題。

關於設立俘虜收容所的必要性，在之前就一直被提出來。不過，長期陷入苦戰的英軍，只能姑且將布爾軍的俘虜收容於開普敦或賽門鎮周邊的平地、甚或是停泊中的船內。特別是停泊在港灣內的運輸船，當下便成為接收俘虜的海上收容所。

之後，英國海軍在據點賽門鎮郊外設置了俘虜收容所貝爾維（Bellevue），並在一九〇〇年二月開始移送俘虜。根據紀錄，到了三月中旬，貝爾維收容的俘虜已經大約有兩千三百名左右。

布爾軍的第一場大敗仗帕德貝葛之戰，大幅改變了俘虜收容的情況。因為布爾軍大約有四千人投降，所以找到場所收容一下子暴增的俘虜，便成了當務之急；這時，英國當局注意到的候選地點，就是帝國散布在各地的島嶼，畢竟如果將收容所設置在島嶼上的話，比較容易防止俘虜的逃亡。南非戰爭對英國而言，就是一場名符其實的「帝國的戰爭」。帝國在自加拿大或澳洲等地動員士兵的同時，也將散布在印度或加勒比海的英屬島嶼當作俘虜收容所之用。

◎瑪莉・金斯利的抵達

當帝國的島嶼上陸陸續續開設起接收布爾人俘虜的收容所之際，約莫在開普敦和賽門鎮的中間地帶，也設置了一個移送前拘留俘虜之用的臨時戰俘營「綠點」（Green Point），設置的時間剛好就在瑪莉離開英國的一九〇〇年三月中旬。而最早被臨時收容在此處的俘虜後來移送的地點，正是那座只有愛麗絲・格林一個人被允許以民間人士的身分登島訪問的聖赫勒拿島。

第一批帕德貝葛之戰的俘虜被送抵這座設置了南非戰爭第一個海外俘虜收容所的島嶼上，是在一九〇〇年四月十六日。直到移送之前，他們都被收容在先前提到的、位於賽門鎮郊外的貝爾維俘虜收容所。然而，被拘留在停泊於賽門灣內兩艘船隻中的約莫八百名俘虜，因為船內的衛生狀況惡化也被移送到貝爾維俘虜收容所，因此導致收容所內的俘虜人數一口氣大增。不只如此，被運送到設置於賽門鎮野戰醫院的俘虜也急遽增加。此時為了應急，便利用賽門鎮上的老舊兵舍設置了簡易的醫療設施。這也就是在三月二十八日抵達開普敦的瑪莉・金斯利會被帶到這裡來的最直接理由。

瑪莉來到開普敦的時間點，便如此湊巧地碰上了布爾軍俘虜急速增加這一新局面的展開。她所面臨的這個狀況，以及她所看護的對象不是英軍的傷兵病患、而是布爾軍的俘虜一事，可說決定了她觀察這場戰爭的目光。據說每天要看護多達上百名傷患的瑪莉，在撥出僅有的時間寫給愛麗絲的信件上，嵌入了數個她思考這場戰爭的關鍵字：布爾人的宗教心、舉止有禮、以及布爾軍中，有許多外國義勇兵的存在。而瑪莉信中，特別讓愛麗絲感到不安的字句是：「布爾人的俘虜，正以英國政府當局所不想承認的形式，逐漸地死去。」在南非到底發生了什麼事？

◎聖赫勒拿島的戴德伍德戰俘營

聖赫勒拿島，一座位在大西洋上的火山島，也是在一八一五年遭到流放的拿破崙渡過死前數年時光的島嶼，因此在世界史上留名。這座在一五〇二年被發現的無人島，一六五九年時因為被視為前往印度的海上交通要衝，而成為東印度公司的所有物，並且開始進行殖民。一八三四年起，它成為皇家殖民地並且設置總督，至今仍是英國的海外領地。這座島嶼，即使距離非洲大陸本土最近處也超過一千英里以上，周邊為高聳的斷崖所環繞，是一處天然的要塞，具備了成為俘虜收容所的最佳條件。在南非戰爭爆發的十年前左右，祖魯國王塞奇瓦約（Cetshwayo）之子迪尼祖魯（Dinuzulu），因為反對蘇魯蘭（Zululand）成為英國的屬地而遭到流放，流放的地點也是這座島嶼。

根據記錄，瑪莉所照顧的、包含帕德貝葛之戰的投降者在內的五百一十四名俘虜，抵達設置在這座島上的第一座收容所——戴德伍德戰俘營（Deadwood Camp），是一九〇〇年四月十一日。之後，直至一九〇二年五月戰爭結束為止，設置在這座島上的三處收容所，共收容了經由十四趟移送所送來的五千六百八十五名俘虜。當時所謂的收容所，只是一個周圍拉起了帶刺的鐵線、設置了幾個重點哨站，在當中架設起簡陋帳篷的空間，每座帳篷中大約有十二名俘虜。

同年的九月中旬，抵達戴德伍德戰俘營的愛麗絲·格林，告訴前來迎接她的英國軍官，因為她想要知道瑪莉·金斯利臨終前的情況，所以希望能夠跟從賽門鎮送來的布爾人俘虜見面。數日後，在戰俘營中，愛麗絲對被介紹給她的數名俘虜說：「我來到這裡，是為了要見到各位，和你們談談關於金斯利小姐的事。不知道是否有哪位在賽門鎮時，曾經見到過她呢？」

很不湊巧地，自賽門鎮移送過來的俘虜，大約在愛麗絲抵達的三個星期之前，就全部再度被移送到新設於錫蘭島上的收容所了。這個事實本身便說明了，布爾軍俘虜的人數依然有持續增加的傾向，而且海上收容所之間的俘虜移動也相當頻繁。

根據陸軍部的統計，同年十二月時，布爾軍俘虜全體的百分之四十七，被收容在南非本土以外的海外殖民地；而這個比率，在戰爭結束時（一九〇二年五月）已上升到百分之七十二。在那之後，設置於印度本土的十七處收容所，合計共收容了九千一百二十五人；還有西印度群島的百慕達群島也設置了七處收容所，收容了四千六百一十九人。

雖然愛麗絲已經喪失了得知瑪莉·金斯利臨終前情形的訪問目的，但她並未因此而氣餒。她之後在這座島上待了一個多月，對俘虜們進行訪談，盡其可能地正確記錄下他們的證詞。歸國後，她根據這些訪談記錄，向陸軍部和殖民地部指出關於布爾人俘虜待遇的問題點，並且提出解決方案；同時她也開始透過報紙和雜誌投稿，廣泛公開發表自己在俘虜收容所的經驗。

◎愛麗絲．格林的俘虜收容所訪問日記

一九〇〇年九月中旬，當愛麗絲．格林前往聖赫勒拿島時，島上收容的俘虜人數約兩千五百名，各有其職業、階級、出生背景與成長過程，組成分子相當複雜。因此，她盡可能地見到最多的俘虜，聽他們述說關於戰爭、成為俘虜的體驗。經過約一個月的訪談，愛麗絲記錄在A4紙張上的日誌足足超過三百張。愛麗絲在考察中，除了指出俘虜收容所這個空間的實際狀態和問題點以外，更涉及了這個特殊的非日常空間對大英帝國所具有的意義。

讀了她的日誌之後，首先最引人注目的一點，是存在於這空間中的兩種立場——監視的一方和被監視的一方——分別呈現出來的多樣性。前者，亦即監視俘虜的英軍的多樣性，乃源自於士兵是從帝國各地，如加拿大、澳洲等地派遣而來。而後者，亦即俘虜則比前者更具多樣性。布爾軍的士兵，並不等於就是「布爾人」。俘虜的多樣性，就是源自布爾軍的多樣性。愛麗絲．格林的俘虜訪問日誌，其重要意義正在於精確說明了這一點；換言之，即是這場戰爭，並非如從前所認定的那樣，是一場英國人和布爾人之間的「兩群白人的戰爭」。近年對於這場戰爭，漸漸地固定地稱呼為「南非戰爭」，而非「布爾戰爭」，必定也是為了反映諸如此類的戰爭實情。（順道一提，「布爾」〔Boer〕在荷蘭語中是農民的意思。）

為布爾軍帶來多樣性的原因，則是因為外國義勇兵的存在。他們當中有法國、義大利、

德國、俄羅斯、斯堪地那維亞半島、丹麥等歐洲諸國的出身者，但卻完全沒有亞洲和非洲、或是拉丁美洲的出身者。他們參戰的時期和方式各有不同，但是所有的人都不是接受金錢僱用的傭兵，而是基於對思念家人和故鄉的布爾人產生共鳴、以及堅守自己所相信的正義，在自己的意志下加入布爾軍，並對於自己身為布爾軍戰力一事感到自豪。一邊將他們的證詞和布爾人的心聲互相對照、一邊進行訪談的愛麗絲，發現到在這場戰爭中，布爾人漸漸地醞釀出了「國民」意識。

過去漢娜・鄂蘭（Hannah Arendt）在《極權主義的起源》（*The Origins of Totalitarianism*）的第二部〈帝國主義〉中，曾經提出了發人興味的布爾人論述。鄂蘭說：「為二十世紀種族主義帶來決定意義的，是歐洲人在非洲所獲得的經驗」，她解釋到歐洲人將這些經驗納為己有的契機就是「非洲爭奪戰」，因而注目於世紀交替之際的布爾人經驗，並且語帶否定地說道：「布爾人早已經不是荷蘭人的子孫了。」經由愛麗絲對俘虜進行訪談的經驗，令人想起了鄂蘭的主張。然而，愛麗絲的理解卻是帶著更為肯定的態度，那就是「荷蘭人」的子孫經由他們在非洲的經驗，

漢娜・鄂蘭（Hannah Arendt）

逐漸地形塑出自己的「國民」意識，而這是歐洲概念所無法掌握的。

和英國之間的戰爭，在布爾人之中逐漸地培育出「國民」的意識。愛麗絲將這一點和自己的故鄉愛爾蘭重疊在一起，如此寫道：「南非和愛爾蘭是一樣的」——這就是愛麗絲的南非戰爭經驗。

◎戰略的轉換

一九〇〇年六月到九月之間的三個多月，即從瑪莉．金斯利死去，到愛麗絲．格林抵達聖赫勒拿島為止，正是這場戰爭的轉換期。為了挽回陷入不利的形勢，在克里斯蒂安．德韋特（Christiaan de Wet）的指揮之下，布爾軍大幅改變作戰策略，轉為破壞車站、鐵路、道路等設施的游擊戰。一般認為雖然在一九〇〇年六月的時候，兩個布爾國家的首都就都已經淪陷了，但是英軍卻要直到一九〇二年五月才能夠結束這場戰爭，主要就是因為這項游擊戰略的緣故。

對此，在基欽納參謀指揮之下的英軍，以報復為目的而展開的新戰略，則是放火燒掉布爾人的農場和房屋的焦土作戰，並將女性和孩童送往強制收容所，全部都是以非武裝戰鬥人員為目標。

偶然地，愛麗絲·格林也在南非戰爭的第一個海外俘虜收容所，渡過了這個戰略轉換開始的時期。換句話來說，即是當這項讓戰爭陷入泥沼的新戰略，在俘虜收容所展現出最初成效的時期，愛麗絲剛好親臨現場。結果，從農場被放火燒毀的布爾老人的說法，她愕然得知，無關於是否曾經加入現實的戰鬥，這場戰爭，正逐漸地將女性和老人，甚至於孩童都捲入其中。愛麗絲在日誌當中，如此記下了某位成為布爾軍義勇兵的德國人的說法：

英格蘭人雖然承諾會保全個人財產，但其實連軍官都加入搶奪。他們連不想要的東西也會搶奪。相較之下，蘇格蘭高地部隊的士兵們，是多麼的勇於戰鬥啊！他們以外的士兵，根本沒有什麼戰鬥士氣，只是一味地搶奪。

「文明與野蠻」的界線，是多麼容易在一瞬間就輕易瓦解了！雖然漢娜·鄂蘭嚴厲地以喪失歐洲性格、「最早從民族墮落為種族的白人殖民者」來描寫布爾人，不過，那些布爾人，反倒經由這場戰爭，體驗到了（以自負態度）立足於歐洲文明頂點的英國人的「野蠻」。不，或許使用「英國人」這個字眼來表現並不正確。如果扣除掉戰爭中的暴行（至少省略不談），也是有像蘇格蘭高地部隊這樣的隊伍存在著。在「黑色的一週」的戰鬥中，他們勇猛果敢的戰鬥姿態，迄今依然為人們所傳頌。

還有另一個布爾俘虜們不吝讚賞的「野蠻的例外」，那就是愛爾蘭人。從愛麗絲・格林的日誌可發現兩大特徵，一是發現俘虜的組成分子相當複雜，二是許多俘虜對愛爾蘭士兵表現出善意的說法。這同時對她自己來說，也是極為重要的南非戰爭經驗。

◎對俘虜收容所經驗的反思

在約莫一個月的訪談中，愛麗絲在布爾俘虜收容所中發現了幾個問題。她說，其中的根源之一，是因為監視收容所的一方對於這場戰爭欠缺前瞻性之故。歸國後，在寄給殖民地大臣張伯倫的信件中，她於開頭如此寫道：

> 我想說的和陸軍部的想法不同，我認為應該要將收容所和戰爭俘虜的問題，與戰後處理放在一塊思考，也就是應該要將南非的未來納入考量。因為對布爾俘虜而言，所謂的收容所，乃是一個認識何謂英國人統治的學習場域。以下，我想試著從與戰後英國統治之間的關聯，來思考我在收容所目擊到的狀況和改善方案。

意即是，她嘗試將在戰爭結束時就應該被解放的俘虜們，與帝國將來的理想形象連結在一起，並提出應盡快進行的改善方案。她將布爾俘虜收容所這個特殊的空間，視為是「終將被置於英國統治之下的布爾人，第一次體驗大英帝國的場域」。換句話說，她認為這是向布爾人「展現帝國應有姿態的珍貴機會」。因為這個獨特的見解，讓她對於陸軍部只是將俘虜們視為「因為過去的行動而遭到逮捕的人們」，或是將收容所視為「懲罰過去犯下罪過的場所」之類的態度，感到相當焦慮。她之所以會寫下自己的南非經驗和從中獲得的收容所改善提案，寄給對戰爭俘虜問題不具權限的殖民地大臣張伯倫，或許是因為她對於殖民地部懷有一絲的期待，認為他們說不定會以不同的眼光來看待俘虜問題。

可以說，愛麗絲・格林是要求英國政府，有必要將布爾人的俘虜收容所經驗，視為是「記憶」的問題，來重新加以理解。她認為應該要將目光放在戰後的南非，讓最後終將回歸故鄉的俘虜們，留下自己是被理解以及受到保護的「收容所記憶」，因此只能盡力建構起個人的信賴關係——也正因為如此，她不斷反覆地呼籲：請更用心地傾聽俘虜們的話語啊！她

約瑟夫・張伯倫（Joseph Chamberlain）

的主張中，重疊著瑪莉．金斯利的非洲經驗：為了要互相理解，最重要的就是要努力去除偏見、獲得正確的知識與資訊，而懈怠於努力的人，並不是「他們」而是「我們」。愛麗絲的南非戰爭觀，嘗試將俘虜收容所理解為「世界史上別無前例的和解機會」；這或許是因為她是唯一一位獲許進入俘虜收容所的民間人士，並且得以對俘虜進行訪談，所以才能夠得到這樣的想法。這種戰後認識，和近年的伊拉克戰爭之際，美軍在收容伊拉克俘虜的阿布格萊布監獄（Abu Ghraib Prison）所採取的態度，可謂是截然相反的戰爭見解。

遺憾的是，對於顯示南非戰爭並非是「兩群白人之間戰爭」的另一個存在——黑人，她並未投入太多的關注。黑人們，無關於他們的個人意志，被英國和布爾雙方陣營所分割，支撐起戰爭；但是因為「兩群白人的戰爭」的說法，讓他們的存在幾乎直到最近都完全遭到漠視。在南非本土曾經設置了超過八十處以上、專門用來收容黑人的俘虜收容所，他們被置於比愛麗絲訴求改善的布爾俘虜收容所還要更惡劣的環境之中，因此死亡的人數比白人還多；但這個情況為眾人所知，則是在更久以後了。

◎從南非到愛爾蘭——民族經驗的省思

從愛麗絲．格林的日誌中，可以明白俘虜們讚賞蘇格蘭和愛爾蘭人的心聲，擄獲了她的心。

南非的愛爾蘭人——渡海前往英屬開普殖民地或納塔爾（Natal）的他們，比起經營農場或從事各類交易，更常在殖民地的行政體系和軍隊中找到活躍的場所。南非戰爭爆發之際，他們率領著開普殖民地或納塔爾的軍隊，以英軍的一員和布爾人戰鬥。另一方面，在戰爭爆發時，以及黑色的一週過後不久的大量徵兵之際，聯合王國也動員了許多愛爾蘭人。結果，投入這場戰爭的愛爾蘭士兵，有步兵十三營、騎兵三團，合計超過三萬人，占了英軍全體的百分之十三點二。因為他們專門被用來當作深入敵方陣營的「誘敵部隊」，所以戰死和受傷的人數，也和蘇格蘭高地部隊一樣，在軍隊全體當中所占的比率很高。愛麗絲在日誌中記載到，布爾俘虜們對於他們不但產生了共鳴和親近感，甚至於還懷抱著敬意。

而英軍中的愛爾蘭軍官和士兵也懷有親布爾情感，此事在南非歷史學家多納爾・麥奎肯（Donal P. McCracken）的研究中，引用了許多的證言。不只如此，還有從遙遠的愛爾蘭橫渡七千英里的大海、加入布爾軍的愛爾蘭義勇軍。這些在納塔爾的激戰地斯比恩之丘（Spion Kop）奮勇作戰的愛爾蘭部隊，一般通稱為「馬克布萊德部隊」。

率領這支部隊的約翰・馬克布萊德（John MacBride），原本是一名愛爾蘭的藥劑師，一八九六年六月，他渡海前往川斯瓦，在約翰尼斯堡的礦山地區蘭德（Rand）的愛爾蘭社群中，成了宛如領袖般的存在。不久之後，他也邀請了發起成立民族主義政黨——新芬黨（Sinn Féin）的阿瑟・格里菲思（Arthur Griffith）前來南非。戰爭爆發的一個月前，他跟克留格爾總統提議成立愛爾蘭義勇軍。馬克布萊德部隊的前身，包含美裔成員在內的七百五十人的川斯瓦／愛爾蘭部隊，就此成立。

馬克布萊德開始被視為英雄，是在戰爭後半布爾人所發動的游擊戰之中。在這個新的戰局中，部隊分裂、多人逃亡，但馬克布萊德直到最後都尊重著布爾人所相信並堅持的道義，他重新編組愛爾蘭人部隊，一刻也不曾放鬆對英軍的攻勢。

另一方面，在戰爭爆發前回到愛爾蘭的格里菲思，創立一份命名為「愛爾蘭人聯合」（*The United Irishman*）的新聞週刊，訴求親布爾情感。一八九九年十月，他與眾人在流經都柏林市區的利菲河（River Liffey）的堤防上，呼籲民眾對這場戰爭發起大型抗議行動，成員中也包含了詩人W・B・葉慈（William Butler Yeats）所崇拜的年輕女演員茉德・岡（Maud Gonne）。根據紀錄，因為受到這場在同時期於歐洲各地發起的示威遊行中最有名且帶有暴力的反戰示威遊行的觸發，大約有兩百名左右的愛爾蘭人以義勇兵的身分前往南非——即是「遠離愛爾蘭七千英里」，渡海而去。

南非戰爭之後，在法國和茉德・岡結婚後返回愛爾蘭的馬克布萊德，在一九一六年四月，因為涉及自英國分離獨立的復活節起義（Easter Rising），被處以死刑。南非戰爭期間愛爾蘭高漲的親布爾情感和許多示威遊行，之所以被視為是愛爾蘭史上的劃時代事件復活節起義的預演，或許和馬克布萊德的存在有很大的關係。不，不只是馬克布萊德和格里菲思，在南非戰爭前後的時期，許多愛爾蘭民族主義運動的旗手們，在構成親布爾網絡一角之際，也以各種形式「經驗」了這一場戰爭。

「南非和愛爾蘭是一樣的」——這是愛麗絲．格林的南非戰爭經驗。經驗經由語言而建構。而將身分認同內化的，或許也是語言。若是如此，那麼這份詳細記錄俘虜訪談的日誌，肯定正是愛麗絲以「愛爾蘭人」的身分，進行自我重建的第一步。在愛麗絲從聖赫勒拿島返國後不久，設置在她家中的沙龍，氛圍為之一變，羅傑．凱塞門等愛爾蘭民族主義者開始成為沙龍中的常客。

Der Aufstand der Sinn-Feiner in Irland.
Die Connel's Brücke mit der City von Dublin, wo die heftigsten Kämpfe stattgefunden haben.
Zensiert
Paul Hoffmann & Co.
Berlin-Schöneberg
1439.

在復活節起義中遭到破壞的都柏林市區（1916 年）

遏止孩子們的墮落吧！

◎Hooligan 登場

一八九八年八月十五日、銀行法定假日的星期一，在全英國遭到異常酷暑侵襲的這一天，倫敦爆發了一場大騷動。在這個大都會，處處都有聚集街頭的青少年成群結隊施暴，引發了暴動。

他們的偏差行為，內容相當的多樣。或是打破民宅、商店和學校的窗戶，襲擊酒吧和冰淇淋攤販；在擁擠的道路上騷擾行人，毆打責備他們的市民，並且搶奪財物；大白天喝得醉醺醺地，不論對象就上前挑釁吵架。他們昂首闊步地行走在街頭，和其他錯身而過的青少年集團互相對抗，對阻止他們的警察丟擲石頭，又踢又打地施加暴行。——這一天，在整個倫敦同時爆發多起這類的騷動，讓善良的市民毛骨悚然。被警察帶走、日後出席裁判法庭的青少年，大多數都是十四歲到十七歲，剛剛完成義務教育的勞動者家庭青少年們。在倫敦的各大報上充斥著諸如此類的標題：「他們把人當足球踢」、「踢人就像是在踢足球一樣」。

不只如此，報導這些青少年審判的報紙還這麼寫著：

據說被襲擊的冰淇淋攤販，在楊格和沙利文兩名青少年氣勢洶洶地打算穿越公園時，對許多背對著他們的人們大喊：「小心，Hooligan！」（《泰晤士報》一八九八年八月十六日）

有一個叫做「切爾西男孩」（Chelsea Boys）的團體，以棍棒和石頭為武器，和似乎像是來自巴特西區（Battersea）的一群人，發生爭鬥。他們是Hooligan之流的不良少年。（《*The Daily Graphic*》一八九八年八月十八日）

因為這個事件，「Hooligan」這個詞彙，逐漸地在英國國內傳播開來。從前面新聞的標題，就可以明白這個詞彙與足球有所關連。

當然青少年集團的不良偏差行為，並不是在一八九八年的夏天突然爆發的。早在大約二十年前左右起，青少年的不良行為在全英國就已經急遽增加。因此，應該要注意的是以這個事件為契機，各家報紙開始稱呼像他們一樣在街頭成群結黨、從事社會偏差行為的青少年為「Hooligan」，而且這個詞彙還被當作一般名詞使用，迅速地在英國社會中廣泛流傳並且逐漸紮根。會在早已變得司空見慣的青少年行為上，賦予「Hooligan」這個新詞彙的原因，究竟是為什麼？

◎ Hooligan 這個詞彙

Hooligan——一般認為這個詞彙，並不是英語，而是源自於愛爾蘭的蓋爾語，迄今原意仍然不明。根據《牛津英語大辭典》的說明，之所以會誕生出現這個詞彙，是因為在一八九八年的夏日事件當中，有一個被逮捕的不良集團，以愛爾蘭人拳擊手胡立漢（Hoolihan）兄弟為首領，一般通稱他們為胡立兄弟（Hooli Brothers）、又稱這個集團為胡立幫（Hooli's Gang），然而因為逮捕他們警官的發音錯誤，所以生出了「Hooligan」這詞彙。關於這個詞彙的語源還有其他幾個推測，不過它們的共通之處，就是全都出自於愛爾蘭人的名字，這些人或是在當時倫敦持有地盤，要不就是早已聲名遠播的惡棍。

不，事實上不只是愛爾蘭人而已。「Hooligan」這個詞彙，在同時期正奔向全盛期的演藝劇場之中，也因為愛爾蘭的喜劇雙人組合「奧康納和布雷迪」（Jim O'Connor and Charles Brady）所演唱的歌曲〈Oh, The Hooligans!〉而廣為人知；而這首歌曲的作詞家當時在受訪之際，說明這個詞彙是起源於美國。也有不少人將「Hooligan」與在澳洲用來指稱不良少年集團的「Larrikins」一字重疊，而認為這個詞彙應該是起源於澳洲。

總而言之，當時的英國的社會，正試圖將「Hooligan」這個新詞彙，界定為是英國的英語當中原本不存在的「外來語」。而這應該是意圖將當時日漸明顯的青少年集團的偏差行為，視為是與英國無關的、非英國的、非英格蘭的現象；更正確來說，應該是懷著這種期待的心情發揮了作用。

同時，「Hooligan」這個詞彙，與足球場和演藝劇場之類勞動者娛樂間的關聯也受到強調。從這種關聯顯示出，這個時期的男孩、女孩和青少年，都已經富裕到能夠支付得起進入這些娛樂設施的費用，或是手上擁有足夠的現金，買得起搭配造型的圍巾或是皮帶；而其背後的內情，則是因為在都市生活型態的消費社會中，大量出現了連孩童和青少年都能夠輕易賺取到現金的工作。

◎都市型消費社會中的青少年們

一般被稱為「少年勞動」的工作，並不需要熟練的技術，因此也意味著是低工資的單純勞動。這與從工業革命以前就以家庭勞動的形式、逐漸日常化的兒童勞動，或是在十九世紀前半被工廠法視為禁止對象的童工勞動，有著本質上的不同。在十九世紀末被跟「Hooligan」扣上關係的「少年勞動」，勞動的場所並不是工廠之類的生產部門，而是在英國經濟結構轉換中所創造出來的新勞動領域，其中包含了車站和飯店的搬運工、信差、高爾夫球場的桿弟、幫人在撞球杆上塗巧克粉等。這類的工作雖然誰都能做，不想做的話也能夠很簡單就辭掉，但別說是加薪了，連維持生計都不可能。說起來也就是只有在少年時代才能夠從事的暫時性工作，到了某個一定的年齡——在維多利亞時代是被視為成人的十八歲——還繼續從事這類工作的話，就會成為他人輕蔑的對象。根據當時的記錄，在完成基本義務教育、年約十三歲前後的勞動階級青少年當中，有三分之二在從事這類沒有前景的工作。

「少年勞動」在十歲至十七歲間、進入青少年時期的孩子們之中，被視為能夠輕易獲得現金的工作而受到歡迎。的確，平均收入雖然不高，但是因為工作自由，可以不用在意父母、老闆、廠長等人的監視目光，對他們而言應該是最具魅力之處。雖然大人們一面批評著投入「少年勞動這個臨時工作的池塘」的孩子們，但對追求舒適的都市型消費社會而言，這類「長不大的青少年」卻是必要的存在。

另外一方面，有趣的是，青少年們也開始將大人們冠在自己身上的「Hooligan」這個詞彙，運用在自我表現之上。他們以演藝劇場或是足球場作為象徵，這當中似乎蘊含著對於那些稱呼他們為「Hooligan」的中產階級的大人們的反擊，換言之即是對於那些認為（更高尚的）劇場和板球場才是好地方的人們的反擊。

當時 Hooligan 典型的造型，是模仿在演藝劇場的舞台上非常受歡迎的叫賣商人（Costermonger）的穿著——這些街頭小販是十九世紀前半的倫敦風情中不可或缺的存在——將圍巾交叉纏繞在脖子上、深戴無沿帽、穿著上窄下寬的粗斜紋布喇叭褲和靴子。如果能夠搭配上附有看似沉重的金屬帶釦的皮帶，那再完美不過了。像這樣用服裝來展現自己的存在，本身就是匿名社會下都市文化的產物。還有 Hooligan 並不只出現在倫敦，而是廣泛地成為全國青少年的共有現象，這也是有理由的，那就是他們能夠賺到足以整治服裝的小錢。

大人們對此批判不斷。一九〇九年，社會主義團體費邊社的希德尼．韋伯，在濟貧法委員會的會議中，如此憤慨地說道：「現在口袋中擁有過多零用錢的青少年，太早離家獨立，很容易就會誤入歧途。青少年們漠視紀律，很快地就會染上惡習，而且他們在十七歲到十八歲就獲得了超過生活所需的薪資。應該要將他們置於更有效的管理之下，十八歲以下的青少年，應該全部都適用強制性的訓練身體和技術教育的制度。」

全部都是因為勞動階級獲得了與他們身分不符的富裕的緣故——憤慨的大人們在「Hooligan」這個詞彙中，還重疊上了對於青少年在精神上墮落的批判。而且，認為他們鬆弛的部分還不只是在精神層面而已。

◎國民的退化

在一八九八年夏日事件的隔年，一八九九年爆發的南非戰爭（第二次）中，浮現了一件令人震驚的事實。

誠如前文所述，在這場戰爭的初期，在演藝劇場所培育出來的極端愛國主義助威之下，有來自全國各階層的青少年志願加入陷入苦戰的英軍。然而，其中約莫六成，卻因為身高太矮、過瘦、心臟或肺部有缺陷、風濕或是蛀牙等身體方面的原因，被斷定沒有當兵的資格，並遭到拒絕入伍。為何英國青少年會變得如此孱弱？

當時的英國社會，將統計上發現的、從一八七五年左右開始下滑的出生率視為問題所在，而英國人在數量上的減少可能會招致大英帝國衰退之說，也逐漸成為議論的焦點。當時的知識分子、教育者和文人的共識是，為了維持大英帝國，不但需要提高殖民地的英國人比率，還必須要增加在質、量上都很優秀的英國人的比例。儘管如此，在帝國的中心，未來的英國人卻正逐漸在減少。如果繼續這樣下去的話，有可能會導致最壞的情況發生，那就是將不得不利用殖民地的其他民族來補足英國母國的空缺——在這類的見解當中，可以看見應用達爾文進化論的生存競爭原理來解釋社會或民族問題的社會進化論的影響。

於是，十九世紀末的出生率低落，亦即英國人的「量的減少」的問題，遂轉變成為帝國的問題。再加上經由南非戰爭志願兵所顯示出的青少年身體素質水準低落，換言之即是英國人的「質的低落」，更刺激了當時有識之士的危機感。這個問題在英國的未來、乃至帝國的未來上投下了深刻陰影，被稱之為「國民的退化」，在世紀交替之際的英國成為激烈爭論的焦點。提高「國民效率（國民的體能）」，被視為是解決問題之道。這與公學教育的特徵——鼓勵體育運動等能夠提升「男子氣概」的課程一樣，都將問題歸結在勞動階級青少年的身心層面上。一九〇四年，因為認知到繼續對體能和道德都明顯低落的青少年勞動者放任不管，就等於是自殺性行為，所以出現了一個名字就叫「防止身體墮落委員會」（The Physical Deterioration Committee）的團體。這個團體將青少年的墮落視為都市化所帶來的弊端，並且如此批判道：

> 青少年們性情不定、易怒的氣質，清楚地顯示出，行動無法預測的新族類，正在逐漸侵入重要的領域。都市居民所呈現出來的身體特徵是：發育不良、胸部瘦弱、很容易疲倦、多話、容易激動，沉著、體力和耐力則幾乎完全欠缺。都市的群眾會在一瞬之間變成失去理性的暴徒。（中略）光是創造出「Maffick」（狂歡慶祝）這個新詞彙一事，就足以充分地顯示出變化的情況。

在南非戰爭中，讓英國陷入狂歡的一九〇〇年五月的「馬菲京解放」（Relief of Mafeking）的慶祝騷動，被理解成是青少年退化的徵兆。此時，針對這些擔負帝國未來的青少年們發起一項重大行動的，正是馬菲京解放的英雄——陸軍少將羅伯特・貝登堡（Robert Stephenson Smyth Baden-Powell）。

◎童軍運動

一九〇三年，等待自南非歸國的貝登堡的，是一項令他大感驚訝的事實。在南非戰爭爆發的一八九九年，他寫了一本《警探術》（*Aids to Scouting*），而這本書居然在初等教育和中等教育、以及全國逐漸展開的兒童和青少年運動中，被用來當作基本教材。他在書中寫下了從軍隊經驗中獲得的路線開拓和敵營偵查的方法等的內容，目的是為了當作士兵訓練的說明手冊。在給予該書高度評價的人們建議之下，貝登堡以青少年為對象重新加以改寫。因此而誕生的《童軍警探》（*Scouting for Boys*, 1908）一書，獲得了全國性的迴響。於是，童軍運動（Scout Movement）便就此展開。運動初始之際，貝登堡如此對青少年們說道：

> 關於最近報告指出我們的民族墮落一事，我們應該要視為一項警告，在情況變得無可挽回之前，必須要採取對應之策。羅馬帝國毀滅的原因之一，就是因為羅馬年輕人的身體素質大幅衰退，已經不再保有過去身為士兵的先人們的水準。

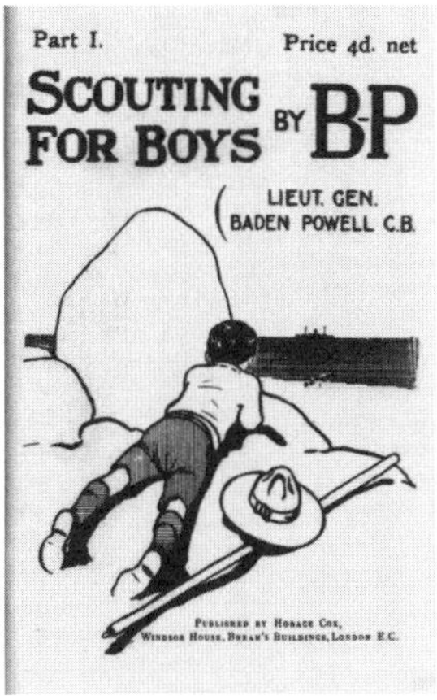

《童軍警探》（Scouting for Boys） 1908年出版時的封面。

羅馬的年輕人在富裕中，狂熱沉迷於競技場舉行的格鬥士搏鬥，忘記了做為士兵應當有的鍛鍊；於是將防衛帝國的任務改交給日耳曼傭兵的羅馬帝國，最後終於因為被日耳曼人奪走了帝國而滅亡——從十九世紀末到二十世紀初期，在英國各地都可以聽見將羅馬帝國的衰亡與大英帝國的將來類比的擔憂之聲。這或許與羅馬帝國統治下的不列顛研究，正巧在當時確立了基礎一事不無關係。

當時的牛津大學教授法蘭西斯．約翰．哈佛菲爾德（Francis John Haverfield），在研究羅馬時代不列顛之際，也將其研究與大英帝國的殖民地統治類比論證。例如，十九世紀末以後，成為印度高級文官的牛津、劍橋兩大學出身者，他們從公學時代起就接受以古典教育為中心的課程，每當前往印度任官之際，便自擬為是久遠之前為了統治不列顛而來的羅馬菁英總督。哈佛菲爾德也將在羅馬總督身上看見的文明化使命，和當時的大英帝國意圖向世界展現的使命相提並論。對於期待從歷史當中學習到教訓的維多利亞時代的人們而言，羅馬帝國，特別是羅馬帝國的衰退與大英帝國之間的類比，其實相當具有說服力。

貝登堡將導致年輕人在身體與精神上的墮落，從而大幅顛覆羅馬帝國命運的原因，也就是所謂「麵包和競技場」，與當時的英國青少年所瘋狂著迷的足球和演藝劇場重疊，繼續如此說道：

這一切全取決在各位身上。各位絕對不能墮落到像羅馬的年輕人一樣，失去愛國心、成為沒有內容的懶惰鬼，以致於最後喪失了先人所建構的大帝國。

請記住，不管是富貴或是貧窮，出生在城堡或是貧民窟出身，你們全部都是英國人。為了要讓英國繼續立足於頂點，你們必須要並肩合作。你們必須要將彼此的差異埋藏在心底的深處。

於是，童軍運動在跨越階級展開活動之餘，也在英國各地、以及向帝國快速地擴張。《童軍警探》出版的那一年在開普敦和雪梨，隔年的一九〇九年在貝登堡曾經拜訪過的南美的智利、阿根廷和巴西、以及印度，也都成立了童軍團。另外一方面，同樣是在一九〇九年，也有像曾經擔任過倫敦童軍團總監的弗朗西斯・瓦恩（Francis Vane）一樣的人們，因為批判貝登堡所提倡的軍國主義和帝國主義的形式而離團，另外設立以勞動少年為對象，以追求永遠和平為目標的組織。據說，也有不少人對於強迫少年就應該要有「少年的樣子」的貝登堡產生反感。

童軍運動的帝國傾向減弱，是在第一次世界大戰結束後的一九二〇年，於倫敦召開了第一屆「童軍大會（Jamboree）」以後。貝登堡自創的新英語「Jamboree」，後來被賦予了

「盡情歡聚」的意思，廣泛地被當作一般詞彙使用，而童軍活動也逐漸轉變為青少年的國際交流場域。

英日同盟的始末

◎《血字的研究》

「您好。」——初次見面的夏洛克·福爾摩斯，一邊以意想不到的強勁力道握住了華生博士的手，一邊說出了讓博士大為驚訝的話。「您從阿富汗回來，對吧？」

不久，福爾摩斯對於一起租下貝克街二二一號B室的華生，解釋他當時的推理。

這裡有位帶著醫生特質的紳士，不過也散發著某種軍人的氣質，很顯然應該是一位軍醫吧。他雖然臉部黝黑，不過手腕白皙，所以應該不是天生的膚色，而是剛從熱帶地區回來。從他憔悴的臉色看來，顯然是歷經了困苦的生活，並且生過病。他的左臂曾經受過傷，因此他的動作僵硬而不自然。熱帶地區，而且還會讓我國的軍醫不得不遭受手腕負傷苦難的地方，這會是哪裡呢？肯定就是阿富汗了。（《血字的研究》〔*A Study in Scarlet*〕，阿部知二譯、創元推理文庫）

事件本身雖然發生在英國，但是引發事件的種子卻是在播種在殖民地。在福爾摩斯的故事當中，採取這類情節設定的作品很多。福爾摩斯和華生初次相遇的這個場面，也跟帝國有很深的關係。作者柯南．道爾（Conan Doyle）是這麼設定的：華生博士在一八七八年於倫敦大學取得醫學博士的學位後，在陸軍醫院修畢了規定的課程取得軍醫的資格，成為諾森伯蘭第五燧發槍團（Fifth Northumberland Fusiliers）的軍醫助理。在前往該部隊駐紮的印度途中，因為第二次阿富汗戰爭（The Second Anglo–Afghan War）爆發的緣故，進入阿富汗山區的華生軍醫轉調到伯克郡步兵團（The Berkshires），加入了發生在阿富汗戰爭的激烈戰地、坎達哈郊區的邁萬德戰役（Battle of Maiwand），肩部嚴重受傷。在部下的救助下，他被送往了白夏瓦的醫院；於住院期間感染了傷寒的他，在生死邊緣徘徊了數月之後，因為身體太過虛弱被解除任務而返國，然後遇上了正在尋找合租公寓室友的福爾摩斯——

第二次阿富汗戰爭，這場妝點英國與俄羅斯之間的領土爭奪戰，也就是所謂「大博弈」（The Great Game）當中的一幕，肇始於華生博士取得軍醫資格的一八七八年十一月。約莫二十年後，在帝國首都倫敦舉行女王登基六十周年紀念慶典之際，率領殖民地軍隊遊行的陸軍元帥腓特烈．羅伯茨，所經歷第一場真正的殖民地戰爭，就是在阿富汗。

締結和平條約（一八七九年五月）之後，阿富汗方面的抵抗也未曾停止，在一八八〇年七月的邁萬德戰役中，兩千五百多名的英軍當中，陣亡者將近四成。《血字的研究》出版於一八八七年，因此福爾摩斯所推理的第二場阿富汗戰爭的敗退記憶——「讓我國的軍醫不得不遭受手腕負傷苦難的地方」——或許在當時還尚未淡去。而最重要的是，「阿富汗戰爭的記憶」並未從作者道爾的腦海之中消失。後來的另一篇作品，〈空屋探案〉（*The Adventure of the Empty House*，收錄於《福爾摩斯歸來記》〔*The return of Sherlock Holmes*〕）中的賽巴斯丁．莫蘭上校也是從軍加入這場戰役的勇士；還有〈駝背人〉（*The Crooked Man*，收錄於《福爾摩斯回憶錄》〔*The Memoirs of Sherlock Holmes*〕）中的亨利．伍德下士，也在這場戰役中遭到英軍戰友的背叛，飽嚐了長年的辛酸。

直至最近仍然是「被全世界所拋棄的地方」的阿富汗，也是英國背負著不願回想起的「帝國的負面記憶」的地方。

◎格萊斯頓的失策：阿富汗戰爭

在第二次阿富汗戰爭的戰後處理上失敗的英國，從同一個時期起，在關於帝國事務的處理上，重複地犯下多個無可挽回的失策。

一八八一年二月在南非的馬朱巴山戰役（第一次南非戰爭）中，英軍被布爾軍所擊敗，為了雪恥而導致了後來的第二次的南非戰爭。一八八一年因為軍方政變而導致親英政權瓦解的埃及，則是在一八八二年於亞歷山卓爆發了反英暴動，英軍雖然趁機在九月占領了埃及，然而，同時期卻在蘇丹發生了民族主義反抗運動。因為被派往對抗馬赫迪起義的戈登將軍戰死，首相格萊斯頓遭到了極為強烈的抨擊，關於這部分前文也已提過。此外，在從一八八四年年底延續到隔年的柏林會議中，非洲為歐洲各國所瓜分，進而在這座大陸留下了更大的禍根。

被要求對這些失策負責的對象，就是被諷刺為「戈登的謀殺者」而遭到彈劾的自由黨首相格萊斯頓。從一八八〇年四月起領導內閣（第二次）的格萊斯頓，賭上政治生命試圖實現的愛爾蘭自治問題，也大大動搖了英國。第三次內閣在一八八六年四月提出的第一次自治法案被駁回，也成了七月國會大選失敗的原因。環繞著愛爾蘭自治的紛爭，導致了自由黨內部的分裂。脫黨的約瑟夫・張伯倫，成立了自由統一黨（Liberal Unionist Party），與保守黨聯合組成統一黨內閣，並成為殖民地大臣。因為與張伯倫追求帝國統合的構想緊密糾結而爆發的南非戰爭，引發了「英國為何無法獲勝」這個單純的疑問，而「Hooligan」所象徵的「國民的退化」，也令善良的人們愕然。這時，英國的政治家、知識分子和文人的目光，被在東洋持續展現出驚人躍進的小島國所吸引了。

◎投向日本的目光

在二十世紀，英國將熱切目光投向日本的時刻有兩次。一次，是在日本正處泡沫經濟時期的一九八〇年代。在英國正為「英國病」（The British disease）[1]所苦的當時，首相柴契爾夫人（Margaret Thatcher）注意到日式經營的模式，視之為經濟重建的救命仙丹，因此很歡迎日本企業到英國發展。然後還有一次，就是在二十世紀初期，一九〇二年一月三十日締結英日同盟前後的這段時期。

當時的日本，以文明開化和富國強兵為口號，標榜著應該要團結一致追上並超越歐洲列強，正處於傾力創造「國民」之中。在一八七二年（明治五年）的初等教育義務化、和隔年一八七三年（明治六年）的徵兵制兩者相輔相成之下，明治時代的日本逐漸創造出了忠誠愛國的「日本人」。一九〇四年爆發的日俄戰爭，清楚展現了這種國民創造的成果。

當然，在當時英國政治家、新聞記者和作家們投注於日本的目光中，或許依然存在著約莫十年前，也就是在甲午戰爭後的「三國干涉還遼」中所顯露出來的反日情感和黃禍論。基於以歐洲為中心的種族主義和偏見而對日本冷眼相待的情況，之後在第二次世界大戰、或是戰後的經濟戰爭中，也不斷反覆地出現。然而，在二十世紀初期的英國，卻有以不同於黃禍論的目光看待日本的緣由。

提到日俄戰爭爆發的一九〇四年，也是英國正在對南非戰爭中所顯現的「國民的退化」狀態，進行種種調查和討論的時期。此時，從當時的政治家或新聞記者的言論可以看出，對於日本的注目已超越了兩年前英日締結同盟的時候。例如，知名的保守帝國主義者菲利浦·利特爾頓·蓋爾（Philip Lyttelton Gell），在寄給南非高級專員米爾納爵士的信中（信件的日期為一九〇四年五月六日）如此寫道：

> 我想關注的對象是日本人。他們至少能夠思而後行，而且沉默寡言。有以日本人的外交、組織、戰略、男子氣概、獻身、自制心為榜樣的歐洲人嗎？尤其是獨立自主、自我犧牲、沉默不語等國民能力，實在是很了不起。

還有，《泰晤士報》的軍事特派員雷平頓上校（Charles à Court Repington），在日俄戰爭中，也對於武士道表現出了強烈的關心，他寫道，「我們的亞洲同盟者所實踐的自我犧牲」，著實令人感動（一九〇五年二月二十一日）。數年後與鐵達尼號一起葬身海底的幹練新聞記者艾佛德・史提（Alfred Stead），也出版了以《偉大的日本——國民效率研究》（*Great Japan: A Study of National Efficiency*, 1906）為標題的著作。為該書撰寫序文的，則是在格萊斯頓引退後繼任為自由黨黨魁、熱心信奉「國民效率（國民體能）」的羅斯伯里伯爵（Archibald Philip Primrose, 5th Earl of Rosebery）。此外，也是在日俄戰爭的時代，社會主義作家H・G・威爾斯（Herbert George Wells）在小說《現代烏托邦》（*A Modern Utopia*, 1905）中，也安排了「武士」這個自我壓抑強烈的階級登場，在他們自我要求的紀律之中加了這麼一行文字：

> 定期性行為的抑制——五天之中至少有四天，必須一人獨寢。

和羅斯伯里同樣重視「國民效率」一詞的自由黨國會議員R・B・霍爾登（Richard Burdon Haldane, 1st Viscount Haldane），在愛丁堡的演講中（一九〇七年一月十日）說道：「看看日本人啊！他們對於團體的忠誠之心，是多麼的了不起！」並高呼應對過往的自由放任政策進行修正。基於這個信念，霍爾登建議貝登堡離開軍隊，專心投入童軍運動。

由這些在二十世紀初期發表、關於日本的言論可以明白察知，日俄戰爭在實際的戰鬥之外，也成為在別的場域建構日本形象的機會。所謂的帝國，必須要面對的並不是只有實際狀態或現實問題，形象建構也是問題之一；而為了阻止將日本視為攻擊目標的黃禍論再起而被派往英國的「那個日本人」，相當明白這個道理。

◎末松謙澄渡英

當與俄羅斯之間的衝突已成為時間上的問題時，日本最擔憂的就是「三國干涉還遼」的情況再度重演。故此，為了尋求英國在這場戰爭中，對日本立場的理解與同情，在首相桂太郎和外交大臣小村壽太郎的要求之下，一九〇四年二月，末松謙澄經由紐約前往英國。

末松謙澄，是伊藤博文次女生子的丈夫，出生於福岡縣行橋市，為村長之家的四子，因為家道中落而前往東京，一八七二年進入剛設立不久的東京師範學校就學。他因為認識日後成為日本銀行總裁的高橋是清而開始學英語，透過翻譯英文報導進入東京日日新聞工作；在隨同黑田清隆前往韓國後成為官僚，並於一八七八年以駐英國公使館一等書記生見習的身分前往英國；在一八七九年進入劍橋大學，學習歷史學（文學學士）和法學（碩士）。一八八二年，雖然只是一部分，但是第一位將《源氏物語》翻譯成英文出版的人也是他。他在一八八六年歸國，於一八八九年和生子結婚，在隔年成為國會議員，並於一八九六年成為貴族院議員。

在他渡英之際，伊藤博文為女婿寫了封推薦信，給當時的外交大臣蘭斯多恩侯爵（Henry Petty-Fitzmaurice, 5th Marquess of Lansdowne）。同時期，桂太郎和小村壽太郎，也為同樣的目的派遣金子堅太郎前往美國。

謙澄於一九〇四年三月抵達倫敦，在準備長期居留的旅館安頓下來後，他便為了塑造對日本懷抱善意的輿論，開始積極地展開行動。五月五日，他在擁有許多政治家會員的政治俱樂部中，以「遠東問題之日英觀」為題發表演說，主張在俄羅斯勢力逐漸膨脹的遠東地區，英日同盟是最為確實的解決之道。以此為開端，直至一九〇六年一月一日踏上歸國之途為止，長達將近一年半的時間，謙澄透過演講、發表論文和投稿報章雜誌等方式，為了在日俄戰爭中獲得對日本抱持善意的輿論而到處奔走。他在將日英關係史與俄羅斯的動向連結時，也強調日本和中國之間的差異，說明日本近代化的現狀，不斷表示日本人並不是好戰的國民，強力訴求與盎格魯撒克遜世界之間的連帶感。

從謙澄的活動中，可以輕易想見當時的英國社會對日本抱持關心的內容。「日本與俄羅斯」、「日本的士兵培育之道」、「切腹的真義」、「日本的道德教育」、「日本人的性格」、「日本的教育」——謙澄提出的主題雖然涉及的面向很廣泛，但是演講中的提問，主要都集中在日本軍隊的相關問題上，尤其是士兵的來源和軍官的訓練方面。英國人想知道的只有一件事，那就是「日本的士兵（軍隊）為何能夠如此強大？」對此，謙澄的回答，始終是簡單而不變。「徵兵制」、以及「戰爭中所需要的東西，精神層面的部分占了三分，而物質層面就只是一分而已」——謙澄瞄準了「英國人想知道、想看見的日本」，成功地展現了日本，牽引出英國人的親日情感。

◎張伯倫父子的苦惱

滯留英國期間的謙澄，在展開行動之際，盡其可能地利用了某個人物的關係網絡。這個人就是他在劍橋大學時代的友人，也是在當時的貝爾福（Arthur Balfour）內閣擔任財政大臣的奧斯汀．張伯倫（Austen Chamberlain）。

奧斯汀的父親，也就是曾經擔任殖民地大臣的約瑟夫．張伯倫，據說在一八八九年三月，與駐英公使加藤高明針對東亞權利進行會談之際，曾經暗示可以組成英日同盟。在司馬遼太郎的歷史小說《坂上之雲》（『坂の上の雲』）中，有一位擔任德國駐英代理公使的人物，名為赫爾曼．馮．埃卡德斯坦；書中寫到他在南非戰爭期間，曾經私下對張伯倫和駐英日本公使林董提案，以俄羅斯為假想敵，彼此共結同盟。不過在不希望和俄羅斯、以及與俄羅斯關係友好的法國對立的德意志皇帝反對之下，德國退出了，結果最後由日本和英國結成同盟。不過，當時正在展開激烈造艦競賽的英、德兩國，要結為同盟的可能性本來就很低。

從以鋼鐵為中心的重工業城市伯明罕的市長，一躍成為國會議員的約瑟夫．張伯倫，在一八九五年，自願擔任感覺在地位上似乎低於外交部和印度事務局的殖民地大臣，並且挑起了南非戰爭。他對於和日本同盟之所以會產生興趣，目的是為了封鎖俄羅斯帝國主義在東亞的擴張；不過，在謙澄渡英時節的張伯倫，為了實現關稅改革構想的自由貿易修正案，正在展開一項大型遊說行動。

這份構想的軸心，是為了對抗透過提高關稅保護本國的農、工業，並且在經濟上逐漸興起的美國和德國，同時也為了實行包含都市基礎設施建設在內的社會政策，所以主張應該要改採對國外輸入品課徵關稅的保護貿易政策，並且透過母國與自治領之間的帝國優惠關稅制度來強化同盟關係。這構想因為自治領的強烈反對，所以在一八九七年的第三次殖民地會議（The Colonial Conference）中遭到否決；不過，在那之後，自南非戰爭結束後的一九〇三年起，張伯倫再將清算戰爭所帶來的龐大財政赤字納入考量，認為修正自由貿易政策是必然之策，故而再次推動關稅改革運動。謙澄就是在張伯倫正在大力進行這項政策遊說之際，渡海前往英國。

結果，英國國民並未接受關稅改革的構想。其中最大的理由，就是對於自由貿易的堅持。在遊說活動如火如荼進行之際所出版的《飢餓的四〇年代》（一九〇四年）一書，喚起了勞動者們對於那個因為施行《穀物法》而讓便宜糧食無法流入的時代的黑暗記憶，這對張伯倫而言也造成了負面的作用。不只是主張堅持自由貿易的自由黨，甚至於包括張伯倫所隸屬的統一黨，也都反對他那套轉換為保護貿易政策的構想。

不過，更大的反彈，則是來自於張伯倫尋求連結的自治領方面。因為經濟發展和政治上的成長，已逐漸地在各個自治領培育出有別於「大英帝國的女兒們」的身分認同。而這也將左右了英日同盟的將來。

◎一九二一年，否決更新英日同盟

謙澄歸國後不久，在關稅同盟的構想成為最大爭論焦點的一九〇六年初大選中，自由黨獲得壓倒性的勝利。失敗的張伯倫因為身體狀況不佳，離開了政界。隔年，在倫敦召開的第五屆帝國會議（The Imperial Conference of 1907，殖民地會議之更名）中，成立帝國優惠關稅制度的貿易集團這個想法本身，完全遭到否定。在這場會議中，承認了加拿大、澳洲、紐西蘭、南非、紐芬蘭的自治領地位，不再是從前的以英國為中心的帝國構造，而是展開了母國與自治領在原則上維持對等關係的新「帝國形式」。

在帝國總動員的第一次世界大戰之後，因為對戰爭提供協助而增加了發言權的自治領，彼此間在見解上的差異也日趨明顯。一九二一年，在戰後召開的第一場帝國會議中，英國首相勞合．喬治（David Lloyd George），與澳洲和紐西蘭，以著眼於太平洋的軍事防衛為由，共同提議繼續維持與日本之間的同盟關係，即是要求更新英日同盟。相反地，加拿大首相則因為考量到與將日本視為威脅的美國之間的關係，而主張撤銷英日同盟。結果，英國政府顧慮到美國在大戰期間所提供的協助和加拿大的主張，駁回了英日同盟的更新。自治領的成長，不但否決了張伯倫的構想，也阻擾英日同盟的更新。

英日同盟的撤銷，正清楚說明了嶄新的時代——國協體制，已降臨於大英帝國。

1 所謂英國病，是指二十世紀六〇年代後英國經濟停滯，充實的社會保障制度和基幹行業的國有化導致社會保障負擔增加，國民工作積極性下降，既得利益滋生等經濟、社會問題頻出的現象。

第十章 帝國的遺產

1958 年的諾丁丘暴動　此事因種族歧視而起，使得西印度群島移民成為白人暴徒所謂「黑人狩獵」的目標。

迷失於伊拉克的大英帝國

◎伊拉克建國之母

伊拉克戰爭爆發後不久的二〇〇三年四月，伊拉克博物館（National Museum of Iraq）的收藏品多數遭到掠奪的新聞傳送到全世界時，許多喜愛這座博物館的人，肯定會想起一位女性的名字——格特魯德・貝爾（Gertrude Bell）。她在一九二二年就任伊拉克考古局名譽局長，整理了古代美索不達米亞遺跡烏爾古城的出土文物、制定文化資產法，並於一九二六年六月完成了伊拉克博物館的開設。一九二一年三月，在當時的殖民地大臣溫斯頓・邱吉爾所主宰的開羅會議（Cairo Conference）中，與外交部阿拉伯事務局（Arab Bureau）東方事務負責人珀西・考克斯（Percy Cox）共同出席、對邱吉爾提出伊拉克建國計劃的人，也是她。第一次世界大戰後，在對瓦解與德國聯手的鄂圖曼土耳其帝國貢獻甚大的「阿拉伯起義」（Arab Revolt）一事上，英國的

格特魯德・貝爾（Gertrude Bell）

埃及合影　開羅會議時（1921 年），拍攝於金字塔前。虛線框人物順序，左起為：邱吉爾、貝爾、勞倫斯。

中東外交態度尚處於搖擺不定之時，她建言道：「阿拉伯的事，就交給阿拉伯人吧！」此時，她已經有了「意中人」，那就是阿拉伯的名門，哈希姆家族（House of Hashim）的三子費薩爾（Faisal I）。一九二一年八月二十三日，費薩爾登基成伊拉克第一任國王時，旁邊也有她的身影。

大英帝國在二十世紀最大的特徵之一，就是將伊拉克和巴勒斯坦（Palestine）等中東地區收入懷中。這是一塊用英國的邏輯和歐美的世界觀都無法掌握的土地，而曾經在中東沙漠旅行多達六趟的格特魯德．貝爾，是如何理解這片土地的呢？

◎著名企業家之女的旅行

格特魯德．貝爾之所以會和中東產生連結，與她出身於北約克郡著名的企業家族——貝爾家有關。起源於蘇格蘭的貝爾家，因為與同鄉的發明家、科學家和實業家同為英國工業革命的核心人物而廣為人知。格特魯德的中間名來自祖父羅蒂安（Lowthian Bell）。羅蒂安不但是「世界工廠」英國數一數二的鋼鐵業者「貝爾兄弟」（Bell Brothers）的公司總裁，也是著名的冶金學家。一八四六年在英國引進第一座高爐、一八六〇年第一個在英國著手生產鋁的人，也是這位祖父。她的祖父曾經過擔任新堡（Newcastle）市長、自由黨國會議員、英國鋼鐵協會會長等職務，是一位名符其實的地方名士。

格特魯德的父親休．貝爾（Hugh Bell）繼承了公司，也和她的祖父同樣研究冶金學、身兼多份地方公職。一八六八年七月，格特魯德在祖父的宅邸「華盛頓館」（Washington Hall）中誕生。雖然三歲時就失去了母親，不過她和繼母芙羅倫斯（Florence Bell）之間相處和睦，渡過了一段無憂無慮的年少時光。她在十六歲時進了倫敦的王后學院（Queens' College），後又進了牛津大學的女子學院瑪格麗特夫人學堂（Lady Margaret Hall）就學。兩年後，她成為英國近代史上第一位獲得「一級榮譽」學位的女性。在對良家婦女從事學問一事抱持著否定態度的當時，她的這份學歷顯得相當特出。然而，這並未替她開創出未來。

轉機在旅程中降臨。格特魯德跟繼母的姊姊瑪麗（Mary Emma Olliffe）感情很好，而這位姨媽的丈夫弗蘭克．拉塞爾塞（Frank Lascelles）是一位外交官。她的旅行與這位姨丈有很深的關係。特別是在一八九二年，當她的姨丈被派駐到波斯擔任公使的隔年，她與姨媽和表妹一起在德黑蘭旅行；第一次見到的沙漠，強烈地吸引了她。她分別向東、向西出發，展開了兩趟環遊世界之旅。她二十多歲、三十多歲時的日子是在旅行中渡過的。而貝爾家擁有充分的財力，足以供應她這樣的生活。

其中，始終緊扣住她的心的，是沙漠、沉睡在其下的遺跡，和研究調查這些遺跡的考古學。不過，英國在考古學這門學問上的起步，大幅落後於過去擁有「學者軍隊」的法國，或是擁有施里曼（Heinrich Schliemann）——以自傳《對古代的熱情》（*Selbstbiographie bis zu seinem Tode vervollstandigt*, 1891）而聞名——的德國。

正因如此，英國的考古學領域剛好有這位仕女旅行家一展身手的餘地。同樣地，在人類學或民族學等「新興學問」上，情況也很類似。然而她們的旅行，不單只是富家大小姐的個人興趣，還存在著「某種」超越其上的意義。那就是，只有置身於大英帝國中心的仕女，才會出現「白人女性的責任與義務」。例如，曾經旅行埃及的艾蜜莉．愛德華（Amelia Edwards），在將她蒐集到的藏品捐贈給倫敦大學時，也捐獻了開設埃及學講座課程的資金。

格特魯德．貝爾也是這類仕女旅行家當中的一人。她專心投入沙漠與考古學之中，不但學習了波斯語和阿拉伯語，並從大學時代摯友的兄長，也就是牛津大學阿什莫林博物館（Ashmolean Museum）的館長、考古學者大衛・奧格斯（David George Hogarth）的身上獲得了考古學的啟蒙。

只是，她選擇的地區、以及投身旅行的時代，並不允許她的貢獻僅囿限於學問的框架之中。

◎超越仕女旅行家

一九〇四年，在巴黎學習古代美術和建築學入門的格特魯德・貝爾，前往美索不達米亞挖掘遺跡。一九〇五年，當她在敘利亞與安那托利亞（Anatolia）旅行之際，聽到了日俄戰爭爆發的傳聞，此事也被記載於她在一九〇七年出版的著作《敘利亞縱貫紀行》（『シリア縦断紀行』，東洋文庫出版，原標題為《敘利亞：沙漠與耕地》〔Syria：The desert and the sown〕）之中。該書出版的同年，大英帝國與俄羅斯帝國締結了英俄條約，也為兩國之間的「大博弈」競爭畫下了休止符。一九〇九年，她再度前往美索不達米亞、安那托利亞旅行，拜訪了巴格達（Baghdad）和摩蘇爾（Mosul）。一九一一年，她則是旅行於敘利亞沙漠、調查了幼發拉底河畔的西臺古國陪都卡爾凱美什（Carchemish）遺跡，發掘了無數的碑文。她初次遇見「阿拉伯的勞倫斯」——T・E・勞倫斯（Thomas Edward Lawrence），也是在這個時候。

之後，她在皇家地理學會習得了天體觀測、測量和製作地圖的技術，而皇家地理學會也致贈了金質獎章給從巴格達旅行到大馬士革的她。不久之後，奧地利王儲斐迪南大公（Francis Ferdinand）夫婦遭到塞爾維亞青年刺殺，導致第一次世界大戰爆發，她也和當時大多數女性一樣，參加了紅十字會的救援活動。

就在這時，在一九一五年十一月，她收到了來自開羅的英國軍事情報部的邀請函，內容是希望她加入外交部阿拉伯局。因為他們認為，若要在東方戰線瓦解與德國具有同盟關係的鄂圖曼土耳其，曾經在美索不達米亞的沙漠單獨旅行過六趟的格特魯德，所擁有的知識和經驗是不可或缺的。在開羅的軍事情報部，和首席政務官考克斯一塊等待她的，是大衛・奧格斯和曾經參與發掘卡爾凱美什遺跡的坎貝爾・湯普森（Reginald Campbell Thompson）等考古學者。當中也有T・E・勞倫斯。

據說年紀比格特魯德小二十多歲的勞倫斯被派遣到中東，不只是為了考古學上的發掘調查，同時也兼負了偵察德國正在建設中的巴格達鐵路的任務。巴格達鐵路的建設，是德國推動的以鐵路聯結柏林（Berlin）、拜占庭（Byzantium，伊斯坦堡）、巴格達（Baghdad）的

「阿拉伯的勞倫斯」　英國軍官湯瑪斯・愛德華・勞倫斯。

「三B政策」的結果；而美索不達米亞遺跡的發掘調查工作，便是在鐵路經過的地點上進行。因此英國政府將考古學和大戰的戰略聯結在一起，賦予考古學者擔任情報工作的任務。新設立的阿拉伯局，分派給格特魯德的任務是探查阿拉伯各部族的動靜，並賦予她巴斯拉（Basra）聯絡員、以及首席政務官特別秘書（東方事務秘書，Oriental Secretary）的頭銜。約莫在相同時期，印度事務局也和外交部及軍方一樣，對她的經驗和知識評價甚高，故與她接近，任命她為印度遠征軍所屬聯絡軍官。當時大英帝國唯一的女性軍官「貝爾少校女士」，便如此誕生了。

這時她感覺到，英國內部對秘密策劃「阿拉伯起義」以瓦解已衰落的土耳其帝國一事，態度搖擺不定，甚至形成對立。相較於阿拉伯局對於起義的成效充滿了信心，印度事務局則擔心會有刺激印度穆斯林的風險而反對策動起義。格特魯德當然也根據自己以往的旅行經驗，以及與阿拉伯各部族族長之間的關係，強調了拉攏他們成為夥伴的重要性。至於一九一七年七月，親自率軍起義攻克阿卡巴（Aqaba）的「阿拉伯的勞倫斯」，他的立場也就不用多提了。

然而，沒有直接接觸沙漠和沙漠之民之經驗的英國政治家和外交官，既不像印度事務局那樣否定起義，也不像阿拉伯局那樣相信起義的成效。他們只是充滿了懷疑。於是，英國惡名昭彰的「三面外交」便由此展開了。現在的中東，伊拉克和巴勒斯坦地區的混亂，就是從這裡開始的。

◎英國的三面外交

一九一五年十月，英國與麥加的謝里夫（Sharif，管理者）——哈希姆家族的海珊（Hussein bin Ali）之間簽訂了密約《海珊－麥克馬洪協定》（Hussein–McMahon Correspondence），允諾為了回報哈希姆家族對鄂圖曼土耳其發動起義，將會支持他們統一整個阿拉伯（成立哈希姆王國），並將保證其獨立。根據這項協定，一九一六年六月，海珊發動了「阿拉伯起義」。

然而，在起義前的一個月，亦即一九一六年五月，英國與法國秘密締結了瓜分鄂圖曼土耳其領土的《賽克斯－皮科協定》（Sykes-Picot Agreement）。密約的內容是讓美索不達米亞成為英國的保護領，而幼發拉底河上游的大敘利亞則成為法國的保護領，計畫將中東地區變成兩國的殖民地。其中完全沒有提到英國和海珊之間約定的支持阿拉伯獨立及其主權。這份密約在一九一七年十一月，經由在列寧所領導的十月革命之後、掌握俄羅斯政權的布爾什維克黨所揭露。不過在這不久之前，英國還使出第三道秘密外交手段。那就是在一九一七年同月被揭露出的貝爾福宣言（Balfour Declaration）。那是一封以外交大臣貝爾福（Arthur

James Balfour）的名義，寄給英國的錫安主義聯盟（Zionist Federation）會長羅斯柴爾德（Lionel Walter Rothschild）的書信，內容是以支持猶太人在巴勒斯坦建立自己的國家，來換取猶太人對於戰爭的協助。這份協定與《海珊—麥克馬洪協定》的內容完全矛盾，而英國政府本身也相當清楚。

無論是格特魯德，還是勞倫斯，都逐漸落入了這場三面外交的陷阱之中。「阿拉伯起義」讓鄂圖曼土耳其帝國從內部瓦解，一九一七年三月，巴格達淪陷。隔月，為了安排伊拉克在戰後由軍政轉向民政，格特魯德從巴斯拉進入巴格達。一九一九年三月，以聯絡員的身分出席巴黎和會的格特魯德，在他人介紹下初次認識了費薩爾。和「阿拉伯的勞倫斯」同樣，她也被費薩爾的人格所吸引。「阿拉伯的事，就交給阿拉伯人處理吧。」——在她的心中，業已決定了伊拉克建國方案和首任國王的人選。

一九二〇年四月的聖雷莫會議（The San Remo Conference）做出了決定，將原本被國際聯盟託管委員會（The Mandates Commission）管理下的舊鄂圖曼土耳其領土加以處置。之中的敘利亞和黎巴嫩交給法國，伊拉克和巴勒斯坦交給英國，分別委由兩國託管。憤怒的阿拉伯各部族，六月之後紛紛在各地起義，即是所謂的美索不達米亞暴動。原本費薩爾應該要成為敘利亞的國王，但大馬士革的民政府也在這場混亂之中瓦解了。英法兩國無法平定美索不達米亞——這個教訓是否讓英國明白，此時不應挑起阿拉伯的憤怒呢？

然而，英國並沒有放棄對美索不達米亞的統治。在一九二一年三月的開羅會議中，根據格特魯德原本的提案，決定了在英國的託管地上支持費薩爾成為伊拉克國王的方針。雖然，她很清楚這將會與美索不達米亞的民族自決產生矛盾，不過，此時她仍然相信大英帝國會為阿拉伯各部族帶來光明的未來。

◎在沙漠上劃下國界線

開羅會議的三個月後，格特魯德與費薩爾一起從巴斯拉進入伊拉克境內。不過與今日相同，當時的伊拉克也是處於四分五裂的局面。而且，美索不達米亞的阿拉伯人，是以西歐化的土耳其軍隊中鍛鍊出來的軍人為中心，費薩爾雖然出身於繼承穆罕默德血統的穆斯林世界名門望族，但對他們而言，終究是個「外國人」。實際上，在此之前，費薩爾不但從未踏上過伊拉克的土地，對於說著和自己不同的阿拉伯方言的伊拉克歷史文化也一無所知。特別是，當時人數多達一百五十萬人的什葉派（Shia），對於遜尼派（Sunni）的費薩爾抱持否定的態度。當時伊拉克境內的遜尼派大約有一百一十萬人左右。不只如此，在與土耳其相接的國境地帶，還有大約五十萬人的庫德族居住於此。

面對這樣的現況，格特魯德建議費薩爾在巴斯拉登陸之後，選擇經由什葉派的據點納傑夫（Najaf）和卡巴拉（Karbala）前往巴格達，沿途可順道為預定在兩個月後舉行的國民投票進行事前疏通。格特魯德也對費薩爾介紹了伊拉克族群的分布狀況及其特質。令她費盡心思的，是如何讓伊拉克的人們錯覺是他們自己選出了費薩爾一事。在這一點上，費薩爾實在是一名出類拔萃的好學生。一九二一年八月，他在國民盛大的祝福之下（至少在形式上），登基為成伊拉克王國的第一任國王。只是，這完全沒有解決任何問題。

即位後的費薩爾和他的私人顧問格特魯德，當下所面臨的課題，便是如何將在宗教、民族上都四分五裂的人們團結在一起，創造出「伊拉克的國民」，以及劃定國界，確立伊拉克的領土範圍。關於前者，英國政府似乎在一開始就考慮將人口數過半的什葉派排除在外；然而，要創造「國民」的話，根本不可能將他們摒除在外。而關於後者，最大的難關則在於劃定與南方沙烏地阿拉伯之間的國境。沙烏地阿拉伯的意思，就是「紹德家族的阿拉伯」。創始者伊本·沙特（Ibn Saud），在一九〇二年和

伊拉克簡圖

二十名同伴占領了利雅德（Riyadh），他們是所謂的後來者，與原有的名門哈希姆家族處於對立的關係。更大的問題是，真的有辦法在沙漠上劃定「國界」嗎？對於經常移動的沙漠之民而言，所謂的「國界」究竟是什麼呢？劃下這一道線有什麼意義嗎？事實上，伊本．沙特的想法始終停留在固有的認知上，他反覆地說道：「我統率下的貝都因人（Bedouin）移動的範圍，就是我統治的疆界。」

在今日的地圖上，可以看見在伊拉克和沙烏地阿拉伯兩國之間，劃下一條極其不自然的直線。這條國界線，是根據格特魯德所提出的原始方案，在一九二二年十一月到十二月之間進行的阿凱爾協議（Uqair Protocol）中劃定的。多年以後，雖然有些許微調，但是基本上依然沿襲著她所劃下的界線。話雖如此，對這條直線的不自然之處感覺最深的，會不會就是格特魯德本人呢？

◎慶典之後

格特魯德騎馬旅行於沙漠之際，留下了許多張她在貝都因人的帳篷中和他們交談的照片。她深入到伊斯蘭教的德爾茲教派（Druze）男性中，在《敘利亞縱貫紀行》一書中，首度記錄下了他們在面紗底下的真實狀態。他們稱呼格特魯德為「Khatun（貴婦人）」，相當信賴她。在這樣的交流之中，她會不會相當清楚：以部族為生活單位的他們，擁有著與歐美的國民概念迥然不同的世界觀，他們的社會極為重視個人之間的聯結，而英國主導的建立「國民國家」則是一座空中樓閣呢？在伊拉克建國這場「慶典」結束時，浮現在她腦海之中的想法是什麼呢？

就在伊拉克博物館設立大約一個月後，一九二六年七月十一日深夜，她吩咐僕人在隔天清晨六點喚醒她之後，便一如平常地服下安眠藥，上床就寢。隔日清晨被發現時，她早已渾身冰冷。關於她在五十八歲生日的兩天前突然死亡一事，傳出了各式各樣的臆測。其中悄悄地說她是因為「寂寞難耐而自殺」的人也不少。不過，假若她真的是因為飽受孤獨之苦而選擇了死亡，那孤獨的原因，也不是他們口中所說的老家破產、弟弟之死，或是與正在進行離婚協議的戀人分手之類的理由。「伊拉克建國之母」的孤獨——肯定伴隨著對自己深信不疑的大英帝國之失望，及湧起的深沉無奈。

一九三二年，在費薩爾國王領導之下，伊拉克加入國際聯盟之事獲得認可，伊拉克王國的獨立正式獲得承認。隔年，費薩爾在瑞士度假中猝死，由他的兒子加齊（Ghazi）繼位，但是加齊似乎似欠缺統治能力，在尚無任何建樹的情況之下，便因為交通意外而過世。之後，加齊年僅三歲的兒子，在叔父的監護之下登基成為費薩爾二世（Faisal II of Iraq），經過英國留學後的一九五三年，在他成人的同時也正式成為國家元首。不過數年後，對在蘇伊士運河戰爭（Suez War，一九五六年）中被歌頌為「阿拉伯英雄」的埃及總統納賽爾（Gamal Abdel Nasser）產生共鳴的軍人們發動了政變；費薩爾二世被逐下王位，與家族一起遭到槍殺。時間是一九五八年七月。隨著同時發表的共和國宣言，在格特魯德支持下、並由哈希姆家族建立的伊拉克王國瓦解了。

二〇〇三年三月爆發的伊拉克戰爭及之後的混亂，喚醒了人們對格特魯德的記憶。經由媒體的傳播，全世界的人們在一瞬間就能得知伊拉克正在發生的事情，這和格特魯德所身處的時代，存在著決定性的差異。我們雖然相當清楚，在今日的訊息傳遞中存在著扭曲和操縱，但在這種前提之下，國際輿論依然還是想得知伊拉克的真實情況。二〇〇六年秋天，和布希總統（George Walker Bush）聯手發動伊拉克戰爭的首相東尼・布萊爾（Tony Blair），在英國國民的壓力下，不得不宣布將辭職下台。今日多民族化的英國社會已經和「她的時代」迥然不同。雖然如此，戰後的伊拉克，卻又讓人覺得似乎沒有任何改變……

關於伊拉克，格特魯德曾經留下這麼一段話語：

> 伊拉克真正的困難，在於我們自己並沒有正確地理解：我們到底想在這個國家做什麼。我認為最重要的事並不是戰爭本身，而是戰爭結束之後我們要怎麼做；然而在整理問題之際，卻連我們能夠做些什麼都不知道。

帝國大反擊？

◎諾丁丘暴動與狂歡節

從倫敦的中心地區搭乘地下鐵中央線，稍微向西行處，便可以到達以西印度群島地區的移民而聞名的諾丁丘（Notting Hill）。在這個地方，自一九六五年以來，在每年八月下旬，包含銀行假日在內，會舉行連續三天的狂歡節。褐色肌膚上包裹著會令人聯想到里約熱內盧穿著鮮豔服飾的居民們，配合著毫無止歇的卡里普索小調（Calypso）和雷鬼（Reggae）之類的旋律，載歌載舞，將街頭染上一整片西印度群島的色彩。據說這個狂歡節，是歐洲的街頭藝術節當中規模最大的一個。

所謂的狂歡節（Carnival，謝肉節），原本是基督教徒趁著在斷食修行的四旬期（復活節前的四十天）禁食肉類之前，在二月下旬到三月上旬的這段期間，盡情吃肉、狂歡的天主教節慶活動。這個季節，在高緯度的英國雖然尚難感受到春天的氣息，不過南半球巴西的里約正進入盛夏，灼熱的太陽更大大地增添了節慶的氣氛。森巴的節奏非常適合夏天，所以西印度移民的慶典——諾丁丘狂歡節才會在八月舉行吧？不過，這個解釋是錯誤的。這個節慶的起源，是因為發生在一九五八年八月的種族暴動。

一九五八年八月二十三日，最後燃燒到諾丁丘的種族暴動，肇始於英國中部的城市諾丁漢（Nottingham）。在這個大約有三千名以西印度裔為中心的非白人移民生活的地方都市，也和同時期的倫敦一樣，有被喚作泰迪男孩（Teddy Boys）的不良少年，持續對非白人居民進行襲擊，亦即所謂的「黑人狩獵」。或許是因為這個狀況已經到達極限，這天晚上十點左右，在酒吧裡的細微口角之爭，導致了非白人青年刺殺白人男性的事件，而這起事件逐漸地發展成大暴動。

事件發生後不到一個小時，在倫敦，經由電視或廣播得知此事的青少年們，也就是泰迪男孩們，手持著鐵管、自行車的鏈條或小刀等，集結到諾丁丘地區，展開了「黑人狩獵」。少年們喊著當時右派的口號——「絕不容許英國有色化！」、「黑人滾回叢林！」——一邊叫喊著「處決黑人」，一邊對西印度移民的住居投擲石頭、磚塊或是汽油彈，毫無差別地襲擊行走在路上的非白人。「黑人狩

「還我白色英國！」（Keep Britain White！）集會。

1959 年於倫敦召開的白人防衛同盟

獵」不久便波及到和諾丁丘齊名的西印度移民地區，也就是位於城市南邊的布里克斯頓區（Brixton）和東邊的哈克尼區（Hackney），暴力程度也升級了。騷動持續超過一個星期以上，在這段期間，白人暴徒的數量不斷增加，到了九月已經膨脹到數千人。少年們的暴力似乎一鼓作氣地釋放出潛於白人心中的種族偏見。白人們眾口一聲地吶喊著：「還我白色英國！」（Keep Britain White！）而非白人居民只能避免外出，恐懼地屏息，等待著「黑人狩獵」風暴的過去。在這期間，有五名來自牙買加的少年，也就是西印度裔居民，遭到殺害。

一九五八年的夏天就這麼過去了。這起事件帶給西印度群島移民的教訓便是，過去的宗主國英國並不是一位「慈善的母親」。

◎搭上香蕉船航線

在第二次大戰結束之前，流入英國殖民地的非白人數量並不太多。身為「英國臣民」的他們，並非《外國人身分法》所規範的「外國人」，因此擁有自由進出英國的權力。儘管如此，他們流入英國的人數卻很少，原因是他們沒有興趣。當時的國際經濟狀態，可以為我們說明大致的情況。

根據英國議會在一八三三年通過的《廢除奴隸制度法》，所有的奴隸都被解放了。在依賴黑人奴隸工作的西印度群島甘蔗園，勞動人力由奴隸轉為定期契約勞工。勞動型態發生的轉變，大幅改變了加勒比海地區的人口流動形式。在來自印度、中國和非洲各地的移民，陸陸續續地以定期契約勞工的身分流入時，也促使加勒比海地區內部的勞動力移動日趨激烈。這個情況，遏止了加勒比海地區的人口向外流出。

加勒比海人口的流入和流出開始逆轉的契機，是一八八〇年的巴拿馬運河建設。因為運河建設的勞動力需求，大量來自牙買加或巴貝多等西印度群島的人們，流向了中美洲。這種人潮流動的趨勢，在勞動力供給過剩而導致失業情況變得嚴重的一八八九年，因為法國停止運河建設工程而一度暫時中斷；不過，一九〇四年，美國重啟運河工程後，勞動移民便再度自西印度群島流出，而運河完成（一九一四年）以後，又接著開始流向美國，以滿足後者因為蔗糖產業發展而產生的勞動力需求。

美國聯合果品公司（United Fruit Company）看上了牙買加在十九世紀後半起開始盛行的香蕉栽培產業，為了快速運送容易腐敗的香蕉，獨自開設了往來牙買加和美國之間的定期船運航線，而這日漸加深了牙買加經濟對於美國的依賴。牙買加的人們，搭上這條通稱「香蕉船航線」的航班前往美國。特別是自一九一一年起的十年間，因為大西洋颶風對香蕉園造成嚴重的損害、及美國加入第一次世界大戰的緣故，導致牙買加的香蕉栽培地區急遽貧困，因此主要搭乘香蕉船的，不是香蕉而是牙買加人。光在這十年間，就大約有三萬名牙買加人移民美國，還有兩萬兩千人移民前往蔗糖產業快速發展的古巴。

之後，美國強化了移民限制，例如在一九二四年（關東大地震的隔年），便制定了移民排斥法，在實質上全面禁止日本移民，這也連帶影響了加拿大的對日政策。喪失了美國、加拿大等移民地點的日本，為了解決經濟不景氣和人口、糧食的問題，於是逐漸轉向以滿蒙開拓為中心的大陸政策。

然而，這類的移民規則，並不適用於來自牙買加等地區的西印度群島移民；因為美國將他們算作是「英國人」，所以他們依然絡繹不絕地前往美國。

就像這樣，對身為「英國臣民」的西印度群島人們而言，美國是比英國更貼近、更具魅力的移民地點。然而大幅改變這個狀況的，是美國制定了將他們排除在「英國人」之外的《麥克卡恩－沃爾特法》（McCarran–Walter Act，一九五二年）。這項法案因為承認第一代日本移民歸化為美國人，而在日本移民史上留下了記憶；不過，因為這項移民法的修正，西印度群島的移民人數被大幅削減到每年只剩下數百名（牙買加分配到的人數是每年一百名）。從這個時瞬間起，被失業壓得無法喘息的西印度群島的人們，便漸漸地將目光投向英國。

◎帝國疾風號之後

第二次世界大戰後的英國，為了戰後復興正需要勞動力。只是，政府方面期待的對象是「外國人」，換言之就是在這場大戰中成為難民的歐洲「白色移民」。他們在違反僱用契約時，能夠立即遣返母國。或許正因如此，當一九四八年六月二十二日，搭載著四百九十二名牙買加人的帝國疾風號抵達英國時，幾乎完全出乎英國人的意料。這艘船上的牙買加人，大半都是在大戰期間為英國而戰的退伍士兵，這些第一代移民在抵達英國五十周年的一九九八年、訴說著關於「帝國疾風號的記憶」時，也表示當時他們自己本計劃在短時間之內歸國，不但自己沒有回去，之後牙買加人更是爆發性地流入英國。

來自牙買加的移民船：帝國疾風號

這種情況也完全出乎他們的預料。

之所以會出現這種令英國和牙買加雙方都意想不到的情況，就是因為先前提到的美國修正了移民法。在一九五二年法令正式施行之前，從西印度移民到英國的人數，每年大約維持在一千人左右，然而兩年後便增加到十倍，到了隔年的一九五五年更超過二十倍、增長到兩萬兩千人左右。在戰後的復興中，英國社會也需要如此大量的勞動力，所以人們對於西印度移民的反彈情緒也因此被壓抑下來。

然而，一九五〇年代後半，伴隨著英國經濟的惡化，僱用狀況出現了大幅改變。另外一方面則是：英國人一回神才愕然發現，還不到十年，「黑色肌膚」的數量便已經增加到觸目皆是。人群流動時，物品、文化和生活也會跟著流動。對「黑色肌膚」的反感，從「牙買加移民地區會傳出強烈的噪音」這種日常層次的生活差異感開始漸次擴散，終於在一九五八年夏天的諾丁丘失控了。這場失控，迫使一直以來堅持「英國臣民得以自由入境原則」的政府轉換移民政策。

在這不久之前，英國政府在關於「帝國遺產」的處理上，經歷了慘痛的失敗經驗。那就是一九五六年的蘇伊士運河戰爭（第二次中東戰爭）。針對埃及總統納賽爾宣布將蘇伊士運河收歸國有一事，英國不願在擁有豐富石油資源的中東逐漸喪失影響力，故與法國聯手策動了這場軍事行動，結果引發了美蘇和全世界的輿論反彈。這場令英國喪失權威的戰爭，其餘波是過去的殖民地接連獨立；再加上英國開始加入歐洲經濟共同體（European Economic Community，簡稱ＥＥＣ，也就是後來的ＥＣ）的協商，故被迫重新審視帝國的狀態。它們不得不償還「帝國的代價」。然而，問題在於償還的方法。

一九六一年十一月，議會通過了《英聯邦移民法》（Commonwealth Immigrant Act），隔年七月一日開始施行新的移民法規。新法規定，在英國工作或定居的「英國臣民」，有義務提出勞動部所核發的僱用證明書，因此在法規正式施行之前的八個月內，大幅湧入的移民超過了十八萬人。這個數字，和之前已經入境的西印度移民的數量幾乎相差無幾。

在那之後，對於非白人的移民規定，也因為白人的反彈而強化。一九六五年，政府對於舊殖民地的失業者，不再核發僱用證明書，而對希望就職者和其家人的審查，也變得比從前更為嚴格。一九六八年，英國政府通過了新的法規，規定「來自英聯邦（大英國協）的移民申請者，僅限於能夠證明雙親、或是祖父母是出生於英國的人」，同時也拒絕沒有國協護照、僅持有獨立後本國政府所核發護照的亞裔移民入境。在一九七一年更進一步限定，只有「本人或是雙親出生於英國的聯邦公民」方得入境英國，從這個時期起，來自西印度群島的移民銳減。

諾丁丘狂歡節，就是在這種情況之下開始組織化的。

◎狂歡節的吶喊

繼一九五〇年代的西印度裔移民之後，於一九六〇年代來到英國的移民是印度裔、巴基斯坦裔、以及從獨立後的非洲各國（東非地區）被驅離的亞洲人。大多數亞洲移民的英語都不甚流暢，堅守錫克教、印度教或伊斯蘭教等固有信仰，形成了重視民族和血緣關係的封閉社群，不太願意嘗試融入英國社會。他們和從移民之初就展現出試圖融入英國社會意志的西印度群島移民，形成了明顯對比。

這份差距反映出來的，或許就是兩者之間對於「大英帝國的經驗」之差距。西印度裔移民的故鄉，在十七世紀被納入大英帝國以來，透過生活的種種面向，持續地進行著「英國化」。他們不但理解英語、成為基督教徒，對於英國的習慣或法律也有擁有某種程度的認知和資訊。這樣的帝國經驗，與來自其他地區移民相較，會有「加分」的作用。另一方面，為了記住那場對他們而言嚴酷試煉的諾丁丘暴動，他們構想出來、有組織地舉辦狂歡節一事，也讓人感受到西印度裔移民蘊藏在狂歡節中的、無論如何都必須在英國生活下去的覺悟。

在里約的狂歡節之中，經濟困窘的貧民區居民要投入全年收入的大半，才讓自己在當中成為一年一度的主角。甚至還有見解指出，巴西貧富差距劇烈、對社會和經濟的不安與不滿源源不絕，而阻止其爆發流血革命的，就是狂歡節。或許西印度裔移民也將同樣的心願，寄託在重現於英國的狂歡節之中。實際上，在倫敦舉辦的慶典，似乎正好成為西印度裔移民釋放正面與負面能量的場域。

最初，「白色英國人」看著狂歡節的目光中充滿了偏見。從暴動後不久到一九六〇年代之間，「諾丁（Notting）」這個字眼，被植入了民族抗爭、暴力、貧困等印象，而在狂歡節創始不久的一九七〇年代，也出現了不少負面批評，說這場慶典是「西印度移民的規律性暴力」。然而，今日的狂歡節，與地區形象的提升相結合，在女王和首相的祝賀之下揭開序幕，已成為倫敦的一幅夏日風情，全然融入街景之中。他們的音樂——雷鬼和卡里普索小調，而今已是世界性的商品。

當然，英國的種族對立並未因此解決。在已成為多民族國家的今日英國，「白色英國人」和「黑色英國人」依然存在著認知上的差異，前者對於後者的偏見始終如影隨形。另一方面，移民的第二代、第三代則懷抱著與父母輩不同的煩惱。在英國出生、接受教育的他們，儘管是「英國人」，卻不斷遭受到有形或無形的歧視。非白人移民和「白色英國人」結婚也會遇上同樣的問題。令他們苦惱的問題就是：自己到底是什麼人？應該如何跨越這個認同上的危機？

◎「黑色英國人」的可能性

一九九八年，迎接「帝國疾風號的記憶」五十周年時，英國內部的狀況，和一九六五年開始舉辦諾丁丘狂歡節的當時，已經有了很大的變化。最大的不同之處，或許是與這份記憶直接相關的第一代、第二代西印度群島移民，已經確實地在英國社會中紮根了。在這段過程當中，他們持續自問自答地思考著所謂的「英國人」意識，而這從許多慶祝帝國疾風號抵達五十周年的活動中也可以清楚得知。

在「帝國疾風號的記憶」甦醒的二十世紀末英國，究問「誰是英國人」，即是所謂的身分認同論戰，相當地熱烈。其中，以執文化研究這個新學術領域牛耳、出身牙買加的斯圖亞特．霍爾為中心，啟動了「英國再造」計劃。霍爾如此說明這項計劃的目標：

所謂文化多樣性，並非來自於外部。所以我們要在保有「英國特質」的同時，經由內部鬆動，逐漸改變「英國特質」本身。

問題在於，透過以「英國人」的身分將來自舊殖民地的非白人、非歐洲人移民擁入懷中的形式，「英國特質」本身要怎樣才能將移民的經驗和價值觀內化呢？

發人深省的是，霍爾等人嘗試重新建構的「英國特質」不問「白人特性」。以往，藉由「英國特質」一詞來呈現的英國人身分認同，基本上所想像的「英國人」都是「白人」。然而，在非白人移民已在英國定居的二十世紀末，已經不可能繼續在「英國人」身上主張「白人特性」，因為「奧林匹克國家代表隊中，肯定有黑色臉孔」。就如同霍爾銳利指出的那樣：「而今，擁有黑色的皮膚，是英國人的正常樣貌之一。」

二十世紀末的身分認同論戰，可說是為試圖重建「黑人身分」的霍爾等人提供了一個絕佳良機。因為將重新建構而成的「英國黑人」包含在內，「英國特質」將會被重塑。「帝國的遺產」，讓「英國人」意識的變革成了當務之急。

此處所說的「黑人」，包含了西印度裔、非洲裔、亞裔等英國境內的所有非白人移民。霍爾說，在他進入牛津大學就讀而離開牙買加之前，從未意識到自己是「黑人」。據說他在牙買加的祖母能夠分辨出十五種「褐色」皮膚，因此他的祖母不可能將他們統稱為「黑人」。霍爾在進入大學後，才知道英國是一個將黑色和褐色一視同仁的世界。然而，目標在以「黑人」為核心構築新社群的霍爾，現在還必須面對「黑人」內部逐漸滋生的數道裂痕。特別是在英國社會中已順利地擁有了容身之處的西印度裔黑人，和並非如此的亞裔黑人（來自印度、巴基斯坦或孟加拉的移民）之間的深刻對立。霍爾之所以會將重新建構「英國黑人」這個新身分認同作為目標，便是期待它對於變得複雜化的移民社群之再生，能帶來正面的作用。

然而，問題並沒有那麼簡單。自己到底應該忠於什麼呢？——這個問題，因為二〇〇五年七月發生的「倫敦七七爆炸案」而變得更為複雜。一個熱愛板球的巴基斯坦移民第二代、感覺就是個「極其普通的英國人」青年，竟打算無差別地殺死英國人。他希望效忠的對象並不是英國一事，再度拋出了「我們英國人」到底是什麼這個令「英國人」感到苦惱的問題。而這並不是透過單純的移民法規就能夠解決的。

這樣的狀況之下，霍爾等人的「英國再造」計劃能夠開拓出何種可能性呢？

結語

為何今日我們會想談論「帝國」？

英國皇家徽章　盾面上兩組三隻金獅象徵英格蘭，紅獅象徵蘇格蘭，豎琴象徵北愛爾蘭。兩側是代表英格蘭的獅子和代表蘇格蘭的獨角獸。盾徽周圍的圈飾用古法語寫著 Honi soit qui mal y pense（「心懷邪念者蒙羞」）。

◎帝國的氾濫

近來，在我們的周邊處處充滿了「帝國」這個字眼。除了報紙或雜誌的標題之外，就連陳列在書店的書本標題也明顯反映出這個現象。如：安東尼奧・納格利（Antonio Negri）與麥可・哈德（Michael Hardt）合著的《帝國》（Empire）、史蒂芬・豪（Stephen Howe）的《帝國》（Empire: a very short introduction）、邁克爾・伊格納蒂夫（Michael Ignatieff）的《淺談帝國》（Empire lite: Nation-Building in Bosnia, Kosovo and Afghanistan）、藤原歸一的《民主的帝國》（『デモクラシーの帝国』）；還有人口學者伊曼紐爾・托德（Emmanuel Todd）與社會學者保羅・吉羅（Paul Gilroy）的著作，巧合地也都分別以《帝國之後》為標題。[1]「帝國」也不分領域地昂首闊步在學術世界。為何今日我們會想談論「帝國」？

今日的帝國論，大多數意識到的是現代版的「帝國」，也就是今日的美國。「帝國」一詞，被當作是談論冷戰體制瓦解後、成為世界唯一超級大國的美國的關鍵字，自一九九〇年代起在國際政治的世界中被頻繁地使用。而讓這個現象變得表面化的，則是發生在二〇〇一年九月十一日的美國恐怖攻擊事件。將美國解讀成「帝國」的論述，以纏繞著這個日期的記憶作為媒介，同時以阿富汗及伊拉克的戰爭作為佐證，具有相當的說服力，因而似乎頗為各地所接受。

在這個理解美國「帝國」的過程中，經常被頻繁引用的例子，就是英國的帝國——大英帝國。美國抵抗大英帝國，發動戰爭脫離帝國，成為獨立國家。之後，大英帝國不論是在肯定或否定兩方面，都經常成為美國的參考軸。《成為共和國，而非帝國》（A Republic, Not an Empire: Reclaiming America's Destiny, 1999）的作者派屈克·布坎南（Patrick Buchanan）自我警惕地寫道：「今日的美國，正在大英帝國曾經走過的道路上，逐漸邁向同樣的命運。如果美國不想以大英帝國結束二十世紀的方式，結束二十一世紀的話，那麼我們就必須要從歷史當中學習教訓。」於是乎，藉由「帝國」這個字眼，便輕而易舉地串聯起過去、現在、以及未來。

在諸如此類的國際情勢交相作用之下，大英帝國是現代全球主義（Globalism）重要的前史一事，也更加受到強調。不持有正式的領土，所以也沒有領土擴張之實，而是經由擴大壓倒性優勢權力關係（軍事、經濟、金融、文化上）以強化對他國的影響力，同時高揭著「自由、解放」的旗幟對他國進行干涉；美國的這類手法，總會讓人聯想起過去大英帝國以「非正式帝國」的模式，將拉丁美洲各國、鄂圖曼土耳其和中國等政治獨立的國家納入傘下的狀況。最近也有一個趨勢，那就是將獨立後的美國逐步向中西部擴張，成為縱橫北美大陸國家的這個行動本身，視為是美國的「帝國野心」。

帝國的存在，確然超越了時代。

◎為了找回屬於英國人的認同感

另一方面，在帝國的「本家」英國，從二十世紀末到二十一世紀初期這段時間裡，也前所未有地喚醒了整個社會對於「帝國的過去」之關心。不只是重新書寫帝國史，在媒體上的曝光率也增加了。歷史研究的成果能夠回饋於社會，本身固然令人感到欣喜；然而令人在意的是，其中明顯地透露出對於過去採取肯定評價的態度。像是「為何迄今我們依然需要帝國？」（《觀察家報》〔*The Observer*〕二〇〇二年四月七日），抑或像是「我們已經不需要道歉了」（《BBC歷史雜誌》〔BBC History Magazine〕二〇〇三年三月）。

這個趨勢的背後，存在著對於「何謂英國人」這個身分認同的議論。在蘇格蘭與英格蘭的統一將於二〇〇七年邁向三百週年的倒數計時之際，歐洲聯盟（European Union）這個「新歐洲」的抬頭，讓蘇格蘭人有了重新審視「身為聯合王國一員」的意義和價值的機會。一九九九年，在擁有獨立議會的蘇格蘭，提倡獨立的民族黨聲勢逐漸上揚。此外，二〇〇五年七月「倫敦七七爆炸案」的實行犯——巴基斯坦裔的青年，計劃無差別地殺害同樣的「英國人」」的事實，更加深了英國社會的苦惱。

到底何謂「英國人」？該如何找回那一份整體感？在身分認同危機之中所浮現出來的，即是聯繫著聯合王國的真實過去，也就是大英帝國的存在。

◎帝國並不良善？

二〇〇三年的年初，英國的電視台第四頻道（Channel 4）播放了連續六集的系列節目《帝國》（Empire: How Britain Made the Modern World）。節目中毫不保留地展現出「英國人」建構的帝國所帶來的貢獻。如：英國的帝國統治，讓議會制民主主義在全世界紮根；印度的名校、大學、官僚、陸軍、媒體等，全部都是英國模式；透過自由貿易，帶來物品、人和資本的流動，廢除奴隸貿易制度並創造出自由的勞動力；建構起郵政和海底電纜等近代通訊網絡。還有最大的輸出品——英語的貢獻。雖然有些小小的戰爭，但全然不足以與大英帝國為世界所帶來的全球和平相提並論。正因為如此，擔任節目總監的歷史學家尼爾．弗格森（Niall Ferguson），才會要求「現代的帝國」美國得要更有「帝國的風範」，為了維持世界秩序的安定，必須要實踐過去大英帝國所達成的任務。

二〇〇四年五月上旬，弗格森應邀前往位於華盛頓的外交關係協會（Council on Foreign Relations，以雜誌《外交》〔*Foreign Affairs*〕聞名的國際問題專門組織），他在演講開場時說道：「伊拉克戰爭，只是邁向美國帝國的第一步。」現場的聽眾（保守和自由兩陣營的政治家、智庫和新聞記者們），首先只是對他投以冷笑，接著便噓聲大起。

其中最大的理由，是一則在這場委員會召開不久前就傳遍全世界的新聞。那就是美軍（以及英軍）在位於伊拉克首都巴格達西方的阿布格萊布監獄，虐待伊拉克俘虜的事件被揭發。美國的哥倫比亞廣播公司（CBS），報導第一則關於這個經由內部告發而曝光的虐囚事件的新聞，是在二〇〇四年四月二十八日。三天後，《紐約客》雜誌刊載了美國國防部的內部調查報告書，暴露出虐囚事件是軍方組織的整體行為。報告書全部多達六千頁，描述了美軍對於伊拉克俘虜的荒謬而且殘酷的虐待行為（包括性虐待）。對媒體公開的內容雖然只有五十三頁，但也足以推翻弗格森主張「帝國是良善的」這種論述的說服力。被公開在電視和網路上的幾張照片，幾乎會讓人忘記（即便只是暫時性地），前伊拉克總統薩達姆・海珊（Saddam Hussein）在這個監獄拷問和處決反政府勢力人士的記憶，顯露出了「帝國」的愚蠢。

在這個時間點進行演講的弗格森，在被要求針對虐待俘虜事件發表意見時，還如此說道：「阿布格萊布監獄的士兵和憲兵對伊拉克俘虜所做的事，跟美軍平常對新兵的待遇並沒有太大的差別」——演講在此被打斷了。

◎談論帝國的意義

今日在英國社會依然持續進行的身分認同議論，對英國人而言並非是初次經驗。從這個島國開始向大海的彼方尋找出路以來，在帝國重組的過程之中，這已是多次反覆經歷的作業了。喪失美洲時、將非洲和印度納入懷中時、白人殖民地自治領的獨立傾向增強時、非白人殖民地相繼獨立時、以及一九九七年在香港降下英國國旗時，總會出現這個問題：「隨著帝國的喪失，我們失去了什麼？」發生在大海彼方的事件，迫使英國人不斷地修正「英國特質」。換句話來說，位在帝國中心的「英國人」，可謂是持著手上的鏡子映照著發生在殖民地的事件，並以他們為「他者」型塑出「自我」的形象。

此事讓我們察覺到，在殖民地的實際狀態和統治的現實之外，大英帝國還有想像和印象的問題。手上的鏡子會映照出什麼，取決於拿著鏡子的人。而這正是將帝國的過去，視為是「英國人的經驗」來加以理解的意義之所在。他們在舉起的鏡子當中看見了什麼，又想著什麼？而今我們所能做到的，或許只有將目光投向這些經驗的細節、仔細地側耳傾聽並且具體地述說，以及將這些「英國人的經驗」所帶來的意義，與同樣由帝國所提供的其他經驗互相比較，思考其中的差異。還有一件更重要的事，那就是近來對於過往奴隸貿易的「道歉」問題，也是這些經驗的映照。嘗試著讓不同的經驗進行對話，讓我們已經不能只說英國是「廢除奴隸貿易的博愛主義帝國」了。正因為如此，二〇〇六年十一月底，首相布萊爾才會對這個國家歷史上造成的奴隸貿易，在口頭上表達了「遺憾之意」。只是，那是對什麼而言的「遺憾」？純然只是加深了國民的困惑。

問題到底該從何談起，又該談什麼、怎麼談？這不只是大英帝國的問題，而是所有帝國的共通問題。正因為這個共有的課題，故而將不同的帝國進行比較和對話，也將誕生出新的可能性，讓帝國史有機會掌握住探討單一國家歷史時所無法掌握的事物。我相信，這些對話，將會是嘗試超越帝國的開始。

1 伊曼紐爾·托德（Emmanuel Todd）的著作為 *Après l'empire - Essai sur la décomposition du système américain*，保羅·吉羅（Paul Gilroy）的著作則是 *After Empire — Melancholia or Convivial Culture?*

後記

當試著在網際網路的搜索網頁上鍵入「維多利亞女王（Queen Victoria）」「像（statue）」等三個英文單字時，瞬間就會出現世界各地的地名。將「像」換成城市、街道或公園等單字，也會出現同樣的情形。全世界都鏤刻著維多利亞女王之名，那是在她的統治時代迎向全盛期的大英帝國，所展現出來的一種樣貌。

然而，該如何書寫那樣的「帝國故事」呢？關於大英帝國，早已經累積了數不盡的研究，還有新的成果持續地堆疊。特別是在「帝國」這個字眼氾濫的近日，帝國史研究的聲勢愈來愈浩大。根本不可能將這些內容全部整合在一本四百頁左右的書中。那麼我應該寫些什麼呢……

推動我以「帝國的經驗」這個構想進行書寫的，就是令現代英國持續苦惱的認同危機。決定自己是誰的，是個人的經驗。正因為如此，人們對於自己是誰的意識，並不是固定的，而是流動的。於是，在英國從島國擴張成為帝國的過程中，又以何種方式刻印下了什麼？在我正稍微可以看見點什麼的時候，眼前又重疊上布萊爾首相和英國國民環繞伊拉克戰爭的是非鴻溝愈發加深的影像。再加上，二〇〇五年七月「倫敦七七爆炸案」的衝擊。今日的英國，雖然對於帝國的過去感到迷惑，但仍然嘗試在那段過去中找回失去之物。如果說正是這樣的英國，為我的「帝國故事」帶來了輪廓，會不會太過呢？

在這樣的情況下開始編織的「帝國故事」中，我也想試把重心放在今日的英國人所執著的「英國特質」上。女王、紅茶、萬國博覽會、大英博物館、童子軍……「放手美國的經驗」、廢除奴隸貿易運動，還有如此眾多地出現在世界各地的仕女旅行家，這都是只有在大英帝國才可能發生的事。而意識到聯合王國今日的「龜裂」，也讓我思考到喪失美洲與聯合王國重組之間的關係。該如何描述大英帝國在二十世紀放手殖民地的經驗，對於以十九世紀後半到二十世紀初期（正好是日本的明治時代）這段時期為專業研究的我，是一大難題；不過，伊拉克戰爭後的混亂和關於身分認同的議論，也成為敦促我的力量。

本書在進行校對時，出現了一則有趣的新聞。據說，英國教育大臣鮑里斯・強森（Boris Johnson）明確表示，考慮規定學校有義務針對十六歲以下的學生教授「英國特質」，因為學校教育必須要率先挺身而出，為「何謂英國人」的議論尋求解決之道。教育大臣居然想要讓「英國特質」成為義務教育的內容，直到最近全英國的學校都還沒有共通的課綱呢！在學校裡學習到的價值觀，往往決定了「國家的形式」；教育大臣的這段發言，讓人感覺彷彿就像是日本的愛國心論戰。所有的國家，都會有相同的困惑嗎？

雖然不在此逐一列舉出在草稿階段為我提供建議的友人們的名字，但我衷心地感謝諸多幫助我的前輩、友人、以及後輩們。他們鍛鍊了我觀看帝國的目光。包含他們在內，與許許多多的「帝國故事」以及它們的作者之間進行對話，是我今後重要的工作。而掀開本書的讀者，若能湧現出想和我的「帝國故事」進行對話的感受，那就是我最感到欣慰的事了。

井野瀨久美惠

二〇〇七年一月

學術文庫版後記

自從二〇〇七年，我以「為何今日我們會想談論『帝國』？」這個問題為本書作結以來，迄今已經過了十年的歲月。在這裡，包括這個問題的反思在內，我想先試著回顧過去這十年的狀況。

◎從認同危機到脫歐

正如本書所述，「帝國的過去」除了與聯合王國的重組密不可分以外，也總是伴隨著對「英國國民」的創造與再創造。特別是在本書執筆的二十一世紀初期，英國國民正陷入嚴重的認同危機之中。「我們到底是誰？」當這樣的自問萌生之際，能夠輕柔地將生存在這個「不統一的聯合王國」當中的人們聯繫在一起的，就只有「帝國的過去」了。正如我們在本書第六章中，從維多利亞女王即位五十周年和六十周年兩場慶典所見，過去英國王室所要建立的新「傳統」，也是與帝國之間的連結。然而，現今的英國之所以會受到多民族、多宗教、多文化的不斷搖撼，也是因為這樣的過去。

人們會透過自身的經驗，來追尋「我們到底是誰」的答案；這時，過去就成了映照現在的「鏡子」，而在這鏡中會映照出什麼，全看如今持鏡的自己而定。當自己身歷其中的現實產生轉變，看過去的眼光也會隨之不同。因此，認同並非固定不變，而是不斷流動的。

就近代以來的英國而言，當人們用手邊的鏡子看著殖民地所發生的種種同時，也將作為「他者」的「自我形象」加以融合在其中。不論是隨著美洲喪失導致移民流向轉變之際、或是對南非戰爭充滿狂熱之際，人們總是在這樣的雙向性質當中，摸索著「自己是誰」的答案。正因如此，不只是殖民地的真實狀態與統治的現實情況，根據這些事物編織出來的「想像的帝國」，也一直都是「大英帝國的經驗」之中相當重要的成分。

就在本書執筆的十年後，國民愈來愈難以描繪出自身形象的聯合王國，其內部的分裂狀況變得更加明顯。二〇一四年的蘇格蘭公民投票，雖然以些微的差距阻止了聯合王國的分裂，但二〇一六年的脫歐公投，（又一次）以些微差距由贊成脫歐派居於上風，對世界造成了重大的衝擊。

與此同時，朝向「脫歐」（Brexit）邁進的英國社會內部，持續發展中的新「階級對立」，也變得愈發鮮明。

好比說，各位是否知道在二十一世紀，有一個膾炙人口的詞彙「chav」？這是個對勞工階級的蔑稱，也是歧視用語。嫌惡這個族群的「chav hate」現象，在英國也已經擴散了十年之久。對這種現象進行分析的歐文・瓊斯（Owen Jones），他的著作《Chavs》的副標題，叫做「The Demonizition of the Working Class」（對勞工階級的妖魔化）。從demon（惡魔）衍生出來的demonization（妖魔化），清楚呈現了社會菁英與中產階級，對勞工階級的深刻嫌惡。二〇一一年甫付梓便成為暢銷書的本書，清楚呈現了當今英國充滿階級落差、斷裂、分裂、誤解與資訊扭曲，「民粹主義」到了無可收拾地步的社會現狀。

◎「帝國的過去」已經淡化了嗎？

對於正因認同危機的結果——脫歐交涉而飽嚐艱辛的英國來說，「帝國的過去」究竟具有怎樣的意義？

二〇〇七年以後，和這樣的過去有關、且應該加筆描述的事件，並不只有脫歐一件而已。

二〇一三年王位繼承法修正，從原本的男子優先變成不問性別、長子（女）優先，在王權上達成了性別平等。本書執筆時還不知將止於何際的斯里蘭卡內戰，在二〇〇九年五月，由「泰米爾・伊拉姆猛虎組織」和斯里蘭卡政府之間，發表了終結宣言。可是，超過二十八萬人的國內難民問題，以及政府軍警對泰米爾人的暴力迫害現狀，卻是一點都沒有改變。在自始至終沒有發現伊拉克戰爭的「藉口」——大規模毀滅性武器的情況下，二〇一一年十二月，美國歐巴馬總統發表了要將美軍完全撤出、正式結束伊拉克戰爭的宣言。這一年，中東掀起了以民眾為主的非暴力民主化運動「阿拉伯之春」，它的未來走向如何，至今仍不明朗。

試圖重新將英國定義為「多文化社會」的斯圖亞特・霍爾於二〇一四年逝世，同年，也就是第一次世界大戰爆發一百周年，以對賽克斯—皮科協定（一九一六年）的反抗為藉口，激進派組織「ＩＳ（伊斯蘭國）」正式誕生。呼應這個組織，伊斯蘭激進派的恐怖行動在全世界各地擴散開來，面對蜂擁而至的敘利亞難民，歐洲各國排斥移民的動作變得愈發明顯。自二〇一〇年前後開始，迄今為止的極右政黨「英國國家黨」（ＢＮＰ）遭到取代，高喊脫歐的「英國獨立黨」（ＵＫＩＰ）迅速興起，在二〇一四年的歐洲議會選舉中，更躍升成為國內第一大黨。

就在這樣的動向當中，「想要談論帝國」的氛圍在英國內外也產生了變化；它不只是會將國民認同聯繫起來，甚至也會對分裂產生推波助瀾的效果。「ＥＵ之外，世界都是我們所有，而國協正是最燦爛的花朵」；如此高唱的ＵＫＩＰ，在支持脫歐的最深處，其實展現的是對帝國的鄉愁，並以此對留歐派進行強烈的抵抗。然而，也有人認為，脫歐也好、反移民也好、包含恐怖活動在內、充滿暴力的今日世界也好，都是不必回溯考量「帝國的過去」的「現代問題」。若真是如此，那麼對構成聯合王國的多樣性「國民」、或是對脫歐目光冷淡的前殖民地，特別是非洲和加勒比海的人民而言，「大英帝國的經驗」真的是已經淡化的過往記憶了嗎？

◎「戰爭國家」鳴響的「知識軍事化」警鐘

但，事實似乎並非如此。最大的理由是，這十年間持續演進的「二十世紀的歷史化」。對於「二十世紀的歷史化」，除了有兩次世界大戰——於二〇一四年迎向一百周年的第一次世界大戰（一九一四—一九一八），以及二〇一五年迎接終戰七十周年的第二次世界大戰（一九三九—一九四五）——的記憶作為強大驅動力以外，「帝國的過去」也成為一把嶄新的手術刀。關於第一次世界大戰，隨著種種紀念儀式的發起，包括由多國籍士兵組成的西線實際情況在內，嶄新的事實陸陸續續被發掘出來。做為這場戰爭最大特徵的「總動員體制」，其實際狀況與機能，以及深刻的來龍去脈，也被多方面、多層次地持續揭露出來。特別是在第一次大戰中正式展開的科學、技術軍事化，在這之後與國家權力的關係變得更加緊密，從而在第二次世界大戰中，造就了戰場之外的眾多犧牲者。關於這件事，電視台的紀錄片節目在譴責負責開發的科學家之餘，也曾不只一次提及。

英國在兩次大戰期間發動了帝國總動員體制，關於這一體制究竟留下了什麼遺產，現在也有和以往不同的看法。比方說，二十世紀的英國，迄今為止一直被講成是為衰退而苦惱的福利國家（welfare state），但實際上，它卻是一個產官學聯手、不斷朝著軍事科學技術開發邁進的戰爭國家（warfare state）！當這樣的事實暴露在陽光下時，英國人那種「我們和德國人不一樣」的自負，頓時被粉碎得無影無蹤。科學技術的總動員體制，和在美國的軍事保護傘下，（不管看不看得見，）持續推進的現代日本「知識軍事化」，也有密切的關係。

為蘊含軍事邏輯的巨大科學之失控鳴響警鐘，是歷經「三一一」大地震的日本之使命；而肩負起這種角色的，理所當然應該是歷史學。但是，包括歷史學在內的社會與人文科學，從「社會需求（有用或是無用）」這方面來說，乃是暴露在全球性的壓力之下，因此與科學和技術的對話，遲遲未能獲致進展。

◎遺骨喚醒的「帝國的過去」

另一方面，正如本書第四章所見，DNA鑑定技術的進步，對有關奴隸制度的「大英帝國經驗」產生了重大的影響。現在，只要簡單的一套DNA鑑識工具，就能弄清楚自己的祖先是從非洲的哪個港、搭上什麼名字的奴隸船、又是在西印度群島的哪個港下船。這樣的追尋在和世界各地為了要回在違反自由意願下，遭到任意甚至強制被奪走的祖先遺骨與遺物、民用器具等文化遺產的運動相互呼應的同時，也成為了為沉默無聲者發聲的強力後盾。

另一方面，在因懷抱對博物學的熱情而不斷追尋世界各地的珍稀事物，並將入手的收藏品陸續運回本國的歐洲諸國中，也有很多收藏或是展示這類遺骨遺物的場所。在英國的大學和博物館裡，直到現在仍然收藏有很多包括南非的祖魯人、肯亞的奇庫尤人、澳洲的毛利人等，與「帝國的過去」相關的遺骨乃至身體的一部分。這些被當作「科學研究與調查」的對象、不抱任何疑問地被收藏在「這些地方」的遺骨和身體，開始被視為問題，不過是最近的事罷了。比方說，經過南非政府與法國政府的交涉，終於在二〇〇二年，將在十九世紀初期稱為「Hottentot Venus」、在巴黎和倫敦被當成展示品的科伊科伊族女子莎提．巴特曼（Saartjie Batman）身體的一部分及骨骼標本，送回故鄉東開普的村落加以安葬。大英博物館和自然史博物館在二〇〇六年同意歸還毛利族人的遺骨，之後也在二〇一一年歸還了托雷斯海峽群島（位在澳洲與新幾內亞島之間）原住民的遺骨。運到柏林的愛奴族遺骨，在歷經一百三十八年後終於得以歸還……對日本而言，不能不關心的事情正在持續發生。

眼見這些動向，令人不禁想起「帝國的過去」，正在各處持續覺醒。不只如此，這些過去並不如亡靈般，讓人感到可怖。對於曾是奴隸的祖先的補償問題，正在現實中不斷上演；而關於遺骨或是身體的歸還問題，應該也會漸漸作為外交手段，被利用在政治上吧！關於這些事情，除了科學與技術的層面以外，將科學與技術者引導到「與過去的對話」當中，也是我們歷史研究者的責任。

儘管如此，在這篇後記中，其實無法道盡的事物還有很多。關於「帝國的過去」，乃是二十一世紀的今日迫在眼前的課題。關於這個課題，我也會磨亮手邊的鏡子，希望今後能夠更加確切地對它進行思考。

我在此由衷祈願，透過這次的文庫化，能夠和各位新讀者展開對話。

二〇一七年十一月

井野瀨久美惠

2016年
○デービッド・エジャトン『戦争国家イギリス——反衰退・非福祉の現代史』（David Edgerton, *Warfare State : Britain, 1920-1970*）坂出健監訳　名古屋大学出版会　2017年
○オーウェン・ジョーンズ『チャヴ——弱者を敵視する社会』（Owen Jones, *Chavs: The Demonization of the Working Class*）依田卓巳訳　海と月社　2017年

▼推動帝國的知識與科學
○小川真里子『病原菌と国家——ヴィクトリア時代の衛生・科学・政治』名古屋大学出版会　2016年
○バーバラ・チェイス＝リボウ『ホッテントット・ヴィーナス——ある物語』（Barbara Chase-Riboud, *Hottentot Venus*）井野瀬久美恵監訳　法政大学出版会　2012年
○キース・ブレッケンリッジ『生体認証国家——グローバルな監視政治と南アフリカの近現代』（Keith Breckenridge, *Biometric State: The Global Politics of Identification and Surveillance in South Africa, 1850 to the Present*）堀内隆行訳　岩波書店　2017年
○アン・ローラ・ストーラー『肉体の知識と帝国の権力——人種と植民地支配における親密なるもの』（Ann Laura Stoler, *Carnal Knowledge and Imperial Power: Race and the Intimate in Colonial Rule*）永渕康之・水谷智・吉田信訳　以文社　2010年

▼關於第一次世界大戰一百周年，閱讀以下的著作，也可以對大英帝國的相對化產生深厚興趣。
○山室信一他編『現代の起点　第一次世界大戦』全四巻　岩波書店　2014年

▼以下著作會令人思考起纏繞著二十世紀去殖民地化的英國的帝國陰影。
○木畑洋一『支配の代償——英帝国の崩壊と「帝国意識」』東京大学出版会 1987年
○佐々木雄太『イギリス帝国とスエズ戦争——植民地主義・ナショナリズム・冷戦』 名古屋大学出版会 1997年
○後藤春美『アヘンとイギリス帝国』 山川出版社 2005年
○浜井祐三子『イギリスにおけるマイノリティの表象』 三元社 2004年
○スチュアート・ホール他『カルチュラル・アイデンティティの諸問題——誰がアイデンティティを必要とするのか?』(Stuart Hall & Paul du Gay(eds.), *Questions of Cultural Identity: Who Needs 'Identity'?*)宇波彰他訳 大村書店 2001年
▼以下三本著作將有助於更瞭解明治時代的日本與英國之間的關係。
○松村正義『ポーツマスへの道 黄禍論とヨーロッパの末松謙澄』 原書房 1987年
○川本皓嗣・松村昌家編『ヴィクトリア朝英国と東アジア』 思文閣出版 2006年
○オリーヴ・チェックランド『明治日本とイギリス——出会い・技術移転・ネットワークの形成』(Olive Checkland, *Britain's Encounter with Meiji Japan, 1868-1912*) 法政大学出版局 1996年

◎學術文庫版追加

以下將本書原版刊行後所發表的文獻中，與〈學術文庫版後記〉相關、且特別值得注目的著作，按照下面三個分類加以介紹。
▼從多角化的層面，思考有關帝國解體的「二十世紀的歷史化」。
○木畑洋一『二〇世紀の歴史』 岩波新書 2014年
○後藤春美『国際主義との格闘——日本、国際連盟、イギリス帝国』 中公叢書 2016年
○長谷川貴彦『イギリス現代史』 岩波新書 2017年
○武藤浩史他編『愛と戦いのイギリス文化史 1900-1950年』 慶應義塾大学出版会 2007年
○川端康雄他編『愛と戦いのイギリス文化史 1951-2010年』 慶應義塾大学出版会 2011年
○大田信良『帝国の文化とリバラル・イングランド——戦間期イギリス』 慶應義塾大学出版会 2010年
○井野瀬久美恵編著『イギリス文化史』 昭和堂 2010年(特別是第三部)
○パニコス・パナイー『近現代イギリス移民の歴史——寛容と排除に揺れた二〇〇年の歩み』(Panikos Panayi, *An Immigration History of Britain: Multicultural Racism since 1800*)浜井祐三子・溝上宏美訳 人文書院

○田所昌幸編『ロイヤル・ネイヴィーとパクス・ブリタニカ』 有斐閣 2006年

◎帝國與女性（第8章）

▼下列著作從女性觀點重新審視了過往的帝國史。

○D・ミドルトン『世界を旅した女性たち――ヴィクトリア朝レディ・トラベラー物語』（Dorothy Middleton, *Victorian Lady Travellers*）佐藤知津子訳 八坂書房 2002年

○マーガレット・シュトローベル『女たちは帝国を破壊したのか』（Margaret Strobel, *European Women and the Second British Empire*）井野瀬久美惠訳・解題 知泉書館 2003年

○川本静子『ガヴァネス（女家庭教師）――ヴィクトリア時代の〈余った女〉たち』 中公新書 1994年

○井野瀬久美惠『女たちの大英帝国』講談社現代新書 1998年

○井野瀬久美惠『植民地経験のゆくえ――アリス・グリーンのサロンと世紀転換期の大英帝国』 人文書院 2004年

▼兩位沒有日文傳記的人物之英文文獻如下。

○Janet & Geoff Benge, *Mary Slessor: Forward into Calabar* (Christian Heroes: Then & Now), Seattle:YWAM, 1999.

○Jane Robinson, *Mary Seacole: The Most Famous Black Woman of the Victorian Age*, New York: Carroll & Graf, 2004.

◎大英帝國的衰退與現代（第9、10章）

▼下列著作將有助於概觀布爾戰爭。

○岡倉登志『ボーア戦争』 山川出版社 2003年

▼以下著作著重於童軍運動的歷史脈絡分析。

○ウィリアム・ヒルコート『ベーデン-パウエル――英雄の2つの生涯』（William Hillcourt, *Baden-Powell: The Two Lives of a Hero*）安斎忠恭監訳 1992年

○井野瀬久美惠『子どもたちの大英帝国――世紀末、フーリガン登場』 中公新書 1992年

▼以下三本著作描述了格特魯德・貝爾的人生與伊拉克建國之間的聯結。

○ジャネット・ウォラック『砂漠の女王――イラク建国の母ガートルード・ベルの生涯』（Janet Wallach, *Desert queen: The Extraordinary Life of Gertrude Bell*）内田優香訳 ソニーマガジンズ 2006年

○田隅恒生『荒野に立つ貴婦人――ガートルード・ベルの生涯と業績』 法政大学出版局 2005年

○阿部重夫『イラク建国――「不可能な国家」の原点』 中公新書 2004年

○L・C・B・シーマン『ヴィクトリア時代のロンドン』（L.C.B. Seaman, *Life in Victorian London*）社本時子・三ッ星堅三訳　創元社　1987 年
○ピアーズ・ブレンドン『トマス・クック物語——近代ツーリズムの創始者』（Eric Williams, *Thomas Cook: 150 Years of Popular Tourism*）石井昭夫訳　中央公論社　1995 年
○富山太佳夫『シャーロック・ホームズの世紀末』青土社　1993 年
○井野瀬久美惠『大英帝国はミュージック・ホールから』朝日選書　1990 年
▼下列著作是與戈登將軍同時代的維多利亞時代的人們所留下的，對於埃及的穆斯林改革與愛爾蘭自治的關心和珍貴紀錄。
○W・S・ブラント『ハルツームのゴードン——同時代人の証言』（Wilfrid Scawen Blunt, *Gordon at Khartoum*）栗田禎子訳　リブロポート　1983 年

◎維多利亞女王（第 6 章）
▼同時閱讀以下三本著作，能夠對於維多利亞女王有具體的理解。
○川本静子・松村昌家編『ヴィクトリア女王——ジェンダー・王権・表象』ミネルヴァ書房　2006 年
○スタンリー・ワイントラウブ『ヴィクトリア女王』上下（Stanley Weintraub, *Victoria*）平岡緑訳　中央公論社　1993 年
○古賀秀男『キャロライン王妃事件——〈虐げられたイギリス王妃〉の生涯をとらえ直す』人文書院　2006 年
▼以下關於莎拉・福布斯・博內塔的翻譯作品是以童書的形式發行。
○ウォルター・ディーン・マイヤーズ『サラの旅路——ヴィクトリア時代を生きたアフリカの王女』（Walter Dean Myers, *At Her Majesty's Request: An African Princess in Victorian England*）宮坂宏美訳　小峰書店　2000 年
▼以下著作重新思考了「致贈聖經給非洲國王的維多利亞女王」之形象。
○井野瀬久美惠『黒人王、白人王に謁見す——ある絵画のなかの大英帝国』山川出版社　2002 年
▼以下著作將有助於掌握維多利亞女王時代的整體面貌。
○G・M・ヤング『ある時代の肖像——ヴィクトリア朝イングランド』（G.M. Young, *Victorian England: Portrait of an Age*）松村昌家・村岡健次訳　ミネルヴァ書房　2006 年
○高橋裕子・高橋達史『ヴィクトリア朝万華鏡』新潮社　1993 年
○ヘンリー・メイヒュー（ジョン・キャニング編）『ロンドン路地裏の生活誌——ヴィクトリア時代』上下（Henry Mayhew; edited by John Canning, *The Illustrated Mayhew's London: The Classic Account of London Street Life and Characters in the Time of Charles Dickens and Queen Victoria.*）植松靖夫訳　原書房　1992 年
▼以下著作將有助於理解維繫大英帝國整體秩序的皇家海軍和外交。

○C・L・R・ジェームズ『ブラック・ジャコバン——トゥサン=ルヴェルチュールとハイチ革命』(増補新版)(C.L.R. James, *The Black Jacobins: Toussaint L'Ouverture and the San Domingo Revolution*)青木芳夫監訳　大村書店　2002年
▼下列著作皆運用了最新資料(包含黑人保皇派),在關注奴隸的主體性的同時,也以紀實寫作風格呈現了奴隸貿易以及那一段記憶。
○Adam Hochschild, *Bury the Chains: Prophets and Rebels in the Fight to Free an Empire's Slaves*, New York: Mariner Books, 2005.
○Simon Schama, *Rough Crossings: Britain, the Slaves and the American Revolution*, London: BBC Books, 2005.
○Elizabeth Kowaleski Wallace, *The British Slave Trade and Public Memory*, New York: Columbia University Press, 2006.
▼以一七八八年的布里斯托作為舞台的電視劇原著,也發行了錄影帶。
○Philippa Gregory, *A Respectable Trade*, Touchstone Books, 2007(reprint).
▼關於本書未觸及的穆斯林世界的英國奴隸,請參考下列的著作。
○ジャイルズ・ミルトン『奴隷になったイギリス人の物語——イスラムに囚われた100万人の白人奴隷』(Giles Milton, *White Gold: the Extraordinary Story of Thomas Pellow and North Africa's one Million European Slaves*)仙名紀訳　アスペクト　2006年

◎物品與娛樂(第5、7章)
▼關於大英帝國所創造出來的世界商品,請參考以下著作。
○角山榮『茶の世界史——緑茶の文化と紅茶の社会』中公新書　1980年
○臼井隆一郎『コーヒーが廻り世界史が廻る』中公新書　1992年
○川北稔『砂糖の世界史』岩波ジュニア新書　1996年
○シドニー・W・ミンツ『甘さと権力』(Sidney W. Mintz, *Sweetness and Power: the Place of Sugar in Modern History*)川北稔・和田光弘訳　平凡社　1988年
○和田光弘『タバコが語る世界史』山川出版社　2004年
▼在思考因為來自帝國的物品和富裕而改變了樣貌的英國人的生活、娛樂和世界觀時,以下的著作會很有幫助。
○松村昌家『水晶宮物語——ロンドン万国博覧会1851』リブロポート　1986年
○リン・バーバー『博物学の黄金時代』(Lynn Barber, *The Heyday of Natural History, 1820-1870*)高山宏訳　国書刊行会　1995年
○川島昭夫『植物と市民の文化』山川出版社(世界史リブレット)1999年
○R・D・オールティック『ロンドンの見世物』(Richard D. Altick, *The Shows of London*)全3巻　小池滋監訳　国書刊行会 1989-1990年

○リンダ・コリー『イギリス国民の誕生』（Linda Colley, *Britons: Forging the Nation 1707-1837*）川北稔監訳　名古屋大学出版会　2000 年
▼閱讀本書將會理解釀成美國獨立革命的大英帝國和聯合王國的文化和思想關係。
○P・J・マーシャル＆グリンデュア・ウィリアムズ『野蛮の博物誌——18 世紀イギリスがみた世界』（P. J. Marshall & Glyndwr Williams, *The Great Map of Mankind: British Perceptions of the World in the Age of Enlightenment*）大久保桂子訳　平凡社 1989 年
○J・G・A・ポーコック『徳・商業・歴史』（J.G.A. Pocock, *Virtue, Commerce, and History: Essays on Political Thought and History, Chiefly in the Eighteenth Century*）田中秀夫訳　みすず書房　1993 年
○デイヴィッド・アーミテイジ『帝国の誕生——ブリテン帝国のイデオロギー的起源』（David Armitage, *The Ideological Origins of the British Empire*）平田雅博他訳　日本経済評論社　2005 年
▼下列著作分析了讓十八世紀的戰爭得以遂行的軍事財政國家的誕生及其意義，提出了兼具重稅與集權化的國家概念，大幅地改變了過往的歷史想像。
○ジョン・ブリュア『財政＝軍事国家の衝撃——戦争・カネ・イギリス国家 1688-1783』（John Brewer, *The Sinews of Power: War, Money, and the English State, 1688-1783*）大久保桂子訳　名古屋大学出版会　2003 年
▼本書簡單明瞭地從英國的觀點描述了獨立戰爭。
○友清理士『アメリカ独立戦争』上下　学研 M 文庫　2001 年
▼本書以「最忠實的叛亂者」的副標題，精準地說出了芙蘿拉・麥克唐納的人生。書中簡單明瞭地描述了在日本鮮有人知的芙蘿拉的人生。
○Hugh Douglas, *Flora MacDonald: The Most Loyal Rebel*, Stround (Gloucestershire): Sutton Publishing, 2003.

◎奴隸貿易與相關記憶（第 4 章）
▼參照下列書籍所提供的關於大西洋奴隸貿易的整體輪廓，將可瞭解其來龍去脈。
○エリック・ウィリアムズ『資本主義と奴隷制——経済史から見た黒人奴隷制の発生と崩壊』（Eric Williams, *Capitalism & Slavery*）山本伸監訳　明石書店　2004 年
○池本幸三他『近代世界と奴隷制——大西洋システムの中で』人文書院　1995 年
○平田雅博『内なる帝国・内なる他者——在英黒人の歴史』晃洋書房　2004 年
▼下列著作分析了據說是唯一成功的奴隸革命的海地革命與法國大革命之間的關係。他們起義的八月二十三日被聯合國教科文組織指定為國際紀念日。

○秋田茂・木村和男・佐々木雄太・北川勝彦・木畑洋一編『イギリス帝国と20世紀』全5巻　ミネルヴァ書房　2004—2009

◎帝國的地區與移民

▼以下著作可得到關於本書未能充分涉及的各個地區的看法和概觀。

○リチャード・キレーン『図説・スコットランドの歴史』（Richard Killeen, *A Short History of Scotland*）岩井淳・井藤早織訳　彩流社　2002年

○波多野裕造『物語　アイルランドの歴史』　中公新書　1994年

○木村和男『カヌーとビーヴァーの帝国——カナダの毛皮交易』　山川出版社　2002年

○木村和男『カナダ歴史紀行』　筑摩書房　1995年

○藤川隆男『オーストラリア歴史の旅』　朝日選書　1990年

○沢井淳弘『ニュージーランド植民の歴史——イギリス帝国史の一環として』昭和堂　2003年

○吉岡昭彦『インドとイギリス』　岩波新書　1975年

○加藤祐三『イギリスとアジア』　岩波新書　1980年

○浜渦哲雄『英国紳士の植民地統治——インド高等文官への道』　中公新書　1991年

○本田毅彦『インド植民地官僚——大英帝国の超エリートたち』　講談社選書メチエ　2001年

○水野祥子『イギリス帝国からみる環境史——インド支配と森林保護』　岩波書店　2006年

○宮本正興・松田素二編『新書アフリカ史』　講談社現代新書　1997年

▼移民相關

○山田史郎他『移民』（近代ヨーロッパの探究①）　ミネルヴァ書房　1998年

○北川稔『民衆の大英帝国——近世イギリス社会とアメリカ移民』　岩波書店　1990年

○カービー・ミラー&ポール・ワグナー『アイルランドからアメリカへ——700万アイルランド人移民の物語』（Kerby Miller & Paul Wagner, *Out of Ireland: the Story of Irish Emigration to America*）茂木健訳　東京創元社　1998年

※也希望大家可以觀賞「*The Hanging Gale*」(1995) 這一部以「馬鈴薯饑荒」為背景所拍攝的DVD影集，劇中鋪陳出了為守護農場和家人的四兄弟，與愛爾蘭的命運交疊的四段生命歷程。

◎喪失美洲與聯合王國重組（第1、2章）

▼本書是透過大量的文件和圖像解讀「英國人」意識的歷史起源，並引燃了現代英國的身分認同議論的暢銷作品。

參考文獻

關於大英帝國的經濟、制度、國際關係等方面的研究成果已相當豐碩，故而在此想以文化為中心，介紹一些比較容易閱讀的日語文獻。

◎整體概說

▼下列兩本著作將有助於掌握大英帝國的整體面貌。

〇ジャン・モリス『パックスブリタニカ——大英帝国最盛期の群像』上下（Jan Morris, *Pax Britannica: The Climax of an Empire*）　講談社　2006年

〇北川稔・木畑洋一編『イギリスの歴史——帝国＝コモンウェルスのあゆみ』有斐閣アルマ　2000年

▼下列三本著作，皆從文化觀點提出觀看帝國的方式，頗發人深思。

〇エドワード・サイード『文化と帝国主義』全2巻（Edward Said, *Culture and Imperialism*）大橋洋一訳　みすず書房　1998-2001年

〇デヴィッド・キャナダイン『虚飾の帝国——オリエンタリズムからオーナメンタリズムへ』（David Cannadine, *Ornamentalism: How the British Saw Their Empire*）平田雅博・細川道久訳　日本経済評論社　2004年

〇正木恒夫『植民地幻想』　みすず書房　1995年

▼下列著作認為英國資本主義的本質具有非工業性格，故而關注於倫敦城（City）的金融服務業，呈現出對於帝國經濟的新見解。

〇P・J・ケイン＆A・G・ホプキンズ『ジェントルマン資本主義の帝国』Ⅰ、Ⅱ（Peter Joseph Cain & Antony Gerald Hopkins, *British Imperialism*）竹内幸雄他訳　名古屋大学出版会　1997年

▼下列兩本著作簡單明瞭地整理出了過往對於歐洲帝國主義的研究及方法。

〇アンドリュー・ポーター『帝国主義』（Andrew Porter, *European Imperialism, 1860-1914*）福井憲彦訳　岩波書店　2006年

〇歴史学研究会編『帝国への新たな視座——歴史研究の地平から』　青木書店　2005年

▼以下為正式且最新的大英帝國史研究。此外，關於牛津版的《大英帝國史》，因為被批判以白人男性中心，故而針對性別、黑人的經驗、愛爾蘭、傳教等等主題，發行了續編（Companion Series）。

〇Winlliam Roger Louis (general edittor), *The Oxford History of the British Empire, 5 vols*. Oxford UP,1998-99.

〇Kathleen Wilson (ed), *A New Imperial History: Culture, Identity and Modernity in Britain and the Empire, 1660-1840*, Cambridge UP, 2004.

愛麗絲・格林

Alice Stopford Green（1847 － 1929）

既是沙龍的女主人，也是愛爾蘭歷史學家。她是盎格魯・愛爾蘭人，誕生於愛爾蘭的米斯郡凱爾斯鎮（Kells, County Meath）。父親是愛爾蘭教會的大執事。她與著有《英國人民簡史》（*A Short History of the English People*，一八七四年初版）而廣為人知的歷史學家 J・R・格林（John Richard Green）結婚。丈夫死後，她除了管理他的著作之外，也在倫敦家中開設的沙龍匯聚了知識分子和自由黨派的政治家，而傳出名聲。她是設立表彰瑪莉・金斯利的非洲協會（現今之皇家非洲協會）的發起人。她執筆撰寫《愛爾蘭的形成與解體》（*The making of Ireland and its undoing, 1200-1600*, 1908）等民族主義色彩濃厚的歷史書籍，同時摸索愛爾蘭的自立之道。因為這些功績，她在愛爾蘭自由邦成立時被指名為國會議員。

羅傑・凱塞門

Roger David Casement（1864 － 1916）

北愛爾蘭出身的英國外交官、愛爾蘭獨立運動者。他崇拜幫助比利時國王成立剛果自由邦（一八八五年）的新聞記者兼探險家史坦利，故而進入利物浦的船公司工作，並參加剛果的內陸開發。一八九五年，他被葡萄牙任命為東非領地洛倫索馬貴斯（Lourenço Marques）的英國領事，之後便開始在非洲累積外交官的經歷。他調查剛果內地原住民受虐待實情的《剛果報告書》（*The Casement Report*, 1903），點燃了後續的國際人道救援行動。之後，他在南美的巴西里約熱內盧擔任總領事的時代，公開發表了揭露橡膠生產地普圖馬約（Putumayo）的原住民虐待實情報告書，並在一九一一年獲賜準男爵爵位。後來，他投身於愛爾蘭獨立運動，在第一次世界大戰期間，呼籲被德國俘虜的愛爾蘭人起義，但並不順利，反因被懷疑涉入一九一六年的復活節起義，被以叛國罪名處決。

瑪麗・勞埃德

Marie Lloyd（本名為 Matilda Alice Victoria Wood，1870 － 1922）

演藝劇場中的人氣國民歌手。生於倫敦，成長於勞動者家庭之中，父親是製做人造花的工匠，母親則以裁縫工作支撐家計。站上劇場的舞台是她從小的夢想，以〈我所愛的他在觀眾席上〉（*The Boy I Love is Up in the Gallery*）一曲走紅之後，一鼓作氣地登上「演藝劇場女王」之位。因為她帶頭參加了提升表演藝人地位的勞工運動，再加上與第一任丈夫在分居期間的私生活被視為是問題，而未受邀參加演藝劇場史上的第一場御前演出（一九一二年），此事在劇場常客之間引發議論。她為了演出酒醉的女子，藉由飲酒創造出沙啞的歌聲，然而卻在舞台上倒下，並在三日後死亡。據說列隊參加她葬禮的戲迷超過十萬名。

湯瑪斯·立頓

Thomas Johnstone Lipton（1850 － 1931）

蘇格蘭出身的紅茶商人。十四歲前往美國，在紐約累積了實務經驗之後，於一八七〇年回到故鄉。他採取美式的廣告方法，擴大連鎖經營，成為一名成功的實業家。一八八九年開始販賣紅茶，一八九〇年開始在錫蘭（現今的斯里蘭卡）的烏沃（Uva）栽培茶樹，確立了從栽培到販售的一貫體制。一九〇二年成為準男爵，獲得了爵士稱號。日本最早輸入的紅茶也是立頓的製品。

碧翠絲·波特

Beatrice Potter Webb（1858 － 1943）

英國的社會運動者。一八九二年與希德尼·韋伯結婚，丈夫韋伯後來成為工黨的國會議員。她與丈夫同為英國的社會主義團體「費邊社」的重要成員。一八九五年，與丈夫共同設立了倫敦政治經濟學院，除了個人著作《英國合作社運動》（*The Co-operative Movement in Great Britain*, 1891）之外，還有與丈夫合著的《英國工會運動史》（*The History of Trade Unionism*, 1894）、《產業民主》（*Industrial Democracy*, 1897）、《合作社運動》（*The Cooperative Movement*, 1914）等等。一九一一年（明治四十四年）與丈夫一起前往日本，於各地進行考察。

瑪莉·史蕾沙

Mary Slessor（1848 － 1915）

蘇格蘭出身的傳教士。因崇拜擁有強烈的向學之心的同鄉傳教士李文斯頓，再加上「卡拉巴爾回歸運動」（將牙買加黑人送回他們的故鄉西非的運動）曾經是她母親的夢想，於是她在一八七六年接受聯合長老會的派遣，前往西非的卡拉巴爾傳教。她在當地被稱呼為「Ma ～（母親的意思）」，深受人們景仰。雖然是在非正式的情況之下，但她還被賦予了卡拉巴爾的奧格甬地區的副領事權限，獨自展開守護女性和小孩的行動。

羅伯特·貝登堡

Robert Stephenson Smyth Baden-Powell（1857 － 1941）

童軍運動的創始者。他以陸軍軍官的身分轉戰印度、非洲，在南非戰爭的馬菲京包圍戰役中，撐過了兩百一十七天的圍城而成為國民英雄。他的著作《童軍警探》被翻譯成各國語言。在明治末年到大正時期的英日同盟的蜜月期間，他曾經會見過東鄉平八郎、乃木希典等人，對日本的青少年運動也帶來了很大的影響。

湯瑪斯·克拉克森

Thomas Clarkson（1760 － 1846）

廢除奴隸運動者。於劍橋大學時代，在以奴隸制度為主題的拉丁文論文競賽中獲得第一名，因而意識到奴隸制度的問題，進而擔負起了解放奴隸運動的部分任務。他在一七八七年與夏普等人共同設立「廢除奴隸貿易協會」，為了調查奴隸貿易的實際狀態，他積極地在全國各地展開活動，也加入了一八二三年組成的「反奴隸制度協會」。著作甚豐，如《奴隸貿易與廢除奴隸貿易可能引發的各種結果之概觀》（*A Summery View of the Slave Trade, and of the Probable Consequences of Its Abolition*, 1787）和《廢除非洲奴隸貿易的歷史》（*History of the Abolition of the African Slave Trade*, 1807）等等。他的弟弟約翰以組織化的行動協助超過上千名的黑人保皇派，從新斯科細亞省遷徙到獅子山殖民一事而廣為人知。

約翰·艾佛雷特·米萊

John Everett Millais（1829 － 1896）

前拉斐爾派的代表畫家。是獲許進入皇家藝術研究院附設美術學校的學生當中，有史以來最年輕的一位，他的才能很早就獲得了認可。一八四八年，他和一群對於偏重古典的美術教育提出異議的同伴們，共同發起成立「前拉斐爾派」，其代表作《歐菲莉亞》（一八五二年）等以寫實風格描繪歷史或文學題材的作品，受到相當大的好評。一八五三年，他成為過去所批判的英國皇家藝術學院的準會員，脫離了前拉斐爾派，這也是導致前拉斐爾派解散的原因之一。對前拉斐爾派造成影響的評論家羅斯金的妻子，和他之間發生過不倫之愛（後來兩人結婚了）。他於一八六三年成為英國皇家藝術學院的正式會員，在一八八五年成為首位獲賜準男爵爵位的畫家。

大衛·李文斯頓

David Livingstone（1813 － 1873）

蘇格蘭出身的傳教士。於貧困的勞動者家庭中長大，在格拉斯哥大學半工半讀修畢神學與醫學之後，在倫敦傳道會的派遣下前往南非，長達三十三年間，努力地進入非洲內陸傳教並且進行探險。除了恩加米湖（Ngami）、尚比西河（Zambezi River）、喀拉哈里沙漠（Kalahari Desert）之外，他還在一八五五年「發現」了維多利亞瀑布（Victoria Falls）並予以命名；隔年，成為第一個成功橫越非洲大陸的歐洲人。他曾經有一段時間行蹤不明，在歐美各界廣泛搜尋他的下落之際，一八七一年由《紐約先驅報》（*New York Herald*）的記者亨利·史坦利在坦噶尼喀湖（Tanganyika）的烏吉吉（Ujiji）確認他平安無事。當時史坦利脫口而出的那句「您莫非就是李文斯頓博士」，風靡了一世。

主要人物略傳

艾德蒙・柏克

Edmund Burke（1729 － 1797）

出身於都柏林的盎格魯・愛爾蘭人（新教徒），是一位政治家、思想家與美學家，曾就學於都柏林三一學院（Trinty College），中殿律師學院（Middle Temple）肄業。他在一七六五年成為下議院議員，於美國獨立戰爭期間，積極支持美洲殖民地的理念，與國王喬治三世形成對峙；不過法國大革命之際，他在《法國大革命的省思》（『フランス革命の省察』，*Reflections on the Revolution in France*，一七九〇年）中批判雅各賓黨，認可英國行使武力。該書在歐美廣泛流傳，也經由明治時期的政治家金子堅太郎傳入日本。

威廉・威伯福斯

William Wilberforce（1759 － 1833）

英國政治家。劍橋大學畢業後，成為英格蘭北部的地方城市赫爾河畔京斯頓選出的國會議員。他和一七八三年成為首相的小皮特之間的友情，相當有名。他本身強烈受到福音主義影響，與鼓吹福音主義的「克拉朋聯盟」攜手，在議會帶頭提出反對奴隸動議，於一八〇七年促成《廢除奴隸貿易法》通過。他也廣泛地參與各類社會改良運動，如愛護動物、工廠勞動、主日學校等等。他於一八二五年退出政界，在議會於一八三三年通過《廢除奴隸制度法案》不久之前過世，葬於西敏寺。

格蘭維爾・夏普

Granville Sharp（1735 － 1813）

廢除奴隸運動的指導者。生於杜倫（Durham）。雖然他的祖父是約克大主教、父親是約克教區的大執事，但是他本身卻沒有成為神職人員。他在倫敦拯救了遭受主人虐待、面臨瀕死狀態的黑人奴隸強納森・史壯（Jonathan Strong），一八六七年，因為對該名奴隸主提起控訴而引發了世間的注目，同時他也致力於讓「奴隸在踏上英國土地的瞬間便獲得解放」成為定則。他雖然支持美國獨立，但也努力救助黑人保皇派。並於一七八七年與克拉克森等人共同成立「廢除奴隸貿易協會」。他所翻譯的英文版希臘文《新約聖經》也頗為知名。

西元	大英帝國相關	日本與世界
1958	發生諾丁丘暴動。	
1960	奈及利亞和英屬索馬利蘭（今索馬利亞）獨立。	非洲之年（十七處殖民地獨立）。
1961	南非共和國成立。 獅子山獨立。	
1962	制定《英聯邦移民法》（舊殖民地公民不得再自由入境）。 牙買加獨立。	古巴飛彈危機。
1963	肯亞獨立。	1965 年，越南戰爭向北方擴展（－ 1973）。 1967 年，歐洲共同體（EC）成立。
1969	北愛爾蘭動亂爆發。	1971 年，印巴戰爭。
1973	正式加入歐洲共同體。	
1979	柴契爾保守黨內閣成立（－ 1990）。	1980 年，辛巴威獨立。
1982	福克蘭群島戰爭爆發。	1989 年，柏林圍牆倒塌。
1990	梅傑保守黨內閣成立（－ 1997）。	
1991	以多國部隊的身分加入波斯灣戰爭。	南斯拉夫內戰（－ 1995）。 歐盟（EU）成立。 1994 年，納爾遜．曼德拉（Nelson Mandela）就任南非總統。 盧安達（Rwandan）內戰愈演愈烈。
1997	布萊爾工黨內閣成立。 歸還香港。 針對設立蘇格蘭議會和威爾斯議會進行公民投票（多數贊成）。 前王妃黛安娜死於意外事故。	
1998	簽署《北愛爾蘭和平協定》。	
1999	澳洲經由全民公投選擇君主立憲制。 北愛爾蘭成立地方自治政府。 威爾斯與蘇格蘭成立地方議會。	歐洲單一貨幣歐元誕生。 南斯拉夫爆發科索沃戰爭（Kosovo War）。 2001 年，美國發生「九一一恐怖攻擊事件」。
2003	加入伊拉克戰爭。	
2005	倫敦發生「七七爆炸案」連續恐怖攻擊。	

西元	大英帝國相關	日本與世界
	英軍在印度阿姆利則（Amritsar）的集會中，開槍屠殺民眾。 制定《新外僑法》。	
1920	制定《愛爾蘭政府法》（Government of Ireland Act）。 伊拉克及巴勒斯坦成為國際聯盟託管地。	國際聯盟成立。
1921	開羅會議。 伊拉克建國。 簽署《英愛條約》（Anglo-Irish Treaty）。	華盛頓海軍會議（Washington Naval Conference，－1922）。
1922	愛爾蘭自由邦成立。	蘇聯成立。
1926	於帝國會議中採用貝爾福的報告書。	1923 年，關東大地震。 1929 年，經濟大恐慌。
1930	甘地在印度發起「製鹽長征」（Salt March）。	
1931	頒布《西敏法令》。	中國爆發九一八事變。
1932	召開渥太華會議（Ottawa Conference）。 確立帝國優惠（關稅）制度。 承認伊拉克王國獨立。	1933 年，希特勒政權於德國確立。 日本退出國際聯盟。
1936	愛德華八世，因「不愛江山愛美人」而退位。 弟弟喬治六世即位。	西班牙內戰。
1937	通過《愛爾蘭憲法》（更改國名為「Éire」，愛爾蘭語）。	盧溝橋事變。
1939	第二次世界大戰爆發（－ 1945）。	
1941	邱吉爾與美國總統羅斯福共同發表《大西洋憲章》（Atlantic Charter）。	太平洋戰爭（－ 1945）。
1944	盟軍發動「諾曼地登陸」作戰。	
1945	雅爾達會議（Yalta Conference）。 波茨坦會議（Potsdam Conference）。	於廣島、長崎投下原子彈。
1946	邱吉爾發表「鐵幕」演說。	東西冷戰開始。
1947	印度、巴基斯坦獨立。	
1948	巴勒斯坦戰爭（第一次中東戰爭）爆發（－1949）。 移民船「帝國疾風號」抵達。 於倫敦舉辦奧林匹克運動會。	《世界人權宣言》。 《以色列國建國宣言》。
1949	愛爾蘭脫離英聯邦，成立愛爾蘭共和國。 創設《北大西洋公約組織》（NATO）。	中華人民共和國成立。 1950 年，朝鮮戰爭（－1953）。
1952	伊莉莎白二世即位。 肯亞爆發「茅茅起義」（Mau Mau Uprising）。	
1956	蘇伊士戰爭（第二次中東戰爭）。	匈牙利革命。
1957	迦納獨立。	

西元	大英帝國相關	日本與世界
1897	維多利亞女王登基六十周年紀念慶典。	
1898	於獅子山發生起義，反對徵收「小屋稅」（Hut Tax War of 1898）。 在法紹達（Fashoda）與法國發生衝突。	美國兼併夏威夷。
1899	第二次南非（布爾）戰爭開始（－ 1902）。	
1900	南、北奈及利亞保護領成立。 第一屆「泛非大會」（First Pan-African Conference）於倫敦召開。	中國發生義和團事件（－ 1901）。 頒發第一屆諾貝爾獎。
1901	自治領澳大利亞聯邦成立。 維多利亞女王逝世。 愛德華七世即位。	
1902	締結《英日同盟》。	
1903	張伯倫提出關稅改革構想。	
1904	締結《英法協約》（Entente cordiale）。	日俄戰爭（－ 1905）。
1905	制定《外僑法》（Aliens Act）。	俄羅斯爆發「血色星期天事件」。
1907	紐西蘭成為自治領。 締結《英俄協約》（英法俄三國協約成立、「大博弈」結束）。 第五屆殖民地會議召開（以後改稱「帝國會議」）。	1908 年，中國慈禧太后逝世。
1908	於倫敦舉辦奧林匹克運動會。	
1910	通過勞合喬治的「人民預算」（People's Budget）。 喬治五世即位。 自治領南非聯邦成立。	日韓合併。 1911 年，中國爆發辛亥革命（－ 1912）。
1912	鐵達尼號沉沒。	
1914	第一次世界大戰爆發（－ 1918）。 第三次《愛爾蘭自治法案》提案通過（延至戰爭結束後實施）。 南、北奈及利亞保護領統一。	巴拿馬運河開通。
1915	《海珊－麥克馬洪協定》。	日本對中國提出「二十一條要求」。
1916	導入徵兵制度。 於愛爾蘭發生復活節起義。 《賽克斯－皮科協定》。	
1917	《貝爾福宣言》。	俄國革命。
1918	第四次《改革法》頒布。 第一次世界大戰結束。	日本出兵西伯利亞。
1919	簽署《凡爾賽條約》。	

西元	大英帝國相關	日本與世界
1858	依據《印度政府法》（Government of India Act 1858）解散東印度公司。 英國對印度的直接統治開始（蒙兀兒帝國滅亡）。	
1859	斯邁爾斯《自己拯救自己》、達爾文《物種起源》、J·S·彌爾《自由論》出版。	1861 年，義大利王國成立。俄羅斯頒布《農奴解放令》。 1863 年，美國發表《解放奴隸宣言》。
1867	自治領·加拿大聯邦成立。 第二次《改革法》頒布。 進攻衣索比亞（－ 1868）。	1868 年，明治維新。
1869	蘇伊士運河開通。	美國橫貫大陸鐵路開通。
1870	制定《愛爾蘭土地法》。 制定《初等教育法》。	1871 年，德意志帝國成立。
1874	斐濟成為英國領地。	
1875	買下埃及的蘇伊士運河股權。	
1877	維多利亞女王發表「印度女皇」宣言。	俄土戰爭（－ 1878）。
1878	第二次阿富汗戰爭爆發（－ 1880）。	
1880	第一次南非（布爾）戰爭開始（－ 1881）。	
1881	制定《愛爾蘭土地法》（第二次）。 埃及發生阿拉比·帕夏起義。 穆罕默德·艾哈邁德於蘇丹宣稱自己為「馬赫迪」（救世主）。	俄羅斯沙皇亞歷山大二世遭暗殺。
1882	佔領埃及。	
1884	於柏林會議中瓜分非洲（－ 1885）。 第三次《改革法》頒布。	
1885	戈登將軍死於蘇丹。 印度國民大會黨於孟買成立。 加拿大太平洋鐵路開通。	
1886	提出《愛爾蘭自治法案》（否決）。 於川斯瓦共和國發現金礦。 緬甸成為英國領地。	
1887	維多利亞女王登基五十周年紀念慶典。 召開第一屆殖民地會議。	
1889	倫敦碼頭勞工罷工。	《大日本帝國憲法》頒布。
1893	第二次《愛爾蘭自治法案》提案，否決。	1894 年，中日甲午戰爭（－ 1895）。
1895	南非發生「詹森突襲行動」。	1896 年，於雅典舉辦第一屆奧林匹克運動會。

西元	大英帝國相關	日本與世界
1812	英美戰爭爆發（－ 1814）。	
1813	廢除東印度公司在中國以外的貿易獨占權。 基督教獲准在印度國內傳教。	
1814	維也納會議（－ 1815）。 開普殖民地、模里西斯島成為英國領地。	
1815	滑鐵盧戰役（結束拿破崙戰爭）。 制定《穀物法》。	1816 年，阿根廷宣布獨立。
1819	萊佛士（Stamford Raffles）建設新加坡。	
1820	喬治四世即位。	1822 年，希臘獨立宣言。
1823	反奴隸制度協會（Anti-Slavery Society）成立。	
1826	海峽殖民地成立（檳城、麻六甲、新加坡）	
1829	通過《天主教徒解放法》（Catholic Emancipation Act）。	
1830	威廉四世即位。 利物浦與曼徹斯特之間的鐵路開通。	法國發生「七月革命」。 1831 年，土埃戰爭爆發（－ 1833）。
1832	第一次《改革法》頒布。	
1833	廢止大英帝國境內的奴隸制度。 廢除東印度公司對中國貿易的獨佔權。	
1834	制定《濟貧法修正案》。	
1837	維多利亞女王即位。	日本發生大鹽平八郎之亂。
1838	第一次阿富汗戰爭爆發（－ 1842）。 「憲章運動」展開（－ 1848）。	
1840	第一次鴉片戰爭爆發（－ 1842）。 根據《懷唐伊條約》，紐西蘭成為英國領地。	
1841	加拿大聯合殖民地成立。	
1846	廢除《穀物法》。	1848 年，歐洲各國爆發革命。馬克思與恩格斯發表《共產黨宣言》
1849	廢除《航海法》。	
1851	舉辦第一屆萬國博覽會。 在澳洲發現金礦。	中國發生太平天國之亂（－ 1864）。 1853 年，培理（Matthew Perry）率領美軍艦隊駛入浦賀海面。
1854	加入克里米亞戰爭（1853 － 1856）。	
1856	第二次鴉片戰爭（英法聯軍）爆發（－ 1860）。	
1857	爆發印度大叛亂（印度兵變，－ 1859）	

西元	大英帝國相關	日本與世界
1767	制定《湯森稅法》。 第一次英邁戰爭爆發（－ 1769 年）。	泰國大城王朝（Ayutthaya Kingdom）滅亡。
1770	廢除《湯森稅法》中與茶葉無關的條例。	
1772	薩默塞特事件中，判決「奴隸制度在英格蘭是違法的」。	第一次瓜分波蘭。
1773	波士頓茶黨事件。 制定《東印度公司管理法令》（Regulating Act of 1773）。	
1775	於美洲殖民地爆發武力衝突，發展成獨立戰爭（－ 1783）。 第一次馬拉塔戰爭（First Anglo-Maratha War）爆發（－ 1782）。	
1776	《美國獨立宣言》。 亞當斯密《國富論》、吉朋《羅馬帝國衰亡史》第一卷、潘恩《常識》出版。	平賀源內製作了靜電發生裝置。
1780	倫敦發生戈登暴動。 第二次英邁戰爭爆發（－ 1784）。	
1781	發生桑格號事件。 英軍於約克鎮戰役中敗北。	康德《純粹理性批判》出版。
1783	於《巴黎條約》中承認北美十三處殖民地獨立。	
1784	制定《東印度公司法》（設置管理委員會）。	
1787	廢除奴隸貿易協會成立。 啟動「獅子山計劃」。	
1788	澳洲成為英國的流放殖民地。	1789 年，法國大革命。
1790	第三次英邁戰爭爆發（－ 1792）。	
1791	根據《憲法法令》將魁北克殖民地分割為上加拿大和下加拿大。	法屬聖多明哥發生奴隸起義。
1793	第一次反法同盟（－ 1795）。	
1795	倫敦傳道會設立。	
1798	聯合愛爾蘭人會起事。	
1799	征服邁索爾（第四次英邁戰爭）。 第二次反法同盟（－ 1802）。 英國海外傳道會設立。	
1800	通過合併愛爾蘭的《聯合法》（隔年生效）。	1804 年，第一個黑人共和國海地獨立。 法國拿破崙稱帝。
1805	特拉法加海戰（Battle of Trafalgar）。	1806 年，神聖羅馬帝國滅亡。
1807	禁止大英帝國境內的奴隸貿易。	

西元	大英帝國相關	日本與世界
1665	第二次英荷戰爭開始（－1667）。	
1672	第三次英荷戰爭開始（－1674）。 皇家非洲公司獨佔奴隸貿易（－1698）。	1682年，俄羅斯彼得大帝即位。
1685	詹姆士二世即位。	
1688	奧蘭治親王威廉與瑪麗登陸英國。 詹姆士二世流亡法國（光榮革命）。	松尾芭蕉踏上「奧之細道」之旅。
1689	威廉三世、瑪麗二世即位。 制定《權利法案》（Bill of Rights）。	
1694	創設英格蘭銀行。	
1695	蘇格蘭啟動「達里恩計劃」（－1701）。	
1701	制定《王位繼承法》。	
1702	安妮女王即位。 加入西班牙王位繼承戰爭（1701－1703，安妮女王戰爭）。	赤穗浪士襲擊吉良宅邸。
1707	英格蘭與蘇格蘭合併。	
1713	於《烏得勒支和約》（Treaty of Utrecht）中取得直布羅陀。	
1714	喬治一世即位（漢諾威王朝成立）。	
1715	詹姆斯黨人起義。	
1720	南海泡沫事件。	
1727	喬治二世即位。	
1732	開始建設喬治亞省殖民地。 北美十三處殖民地成立。	1735年，清朝乾隆皇帝即位。
1739	於西班牙的南美領地，爆發「詹金斯之耳戰爭」（War of Jenkins' Ear，－1748）。	
1740	奧地利王位繼承戰爭爆發（－1748）。	
1744	喬治王戰爭於北美爆發（－1748）。	
1745	詹姆斯黨人起義（－1746）。	1748年，孟德斯鳩《論法的精神》出版。
1756	七年戰爭爆發（－1763）。	
1757	印度爆發普拉西戰役。	
1759	攻陷魁北克。沃爾夫將軍戰死。	
1760	攻陷蒙特婁。喬治三世即位。	1762年，盧梭出版《社會契約論》。
1763	七年戰爭結束，於巴黎簽訂停戰協議。	
1764	制定《糖稅法》。	
1765	制定《印花稅法》。 瓦特（James Watt）改良蒸氣機。	
1766	廢除《印花稅法》。 制定《宣示法》。	

年表

西元	大英帝國相關	日本與世界
1497	出身熱那亞的卡博特抵達紐芬蘭。	
1536	威爾斯、英格蘭合併。	
1558	伊莉莎白一世即位。	1560年，織田信長於桶狹間打敗今川義元。
1577	德瑞克展開環球航海探險（－1580）。	1581年，《荷蘭獨立宣言》。
1585	雷利展開羅阿諾克島殖民計劃。	
1588	打敗西班牙無敵艦隊（Armada）。	
1595	雷利遠征蓋亞那。	
1600	東印度公司設立。	關原之戰。 1602年，荷蘭東印度公司成立。
1603	蘇格蘭國王詹姆士六世，登基成為英格蘭國王詹姆士一世（斯圖亞特王朝成立）。	江戶幕府開始。 1604年，法國東印度公司成立。
1607	在北美建設第一個殖民城市詹姆士鎮。	1608年，法國建設魁北克。
1612	開始進入百慕達殖民。	1618年，三十年戰爭（－1648）。
1619	維吉尼亞殖民地議會設立。	
1620	朝聖者之父抵達普利茅斯。	
1623	發生安汶島屠殺事件（Amboyna massacre）。	
1625	查理一世即位。	
1627	巴貝多島成為英國領地。	1637年，日本島原之亂。
1642	清教徒革命開始（－1649）。	1648年，三十年戰爭結束，締結《威斯特伐利亞和約》（Peace of Westphalia）。
1649	處決查理一世。 克倫威爾登陸愛爾蘭。	
1651	制定《航海法》。	
1652	第一次英荷戰爭開始（－1654）。	
1653	克倫威爾就任護國公。	
1655	牙買加成為英國領地。	
1660	查理二世登基，王政復辟。	1661年，法國路易十四開始親政。
1664	自荷蘭奪取新阿姆斯特丹，更名為紐約。	

興亡的世界史17

大英帝國的經驗

喪失美洲，帝國的認同危機與社會蛻變

大英帝国という経験

大英帝國的經驗：
喪失美洲，帝國的認同危機與社會蛻變
井野瀨久美惠著／黃鈺晴譯／
初版／新北市／八旗文化出版／
遠足文化發行／二〇一八年八月
譯自：大英帝国という経験
ISBN 978-957-8654-24-2（精裝）

一、英國史

741.25
107010043

作者　井野瀨久美惠
日文版編輯委員　青柳正規、陣內秀信、杉山正明、福井憲彥
譯者　黃鈺晴

總編輯　富察
責任編輯　穆通安、張乃文
特約編輯　鄭天恩
企劃　蔡慧華

封面設計　莊謹銘
排版設計　宸遠彩藝
彩頁地圖繪製　青刊社地圖工作室（黃清琦）

社長　郭重興
發行人兼出版總監　曾大福

出版發行　八旗文化／遠足文化事業股份有限公司
地址　新北市新店區民權路108-2號9樓
電話　〇二～二二一八～一四一七
傳真　〇二～八六六七～一〇六五
客服專線　〇八〇〇～二二一～〇二九
信箱　gusa0601@gmail.com
臉書　facebook.com/gusapublishing
部落格　gusapublishing.blogspot.com

法律顧問　華洋法律事務所／蘇文生律師
印刷　成陽印刷股份有限公司

出版日期　二〇一八年　八月（初版一刷）
二〇一九年十一月（初版五刷）

定價　五五〇元整

【特別聲明】
本書言論內容，不代表本公司／出版集團之立場或意見，文責由作者自行承擔